대마도(對馬島)의 영토권(領土權)

-영토문화론(領土文化論)에 의한 영토권(領土權) Ⅰ-

지은이 **신용우**

장편소설 『천추태후』, 『명성황후는 시해 당하지 않았다』, 『혁명, 율도국-광해와 허균, 홍길동과 대마도-』, 『환단고기를 찾아서 1: 고조선과 대마도의 진실』, 『환단고기를 찾아서 2: 일본왕실의 만행과 음모』, 『환단고기를 찾아서 3: 중국이 날조한 동북공정을 깨라』, 『요동묵시록』(상, 하), 『요동별곡』, 『도라산 역』(1, 2) 등을 출간했다. 그중 『요동별곡』은 2011년 문화체육관광부 우수교양도서로 선정되었다.

영토문화를 기반으로 한 영토문화론에 의해 문화에 의한 영토권을 규명함으로써 잃어버린 북방영토와 대마도를 수복해야 한다는 것과 역사바로세우기를 주제로 글을 쓰고 있다. 그것은 비단 우리나라에 국한된 이야기가 아니라 영토문제로 인해서 끊임없이 일어나는 국제분쟁을 해결할 수 있는 유일한 길이다. 아울러 역사를 연구하고 배우는 목적은 왜곡된 역사를 바로잡아서 올바른 역사를 거울삼아 인류의 평화로운 미래를 설계하기 위한 것임을 강조한다. 그래서 〈역사는 과거가 아니라 미래다〉. 방송, 기업, 관공서, 연수원, 학생 등 각종 매체와 단체 등에서 우리나라 역사와 영토론에 관한 강의를 하고 있으며 신문과 잡지 등에 칼럼을 쓰고 있다.

지적학 전공 행정학박사이며 학위논문 제목은 「문화영토론에 의한 대마도의 영토권 연구」로 대한민국 최초로 대마도가 우리 영토임을 천명한 박사학위논문이다.

대마도의 영토권

ⓒ 신용우, 2016

1판 1쇄 인쇄_2016년 08월 05일
1판 1쇄 발행_2016년 08월 15일

지은이_신용우
펴낸이_홍정표

펴낸곳_글로벌콘텐츠
　　　등록_제25100-2008-24호

공급처_(주)글로벌콘텐츠출판그룹
　　　대표_홍정표 편집_노경민 송은주 디자인_김미미 기획·마케팅_노경민 경영지원_이아리
　　　주소_서울특별시 강동구 천중로 196 정일빌딩 401호 전화_02) 488-3280 팩스_02) 488-3281
　　　홈페이지_http://www.gcbook.co.kr 이메일_edit@gcbook.co.kr

값 15,000원
ISBN 979-11-5852-106-6 93910

※ 이 책은 본사와 저자의 허락 없이는 내용의 일부 또는 전체의 무단 전재나 복제, 광전자 매체 수록 등을 금합니다.
※ 잘못된 책은 구입처에서 바꾸어 드립니다.
※ 이 도서의 국립중앙도서관 출판예정도서목록(CIP)은 서지정보유통지원시스템 홈페이지(http://seoji.nl.go.kr)와 국가자료공동목록시스템(http://www.nl.go.kr/kolisnet)에서 이용하실 수 있습니다. (CIP제어번호: CIP2016018084)

대마도의 영토권

영토문화론에 의한 영토권 Ⅰ

신용우 지음

글로벌콘텐츠

머리말

대마도가 어느 나라의 영토인가에 대해서 의문을 가져본 적이 있는가?

일본이 자기네 영토라고 하니까 그저 그러려니 하고 넘어가는 정부의 뜻에 따라서 나도 그냥 그러려니 하고 넘어간 것은 아닌지, 한 번쯤은 자문해 볼 시점이 우리 모두에게 온 것 같다.

수년 전부터 『환단고기를 찾아서 1: 고조선과 대마도의 진실』, 『혁명, 율도국』 등의 소설과 십수 편의 칼럼을 발표함으로써 대마도가 우리 영토임을 역설했지만 독자들이 구매해서 읽는 것은 확실한데, '소설은 소설'이라는 선입견에 의해 진실이라는 요소가 결여되어 비춰지는 것 같았다. 내 딴에는 일본이 대마도에 관한 역사자료 10만여 권을 분서한 사건 등 역사에 관한 것은 왜곡이 많아서 역사보다는 문화적인 측면에서 대마도가 우리 영토라는 증거를 제시하려고 노력했는데, 소설이라는 선입견에 그 진실이 많은 부분 가려지고 재미로 부각되는 것 같았다. 진실을 진실로 알리는 방법을 찾기 위해 지적학전공 박사과정에 진학해서 박사과정을 마친 후 「문화영토론에 의한 대마도의 영토권 연구」라는 제목의 논문을 써서 박사학위를 받았다. 우리나라 최초로 대마도가 우리 영토라는 사실을 만천하에 공표하는 박사학위를 받은 것이다.

그동안 내가 주장한 방식이 소설이나 칼럼이라서 재미를 부추기기 위한 일방적인 주장이었다고 할 수 있을지도 모르지만, 이번에는 학계와 교육기관이 국가를 대신해서 공식적으로 인정하는 박사학위이니 일방적인 주장이라고 치부하지는 못할 것이라는 생각이다.

논문 최종심사가 통과되던 날 대마도가 우리 영토라고 만천하에 공표한다는 생각에 속이 다 후련했지만, 후련한 것 이상으로 왜 그리도 서러운지, 나는 정말로 어린아이마냥 심사위원들 앞에서 엉엉 울었다. 아마도 심사위원들은 내 눈물의 진정한 의미를 몰랐을 것이다. 늦은 나이에 박사학위를 받으니 기뻐서 운다고 생각하는 분도 있었을 것이고, 그동안의 남모르는 갈등과 고생을 눈물로 표현했다고 생각한 분도 계실 것이다.

이 자리를 빌어서 가감 없이 밝힌다. 그때 흐른 내 눈물의 진정한 의미는 우리가 〈영토 홍길동〉이라는 것이 서러워서였다. 다섯 분의 심사위원이 논문 인준서에 날인을 끝내는 순간, 내 귓가에는 갑자기 가슴 가득한 한을 쏟아내던 홍길동이 부르짖는 소리가 생생하게 들렸다. 나는 지금도 자신한다. 분명히 환청이 아니었다.

"아버지를 아버지라 부르지 못하고 형을 형이라 부르지 못하여 가슴에 맺힌 한이 깊습니다. 그래서 도적의 무리에 들어가 우두머리가 되었으나, 선량한 백성들의 것은 터럭하나 건드리지 않고 탐관오리들의 재물만 거두어 가난한 백성들에게 돌려주었습니다."

귀에 들리던 그 목소리는 어느새 내 목까지 왔으나, 심사위원들 앞에서 차마 소리 내어 외치지 못하고 목 안에서 소리쳤다.

"내 땅을 내 땅이라 부르지 못하고 내 땅에 내가 살지 못하는 것은 물론 잠시 가서 보고자해도 입국심사를 받아야 하니 이 얼마나 가슴 저미는 일이란 말인가? 일본열도를 달라는 것도 아니고 내 조상들이 일구고 터 닦아 살던 땅, 대마도가 내 땅이건만 정부는 왜 조용히 허물어져가는 내 영토를 바라만 보고 있다는 말인가? 조용한 외교라는 비겁함이 영토를 잃으면 얻을 것이 없다는 것을 진정 모른다는 말이던가?"

지르고 싶은 소리를 지르지 못하자 눈물은 더 하염없이 흘렀다.

그러나 눈물을 흘리는 것보다는 정신을 가다듬어 내가 연구한 것들을 더 많은 이들과 공유해야 한다는 생각이 들었다.

처음에는 박사학위논문에 허구를 가미하여 소설로 재구성해볼까 하는 생각도 해보았지만, '소설은 소설'이라는 선입견에, 재미는 있지만 공허한 메아리라고 치부될 수도 있다는 생각에 우선순위로 박사학위논문의 내용을 최대한 그대로 보존해서 학술서로 만들기로 했다. 다만 한 가지 걱정이라면 학위논문이라는 것이 함축된 내용에 딱딱한 구성이라는 것은 다 아는 사실이다 보니 막상 독자들이 읽기에 불편하고 지루할 수 있다는 것이었다. 그래서 함축된 내용을 알기 쉽게 풀어쓰고 논문에 쓰지 않은 이야기를 더해서 이해하기 쉽게 만듦으로써 누구든지 재미있게 읽을 수 있는 학술서가 되도록 최대한 노력했다.

이 한 권의 책이 대마도를 수복하기 위한 초석으로 얼마나 큰 역할을 할 수 있을지는 필자 역시 모른다.

하지만 분명한 것 하나는, 지금 이 순간 우리들은 국력이 약해서 잃어버린 우리 영토를 수복할 엄두를 내지 못하고 있다. 그러나 우리 영토에 대한 확실한 기록조차 남겨놓지 않는다면 훗날 우리 후손들은 잃어버린 영토를 수복할 힘을 키워도 근거가 없어서 수복할 수 없다는 것이다. 그것은 고귀한 영토를 물려준 것을 지키지 못해서 선조에게 죄를 짓는 것은 물론, 태어나지도 않은 후손에게조차 커다란 죄를 짓는 것이 아니고 무엇이겠는가?

그 근거의 작은 돌멩이나마 되고 싶은 것이 진심이다. 돌멩이가 못 된다면 모래알도 좋다. 이 작은 책이 밀알이 되어 대마도 수복을 위한 각종 연구물들이 쏟아져 나오고 정부와 백성들의 수복의지가 터진 봇물처럼 일어나 준다면 더 이상 바랄 것이 없겠다.

항상 옳은 글을 쓸 수 있는 지혜와 용기를 주시는 하느님께 감사드린다.

환기 9213년
조국이 광복된 그날, 8월 15일
아차산 자락에서
신용우

목차

1장 왜 영토문화론(領土文化論)에 의해 영토권(領土權)을 규명해야 하나?

일본은 대마도에 대한 역사적인 기록들을 없애기 위해 분서사건(焚書事件)을 일으켰다. 하라타 사카에루(原田榮)가 1981년 4월 25일『역사와 현대』라는 저술에서 폭로한 바에 의하면 1923년 7월 대주 구 번주(對州舊藩主) 종백작가[1]가 소장하던 대마도 관련 사료 10만 150건을 분서시켰다고 한다. 그것을 종목별로 보면 고문서류 66,469매, 고기록류 3,576책, 고지도류 34매, 고화류 71점이다. 또한 "백제, 가락의 제왕이 일본 천황이 되었다는 것이 명료하게 기록된 것에 경악하여, 동종의 문서를 대마도 무네(宗: 종)씨로부터 회수하지 않으면 위험하다는 판단 때문"이라고 기록했다.[2] 이는 곧 대마도의 역사와 문화에 대한 것은 물론 일본천황

---

1) 대마도주 종씨, 즉 우리나라 송씨로 대마도에 가서 성을 종씨로 바꾸고 대대로 도주를 하던 집안을 뜻하는 것으로 본문에 그 내용이 소개되어 있다.

의 혈통이 우리 선조들의 나라에서 기인된 것이라는 기록이 대마도에 보관되어 있음으로 분서사건을 일으켰다는 것이다.

일본이 대마도의 영토권 문제에 있어서 떳떳하다면 대마도의 역사와 문화에 관한 사료들을 불태울 필요가 없었다. 그러나 대마도의 역사와 문화에 관한 사실들이 기록되어 있는 사료에 대마도가 대한민국의 영토라는 사실이 드러날 수 있는 기록이 있을 뿐만 아니라, 한 걸음 더 나가서 일본천황의 혈통이 우리 민족에게서 기인된 것이라는 사실이 적혀있기 때문에 불태운 것이다. 일본이 그런 사실에 반론을 제기하기는커녕 분서사건을 일으켰다는 사실 자체가, 일본 스스로 대마도에 대한 영토권이 대한민국에 귀속된다는 것과 일본 천황의 혈통이 우리 민족에게서 기인한다는 사실을 자인한 것과 다를 바가 없다.

그렇다면, 대마도의 역사와 문화에 관한 사실이 기록되어 있는 사료가 대마도에 보관되어 있던 것은 당연하다고 할 수 있지만, 백제와 가락의 제왕으로부터 일본천황의 혈통이 기인되었다는 기록을 왜 대마도가 보관하고 있었다는 것인가? 그것은 일본인들이 무어라고 주장하든지 간에, 그 당시 대마도에 살고 있던 대한민국의 선조들은 일본인들이 신처럼 떠받드는 천황이 우리 민족의 혈통에서 기인되었다는 자부심을 가지고 있었기 때문에, 그에 대한 상세한 기록을 대마도에서 보관하고 있었을 것이다. 하지만 이 책에서는 일본천황의 혈통에 관하여 논하고자 하는 것이 아닌 까닭에 대마도의 영토권 문제에 관하여만 논하고자 한다.

---

2) 이부균, "대마도 실지회복 대응전략", 「학술대회(대마도 어떻게 찾을 것인가?)」, 2012. 9. 18. 국회의원회관 소회의실, p.6.

분서사건을 일으킨 시점은 1923년으로, 그때는 이미 일제가 대한제국을 강제병합한 것은 물론 이미 1869년의 판적봉환을 통해서 일본이 대마도를 강점하고 있던 시기다. 다시 한 번 강조하건대, 만일 대마도가 일본의 영토로 귀속될 근거가 되는 역사적인 자료들이었다면 혹시 대한제국이 독립을 하더라도 일본이 대마도를 점유하는 것이 합당하다는 것을 증명하는 자료로 사용하기 위해서라도 잘 보관했을 것이다. 그러나 역사적인 사료 어디에도 대마도가 일본의 영토라는 근거는 없고, 대한제국의 영토라는 것이 명백하게 드러나기 때문에 분서사건을 일으켜서 역사를 지움으로써 대마도의 영토권을 왜곡해야 했다.

　이것은 대한제국이 일본의 강제병합으로부터 독립하는 경우가 되더라도, 대마도만큼은 일본이 강점하기 위한 조치였다. 대한제국과 불과 49.5km 거리에 있는 대마도를 점유하는 것은 한반도를 침략하기 위한 중요한 요건 중 하나이기 때문이다. 그들은 임진왜란 때도 그랬고 한일 강제병합 때도 먼저 대마도를 강점함으로써 한반도 침략의 교두보로 삼았던 역사적인 사건들을 경험삼아 대마도의 강점을 합법화시키기 위해서, 대마도의 영토권이 대한제국에 있다는 역사적인 사료들을 영원히 없앨 목적으로 태워버린 것이다. 대마도의 영토권만큼은 지속적으로 일본에 귀속시킴으로써, 만일의 경우에 대한제국이 독립을 하더라도 언젠가 다시 한반도를 침략할 때 전진기지로 사용하려는 음흉한 처사였다.

　그러나 이러한 분서사건은 당장 눈에 보이는 증거만 없애면 된다는 식의 졸속하고 우매하기 그지없는 처사일 뿐이다. 왜냐하면 역사는 사료들을 불태워서라도 지우고 왜곡할 수 있을지 모르지만 문화, 특히 영토 깊숙이 뿌리내리고 있는 영토문화는 땅을 송두리째 없애기 전에는 그 귀속여부를 바꿀 수 없다는 것을 모르고 저지른 인류사적 큰 손실임을 그들은 몰랐던 것이다.

따라서 이 책에서는 분서를 당하지 않은 채 어딘가에 보관되어 있을 또 다른 사료가 발굴되기 전에, 기존의 사료들을 불태워서 잠시 역사적 공백이 생기는 동안에 대마도를 일본의 영토로 확정 짓겠다는 일본의 얄팍한 술수에 대항하여, 대마도의 영토문화가 대한민국의 선조들에 의한 것임을 증명함으로써 대마도의 영토권이 대한민국에 귀속됨을 밝히고자 한다.

확실한 근거를 마련하고 일본에게 대마도 반환을 촉구해도 일본이라는 나라는 온갖 구실을 동원하며 응하지 않을 것이다. 하물며 단순히 대마도가 우리 땅이라는 여러 가지 지리적이거나 역사적인 정황만 가지고 반환을 촉구한다면 어떻겠는가? 일본이라는 나라가 절대로 응하지도 않을 뿐만 아니라 제3국이 보더라도, 그것은 마치 일본이 아무런 근거도 없이 막무가내로 독도가 자기네 땅이라고 우기는 것과 다를 것이 없다고 비춰질 것이다.

일본이 독도를 자기네 땅이라고 억지를 부리는 이유는 우리가 대마도 반환을 촉구했기 때문이다. 지금의 우리 정부는 일본에게 대마도 반환을 요구하지 않고 있지만 1950년 6·25 동족상잔의 비극 이전에는 정부가 공식적으로 일본에 대해서 대마도 반환을 요구했었다.

영토문화론에 의해 대마도의 영토권을 확실하게 규명하는 일이야 말로 분서사건을 일으켜 인류 역사의 큰 공백을 만들어 버

린 일본인들에게 대마도의 영토권이 대한민국에 귀속된다는 것
을 확실하게 밝혀 줄 수 있다. 또한 대마도의 영토권이 대한민국
에 귀속된다는 것을 확실하게 규명하여 제시함으로써, 대한민국
의 정부로 하여금 대마도의 조속한 반환을 촉구할 수 있는 근거
를 마련해 줄 수 있다.

1. 대마도의 영토권 규명을 위한 서설(序說)

대마도는 우리나라의 부산으로부터 불과 49.5㎞ 떨어진 가시거리에 위치하고 있으며, 그 면적은 제주도(1,845.88㎢)의 약 5분의 2(708.66㎢)이며, 현재 우리나라에서 두 번째 큰 섬으로 알려지고 있는 거제도(380.1㎢)의 2배에 달하는 섬이다.

반면, 일본의 지리적 입장에서 보면 후쿠오카로부터는 138㎞ 떨어져 위치하고 있으며, 니이가다현의 사도가시마와 가고시마현의 아마미오시마에 이어 세 번째로 큰 섬으로 일본의 나가사키현(長崎県)에 편입시켜 놓고 있다.

지리적인 위치로 본다면 우리 영토라는 것을 의심할 여지가 없는 섬이다. 단순히 지리적인 위치뿐만이 아니라 여러 가지 역사적인 기록이나 대마도에 남아 있는 고대문화의 유적을 보아도 당연히 우리 선조들의 희로애락이 담긴 유구한 역사의 문화생활권역이었다는 것이 증명되고 있다. 그러나 일본의 침탈에 따라 현재는 우리의 실효적 지배가 미치지 못하고 있는 영토다.

이와 같은 대마도에 대하여, 우리나라는 대마도가 대한민국의 영토라는 각종 사료를 바탕으로 일본이 대마도를 대한민국에 반환해야 한다는 것을 끊임없이 요구했다.

미군정 때 입법위원으로 활약한 허영관 위원은 "대마도는 분명히 조선 땅이기 때문에 차제에 환속시켜야 한다."고 주장했고[3],

---

3) 김화홍, "역사의 고증을 통한 대마도는 한국 땅", 「대마도 어떻게 찾을 것인가? 세미나논문집」, 국회의원회관 소회의실, 2012. 9. 18., p.3. 김화홍은 이 논문에서

이승만 대통령은 1949년 1월 8일 연두기자회견에서 "대마도가 우리 섬이라는 것은 더 말할 것도 없고, 3백 5십년 전 일본인들이 그 섬에 침입하였을 때, 도민들은 민병을 일으켜 일본인과 싸웠다. 그 역사적 증거는 도민들이 이를 기념하기 위해 대마도의 여러 곳에 건립했던 비석을 일본인들이 뽑아다가 동경박물관에 갖다 둔 것으로도 알 수 있다."고 주장하며 대마도 반환을 요구[4]하는 등 여러 차례 기자 회견을 통해 대마도의 반환을 촉구하였다.

2005년 3월 18일 경상남도 마산시의회는 조선 세종 1년(1419) 이종무 장군이 대마도 정벌을 위해 마산포를 출발한 6월 19일을 '대마도의 날'로 제정하였으며, 이 조례는 마산시가 창원시와 통합되면서 창원시의회가 본회의를 통해 '대마도의 날 조례 전부개정 조례안'을 통과시켜 대마도의 날은 그대로 존속되고 있다. 나아가 국회에서는 2009년 당시 한나라당 허태열 의원이 '대마도는 우리 땅'이므로 반환해야 한다는 주장과 함께 2010년에는 대마도 영유권을 교과서에 싣자고 주장하며 대마도 포럼을 결성하기도 했다.

또한, 경상북도의회에서는 2012년 8월 23일 전찬걸 의원이 대마도 실지회복(失地回復) 결의안을 제출하고, 촉구결의안을 채택하기도 했다. 가장 최근인 2015년 7월 22일에는 김을동 새누리당 의원이 대마도는 역사적으로 영유권이 명백한 우리 땅이므로 대마도 찾기에 나서야 한다고 주장한 바 있다.

입법위원회의 고증자료의 영향을 받아 이승만 대통령이 대마도 반환을 촉구했다고 주장했다.

4) 이승만 대통령의 연두기자회견을 보도한 1949년 1월 8일자 동아일보 기사의 내용.

학계에서도 1945년 10월 15일 조국이 광복된 지 불과 두 달 만에 정문기가 "대마도의 조선환속과 동양평화의 영속성"이라는 논문에서 대마도의 역사성을 근거로 대마도의 영유권을 주장하였다.[5] 대마도가 우리 영토라는 논문이 조국의 광복과 함께 발간되었다는 것은 대마도가 일본에 예속된 것은 일제강점기와 분명히 관련이 있던 것이기에 광복이 되기만 기다렸다가 대마도가 우리 영토임을 천명하는 논문을 발표한 것으로 보인다. 그리고 이 논문을 시작으로 이후에도 대마도에 대한 다양한 논문이 학술대회나 학술지 등을 통해 활발하게 제기되었다. 또한 언론이 기사나 뉴스보도 등을 통해서 직접적으로 강하게 보도하지는 않았지만, 칼럼이나 기타 필진들의 글을 통해서 대마도가 우리 영토라는 사실을 국민들이 알 수 있도록 보도해 주고 있는 것도 사실이다.

이와 같은 대마도 수복을 위한 활동은 최근 일반 국민에게까지 확산되어 SNS(Social Network Service)인 페이스북(Facebook)의 모임이나 트위터(Twitter) 등을 중심으로 활발히 전개되고 있다. 2015년 8월 17일 현재 Facebook의 모임인 '요동수복·대마도회수·독도수호'에 2,800여 명, '칠천만 대마도 찾기 참여 모임'에 3,550여 명, '대마도는 우리 땅'에 450여 명, '두섬(쓰시마)을 되찾자'에 1,850여 명 등이 참여하여 활동하고 있다.

또한 문단에서도 대마도를 주제로 한 소설들이 발표되면서 대마도가 우리 영토라는 것을 강하게 주장하고 있지만 소설은 소설

---

5) 이 논문은 1945. 10. 15. 당시 부산 수산대학교장이던 정문기가 단행본 논문집으로 발행했던 것을 1978년 동아대학교지 「동아」, 제18집 pp.257-270.에 재수록한 것이다.

이라는 취급을 받으면서 대마도 영토권을 회복하는 데는 큰 영향을 주지 못하고 있는 것이 사실이다.

　필자 역시 역사와 영토에 관한 작가로서, 20여 년 전부터 대마도의 영토권에 관한 강한 의구심을 가져왔으며, 각종 매체를 통해서 발표한 칼럼과 여러 소설에서 대마도가 우리 영토라는 주제를 각각 다른 소재와 구성과 등장인물들을 통해서 주장하였다. 그러나 그러한 의구심의 표출은 확실한 근거와 논리가 부족하면 허공에 떠도는 또 하나의 메아리로 떠돌 것 같았다. 소설은 허구에 의한 상상력의 산물로서, 소설이 논문이나 기타 학술적인 것을 반드시 근거로 해야 한다는 규약이 없는 것이기에 더더욱 그렇게 비칠 수 있었다. 적어도 대마도가 우리 영토라는 것을 주장하기 위한 소설이라면 최소한의 근거와 논리가 있어야 진정한 영토소설이라고 할 수 있다는 사명감을 가지고 글을 썼다. 그런 소설이야 말로 우리 영토에 대한 수복의지를 독자들과 함께 공유하며 호흡할 수 있는 진정한 문학이라는 생각이 들었다.

　물론 필자가 그려내는 소설에서 필자는 단순히 대마도뿐만 아니라, 지금은 우리가 흔히 만주라고 부르는 우리의 고조선 이래 고구려와 대진국(발해)이 지배했던 북방영토[6] 역시 우리 영토라는 확신을 가지고 있던 터이기에 그에 관한 영토문제와 병행해서 소설을 써왔던 것이 사실이다. 하지만 소설이 설정하는 영토의 범

---

6) 북방영토라는 것은 고유명사가 아니라, 북한을 제외한 고조선과 고구려 및 대진국의 영토 중 압록강 이북에 자리 잡고 있는 우리 영토를 지칭하는 것이다. 현재 대한민국 학계에서는 그 범위는 물론 지칭하는 명칭도 여러 가지다. 이에 대한 공식명칭과 통일된 범위를 설정하는 것도 중요한 과제 중 하나라고 본다.

위가 넓다는 이유가 우리 영토의 진실을 밝히는 데 방해 요소로 작용했던 것은 아니다. 다만 소설이 가지고 있는 허구라는 요소가 영토의 진실을 밝히기 위해서 얼마나 과장되게 도입되는가 하는 문제는 영토의 주체를 밝히는 데 장애 요소가 될 수는 있었다.

장고와 수많은 습작을 거치면서 필자는 한 가지 결론에 도달하였다. 그동안 칼럼이나 소설을 집필하기 위해서 여러 가지 자료들을 조사·분석한 바에 의하면 '문화의 주인공이 바로 그 문화가 존재하고 있는 땅의 주인이 될 수 있다'는 것이었다. '문화의 주인이 영토의 주인'이라는 문화영토론이라는 이론을 도입할 수 있다면 그것은 확실한 근거이자 논리적으로도 이상이 없을 것이라는 결론에 도달한 것이다. 그러나 단순히 문화라고 하면 그 범위가 인간 삶의 모든 것이니, 자칫 그것은 현재 눈에 보이는 문화만으로 판단할 수도 있는 문제점이 있었다. 따라서 영토의 진정한 주인을 규명하기 위해서는 무엇보다 고대부터 오랜 동안 그 영토에 뿌리내리고 있는 문화 즉, 그 영토를 개척하고 그곳에서 문화의 뿌리를 내린 영토문화의 주인을 밝히는 것이 중요하다는 결론에 도달하였다.

역사는 왜곡할 수 있다.
지금 우리가 겪고 있는 현실이 바로 역사 왜곡이다.
일본은 1,500년도 안 된 자신들의 역사를 가지고 우리를 강점하던 시기에, 대륙을 호령하던 우리 역사의 유구함과 광활함을 축소시키기 위해서, 우리 역사를 반도 안으로 끌어들이기 위해서 고조선 역사를 신화로 만들고 말았다. 중국도 동북공정을 비롯한 근대 문화공정 등의 영토공정을 펼치기 위해서 대진국은 물론 고구려와 고조선 역사를 자신들의 역사로 만들기 위해 혈안이 되어 수도 없이 역사를 왜곡하고 있다. 심지어는 아직도 이 땅에 존재하고 있는 친일 사관의 소산인 반도 사관을 주창하는 친일 사학자들과 친일 분자들이 스스로 우리 역사를 축소 왜곡하며 일본 편향의 역사를 주장하고 있는 것을 우리는 실제로 지금 겪고 있다.

문화의 유산인 유물 또한 왜곡될 수 있다.

일본은 자신들에게는 구석기 시대가 없었다는 것을 잘 알기에 후지무라 신이치를 내세워 구석기 유물을 조작하다가 전 세계에서 망신을 당했고, 중국은 지금도 요하유역을 비롯한 우리의 북방영토에서 발굴되고 있는 고조선과 고구려와 대진국의 유물을 자신들의 것으로 만들기 위해서 온갖 조작을 거듭하고 있다. 하지만 유물을 조작하려 한다고 해도 그 영토에 있는 모든 유물을 조작할 수도 없을 뿐만 아니라, 영토문화 자체의 모든 것을 왜곡할 수는 없다. 유물은 영토에 뿌리를 내린 영토문화 중의 한가지일 뿐이기 때문이다.

일시적인 조작으로 잠깐의 세월동안은 왜곡할 수 있을지 모르지만 영원히 왜곡할 수 없는 것이 영토문화다. 어떤 영토가 침식이나 기타 이유로 인해서 사라지기 전에는 그 영토에 존재하는 것이 영토문화다. 따라서 일정한 영토에 대하여 영토문화의 문화주권자를 규명하는 것이 영토권자를 규명하는 귀중한 근거로 작용하는 것이다.

결국, 영토문화론이라는 이론이야 말로 대마도는 물론 북방영토의 진정한 주인을 규명하기 위해서는 그곳에서 고대부터 시작하여 수많은 세대들이 살아가면서 남긴 역사·문화적 유산을 토대로, 그 땅의 영토권자가 누구인가를 규명할 수 있는 이론이라는 것을 터득하게 되었다.

그런 이론을 실제 작품으로 옮기기 위해서『환단고기를 찾아서 1: 고조선과 대마도의 진실』,『혁명, 율도국』등 대마도에 관한 소설을 비롯한 여러 가지 영토에 관한 소설들을 집필하면서 각종 매체를 통해서 칼럼을 수십 편 발표했다. 또한 단순히 소설을 집필하는 것에서 그치지 않고 박사과정에 진학하여, 필자의 이론들을 학술지를 통해서 논문으로 발표하거나 세미나를 통해서 발표하여 검증을 거친 뒤, 영토문화를 기반으로 한 문화영토론에 의해 영토권을 규명하는 「문화영토론에 의한 대마도의 영토권 연구」라는 논문으로 박사학위를 취득하였다.

문화영토론과 영토문화론으로 영토권을 규명할 수 있다는 것을 학계로부터 공식적으로 인정받은 것이다.

2. 대마도의 문화에 관한 배경(背景)과 이 책의 특징(特徵)

이 책의 시간적 범위는 고조선 시대의 진국이 설립된 기원전 4세기경부터 2015년까지로 한정하고, 공간적 범위는 현재 일본이 실효적으로 지배하고 있는 대마도로 한정하며, 내용적 범위는 문화영토론과 영토문화론의 기초이론을 토대로 하여 대마도의 매장문화, 지명문화, 지적문화, 지도문화, 종교문화 및 잔존하는 문화 등에 대한 영토문화의 실태를 조사·분석하고, 이를 토대로 대마도의 문화주권자를 규명함으로써 문화영토론과 영토문화론에 의한 대마도의 영토권자가 누구인가를 밝혀 낼 것이다.

그러한 목적을 달성하기 위해서 이 책에서는 먼저 문화영토론의 기존 개념과 내용을 살펴보는 것은 물론, 문화영토론을 영토수복을 위한 이론으로 확대 및 재정립하는 과정을 통해 영토문화론의 필요성을 도출한 후, 영토문화론의 개념과 특성에 대해 알아볼 것이다. 그리고 대마도의 영토권을 규명하기 위해서 필요한 영토문화를 분류하고 그에 대한 사례와 특성을 분석한다. 분석된 특성을 근거로 한·일 간의 주장이 이견을 보이는 대마도의 영토문화에 대해서는 특성비교를 통하여 영토문화론을 근거로 한 대마도의 문화주권자를 평가함으로써, 대마도의 영토권자를 제시할 것이다.

먼저 문화영토론이라는 이론의 개념은 홍일식의 이론에서 취했다. 홍일식은 "문화영토의 개념과 해외동포의 역할"에서 문화영토의 개념을 1981년 4월 23일 최초로 학계에 발표하였다고 하

면서 문화영토의 특성을 제시하였다.[7]

그는 "문화영토론과 효사상"에서 우리의 효사상이 우수한 민족 문화라는 것을 강조하면서, 세계화시대는 자국의 문화영토주의에 눈을 돌리고 있으며 가장 한국적인 것이 가장 세계적인 것임을 강조하였다.[8] 또한, 그는 "새로운 문화영토의 개념과 그 전망"에서 영토의 개념이 역사적·문화적으로 확대 적용해야 하며, 우리의 영토가 우리 아닌 다른 사람에 의해 연구된 것일 뿐만 아니라, 침략자의 불순한 의도와 왜곡된 주관에 의한 것이어서 이에 관한 객관적 비판과 재검토가 절실히 요구되고 있는 실정이라고 하였다.[9] 그리고 『문화영토시대의 민족문화』에서는 문화영토론이 지향하는 당위론적 방향 제시하면서 첫째, 문화영토론은 궁극적으로 문화적 세계주의를 지향하는 것이고, 둘째는 문화적 민족주의를 구체화한다는 점이라고 했다.[10]

다음으로 대마도의 문화를 분석하고 그 주권자를 규명하기 위해서 어려가지 문헌을 참고했지만, 필자의 주관적인 분석에 의하면 국내 문헌으로는, 아래와 같은 문헌들이 연구에 많은 도움을 주었다.

황백현은 『대마도 통치사』에서 대마도의 문화유적과 역사를

---

7) 홍일식, "문화영토의 개념과 해외동포의 역할", 「영토문제연구」, 제2호, 고려대학교 민족문제연구소, 1985, pp.1-12.
8) 홍일식, "문화영토론과 효사상", 「어문연구」, 제25권 제3호, 한국어문교육학회, 1997, pp.5-6.
9) 홍일식, "새로운 영토문화의 개념과 그 전망", 「영토문제 연구」, 제1호. 고려대학교민족문화연구소, 1983, p.142.
10) 홍일식, 『문화영토시대의 민족문화』(서울: 육문사, 1987), pp.456-457.

총괄적으로 설명하고 실례를 들어가면서 대마도가 우리 영토라는 것에 대한 인식을 고취하였다. 대마도 문화유적에 관해서는 고분군의 이름을 근거로 제시하면서 대마도의 문화가 우리 선조들, 특히 마한을 비롯하여 고조선 사람들은 물론, 삼국시대의 사람들이 집단 이주하여 개척하고 원주민이 되었던 곳이 바로 대마도라고 하였다. 『조선왕조실록』과 일본의 기록들을 토대로 역사적인 근거를 제시하면서 대마도가 우리 선조들에 의해 개척된 우리 영토라는 주장을 강하게 했다. 또한 그는 대마도의 일본 귀속시점에 대해 1869년 6월 19일 판적봉환을 통한 1871년의 폐번치현과 1872년 행정체제개편에 의해서11)라고 밝혔다.

이병선은 『대마도는 한국의 속도였다』에서 대마도에 현존하고 있는 지명에 관한 연구로써 대마도 지명들을 언어학과 의미로 분석하여 대마도 지명들이 우리 한(韓)의 지명에서 유래한 것들임을 고증하였다. 특히 임나(任那)에 대한 지명을 고증함으로써 임나가 바로 대마도라는 것을 증명하여 대마도의 지명문화를 밝혔다. 그는 대마도의 일본 귀속시점을, 대마도 곳곳의 지명들이 고대 한국인에 의해 명명된 지명임을 전제로 할 때, 8세기 초 이후인 대마도 신라 읍락국 이후12)로 보고 있었다.

김화홍은 『대마도도 한국 땅』에서 대마도의 문화와 역사 전체를 전반적으로 다루었다. 지명문화와 고서에 기록된 대마도에 관한 기사 등을 이용해 대마도가 우리 영토라는 것을 밝혔다. 그는 대마도의 일본 귀속시점에 관해서 메이지 유신 이전에는 대마도

---

11) 황백현, 『대마도 통치사』(부산: 도서출판 발해, 2012), pp.126-127.
12) 이병선, 『대마도는 한국의 속도였다』(서울: 이회문화사, 2005), p.195.

가 조선의 속도였으나, 1869년 판적봉환에 의해 일본에 귀속되었다[13]고 주장했다.

하우봉은 "전근대시기 한국과 일본의 대마도 인식"에서 역사상 우리나라와 일본의 대마도에 대한 인식을 논하였다. 대마도는 17세기 초반 막번체제(幕藩體制)에 편입되어 도주 종의지가 막부로부터 종4위하시종(從四位下侍從) 대마수(對馬守)로 임명받았으나 양속관계를 유지하다가 1869년 판적봉환이 이루어져 대마번은 이즈하라번으로 개칭되었다. 동시에 대마도주의 외교권은 신정부에 강제적으로 접수당하고 대마도는 나가사키현에 편입되어 일개 지방행정단위로 편성되었다[14]고 함으로써 판적봉환 이후의 귀속을 의미했다.

김용훈은 "근대 격변기의 대마도 영토권"에서 대마도는 고대에는 우리의 영토였으나 임진왜란 직후인 17세기 초 일본의 막부체제에 전격 편입되었다고 서술하고 있다. 그것을 증명할 수 있는 근거로는 임진왜란 당시 일본이 대마도를 점령했을 때 이에 항전한 전적비가 대마도 곳곳에 남아 있다는 것이다. 그리고 이후에는 조선과 일본의 양속관계를 유지하여 일본과 조선의 외교를 전담하면서 시기와 상황에 따라 조선과 일본 양국의 의사를 왜곡하여 자신의 경제적 이득을 취하였다.[15] 그러나 1868년 일본이 메이지 유신으로 근대화를 추진하는 과정에서 대마도는 일

---

13) 김화홍, 『대마도도 한국땅』(서울: 지와 사랑, 2005), p.193.
14) 하우봉, "전근대시기 한국과 일본의 대마도 인식", 「東北亞歷史論叢」, 제41권, 동북아역사재단, 2013, p.239.
15) 김용훈, "근대 격변기의 대마도 영토권", 「백산학보」, 제89호, 백산학회, 2011, pp.174-175.

본의 영토로 귀속되었다. 1869년의 판적봉환과 1871년의 폐번치
현에 의해 일본 중앙정부가 통제하는 부와 현으로 일원화하게 된
다. 이 과정에서 대마도의 외교권이 일본정부로 귀속되고 동년
9월 외무성관리가 파견되어 일본의 실질적 점유와 관리상태가
시작된다16)고 주장하였다.

정호완은 "대마도 지명의 문화론적 모색"에서 한국의 고대문
화가 일본에 전래되는 것을 다루었으며, 세종원년 이종무가 대마
도를 정벌한 이후 임진왜란 때까지 평상적인 관계를 유지하다가
1868년 대마도가 일본에 귀속됨으로써 오늘날 일본영토가 되었
다고 주장했다.17)

권도경은 "한국 대마도 전설에 나타난 대마도 지역성과 그 활
용방안"에서 1868년 메이지 유신 때 대마도가 일본영토로 강제
편입되었다고 주장했다.18)

정호완과 권도경의 주장 중에서 대마도의 일본 편입 시점에 관
한 주장은 판적봉환과 폐번치현이 메이지 유신의 연장으로 메이
지 유신으로 볼 수 있을 뿐만 아니라, 실제 영토 면에 있어서는
모든 것이 판적봉환을 통한 폐번치현에 의해서 이루어졌으므로
판적봉환에 의해 대마도가 일본에 강제 편입되었다는 것은 메이
지 유신에 의해 강제 편입된 것과 같은 견해라고 할 수 있다.

---

16) 김용훈, "국제재판사례 분석을 통한 대마도 영토권 회복방안 연구", 「백산학보」,
   제93호, 백산학회, 2012, pp.148-149.
17) 정호완, "대마도 지명의 문화론적 모색", 「지명학」, 제11권, 한국지명학회, 2005,
   p.111.
18) 권도경, "한국 대마도 전설에 나타난 대마도 지역성과 그 활용방안", 「로컬리티
   인문학」, 제4권, 부산대학교 한국민족문화연구소, 2010, p.216.

정효운은 "한국고대문화의 일본 전파와 대마도"에서 대마도가 왜국에 편입되는 시기가 고대 한국의 제국이 재정립되는 7세기 후반으로 생각한다. 즉, 백제 멸망 후, 백제의 요청에 의해 663년 백제부흥과 신라정벌을 목적으로 대규모 출병을 하였던 전후시기부터였다고 보아야 할 것이라고 주장했다.[19]

김문길은 "동북아에 있어서 대마도 영토 연구"에서 고지도와 고문서 및 언어를 통해서 대마도가 우리 영토라는 것을 밝혔는데, 특히 주목할 것은 아히루(阿比留) 문자에 관한 것이었다.[20]

김일림은 "대마도의 문화와 문화경관"에서 대마도의 일반적 현황을 설명한 후 대마도의 문화가 우리 문화에서 전래된 것임을 서술하고 있다.[21]

이상에서 제시된 선행 연구문헌의 내용을 요약하면 [표 1-1]과 같다.

[표 1-1] 선행 연구문헌의 검토 현황

저자	제목	주 요 내 용	대마도의 일본귀속시점	비고
홍일식	문화영토론의 개념과 해외 동포의 역할	문화영토의 개념과 특성 제시	-	논문
홍일식	문화영토론과 효사상	세계화시대일수록 자국의 영토문화주의에 치중해야 할 필요성 제시	-	논문

19) 정효운, "한국 고대문화의 일본 전파와 대마도", 「한국고대사연구」, 제48호, 한국고대사학회, 2007, pp.361-362.
20) 김문길, "동북아에 있어서 대마도 영토 연구", 「일본문화 학보」, 제45집, 한국일본문화학회, 2010, pp.253-265.
21) 김일림, "대마도의 문화와 문화경관", 「한국사진지리학회지」, 제13권, 한국사진지리학회, 2003, pp.95-98.

홍일식	새로운 문화영토의 개념과 그 전망	영토개념의 역사와 문화에 의한 확대 적용과 우리나라 영토의 재검토 필요성	-	논문
홍일식	문화영토시대의 도래와 한국 문화의 전망	문화영토론이 지향하는 당위론적 방향 제시	-	논문
황백현	대마도 통치사	문화유적과 역사를 총괄적으로 기술	1869년 판적봉환	단행본
이병선	대마도는 한국의 속도였다	현존하고 있는 대마도의 지명(특히 임나의 고증)	8세기 신라 읍락국 이후	단행본
김화홍	대마도도 한국 땅	문화, 역사, 지명을 전반적으로 기술	1869년 판적봉환	단행본
하우봉	전근대시기 한국과 일본의 대마도 인식	역사상 우리나라와 일본의 대마도에 대한 인식	막부시대에는 양속관계, 판적봉환	학술지 논문
김용훈	근대 격변기의 대마도 영토권	대마도의 외교적 위치와 태도 및 대마도 영토권 변경	막부시대에는 양속관계, 판적봉환	학술지 논문
정호완	대마도 지명의 문화론적 모색	고대문화가 일본에 전래되는 것에 관하여 기술	1868년 메이지 유신	학술지 논문
권도경	한국 대마도 전설에 나타난 대마도 지역성과 그 활용방안	대마도 전설에 나타난 대마도의 지역성과 그 활용방안	1868년 메이지유신	학술지 논문
정효운	한국 고대문화의 일본 전파와 대마도	한국 고대문화의 일본 전파 경로	7세기 후반	학술지 논문
김문길	동북아에 있어서 대마도 영토 연구	고지도, 고문서, 언어를 통해서 대마도가 우리 영토라는 것을 밝힘.	-	학술지 논문
김일림	대마도의 문화와 문화 경관	대마도의 일반적 현황과 현존 문화	-	학술지 논문

또한, 이 책에 서술한 연구 내용의 객관성을 유지하기 위해서 우리나라에서 저술된 문헌뿐만 아니라 북한 학자들과 지금은 중국 영토로 강제 편입되어 있는 곳에 살고 있는, 조선족이라고 불리는 우리 동포들이 저술한 책들은 물론, 일본에서 저술된 대마도의 문화에 관한 책들도 참고하였다.

연변대学의 박진석은『호태왕비와 조일관계의 연구』에서 조선
반도 내의 왜지설 즉, 임나의 실체를 부정하는 한편 임나가 대마
도임을 밝혔다.[22]

북한의 박진욱은『조선고고학전서(고대편)』에서 고조선(古朝鮮)
과 삼한(三韓)의 진국(辰國)이 같은 문화를 형성하였으며 그것이
일본으로 전래 되어 야요이 문화를 만들었다는 것을 밝히고 있었
다.[23]

북한의 조희승은『일본에서 조선소국의 형성과 발전』에서 임
나의 위치와 고조선과 진국이 하나의 문화로 그 문화가 일본 야
요이 문화를 만들었다는 것을 밝히고 있었다.[24]

마지막으로 북한사회과학원역사연구소 편『조선고대사』에서
는 진국의 문화는 고조선과 같은 문화로서 진국이 대마도를 개척
해서 그곳에 문화를 전하고 꽃피웠으며, 규슈지방까지 전한 문화
가 결국은 야요이 문화라는 것을 기술하면서, 진국과 대마도 문
화의 공통성에 대해서 자세히 기술하고 있었다.[25]

일본인의 저서로는 대마도 태생으로 대마도의 민속자료관 관
장을 역임한 나까도메 히사에(永留久惠)의 일본어 단행본『고대사
의 열쇠·대마(古代史の鍵·對馬)』이 대마도의 영토문화에 대한 많
은 연구기록을 담고 있었다. 그는 자신의 연구에서 대마도의 문
화가 조선에서 건너온 것임을 인정했다. 그러나 그는 대마도의
문화 양식이 조선에서 건너온 것임을 인정하면서도, 그 문화권을

---

22) 박진석,『호태왕비와 고대 조일관계 연구』(연길: 연변대학출판사, 1993).
23) 박진욱,『조선고고학전서(고대편)』(평양: 과학백과사전종합출판사, 1988).
24) 조희승,『일본에서 조선소국의 형성과 발전』(평양: 백과사전출판사, 1990).
25) 북한사회과학원역사연구소 편,『조선고대사』(서울: 도서출판 한마당, 1989).

북규슈와 이끼도의 야요이 문화권에 편입하고 있었다.26)

그 외에 학자들이 연구한 자료는 아니지만, 승려인 풍계 현정의 『일본표해록』은 귀중한 자료였다. 풍계 현정이 1817년 경주에서 옥돌로 불상을 만들어 해남 대둔사에 천불상을 만들기 위해 항해하던 중 동래앞바다에서 풍랑을 만나는 바람에 일본에 표류하게 되었다. 그 덕분에 일본에서 억류되었다가 귀국길에 대마도에 45일을 머물게 된다. 귀국 후인 1821년에 자신이 표류했던 상황을 기록한 책이 『일본표해록』인데, 2010년 동국대학교 출판부에 의해 김상현이 번역하여 출간된 것이다. 이 책은 풍계 현정이 직접 보고 겪은 것을 꾸밈없이 적어놓은 것으로, 1818년에 '대마도 사람들은 모두가 조선 사람이라고 한다.'는 증언과 '그 이유를 동래로 돌아와서 물으니 대마도가 우리 땅이라고 했다.'는 등의 생생한 기록을 남기고 있다.27)

[표 1-1]에서 보듯이 문화영토론과 대마도에 관한 우리나라의 문헌들은 문화영토론과 대마도의 영토권에 관해서 많은 관심과 업적을 남기고 있는 것은 사실이다. 하지만 기존의 문헌들은 단편적인 주장을 묶어 놓은 듯한 느낌이 든다. 이 책에서 서술하고자 하는 방향과 기존의 문헌에 대한 차이점과 특징은 다음과 같은 것이다.

첫째, 문화영토론에 관련된 문헌은 대부분이 홍일식에 의한 것

---

26) 나까도메 히사에(永留久惠), 『고대사의열쇠·대마』(동경도: 대화서방, 1994).
27) 풍계 현정, 김상현 옮김, 『일본표해록』(서울: 동국대학교출판부, 2010), pp.67-68.

으로 그가 정의한 개념을 도입하였다. 그러나 홍일식이 주장한 문화영토론의 개념은 영토권과 관련된 개념보다는 우리의 문화를 세계적으로 확산시킴으로써 문화영토가 확장된다는 문화공간의 개념이다. 그는 우리의 영토문제에 대한 객관적인 연구의 필요성을 강조하면서도 영토문화에 의한 영토권의 개념은 도입하지 않았다.

그에 반해 이 책에서는 홍일식이 주장한 바와 같이 문화에 의해 영토가 정의되어야 한다는 이론에 영토문화론을 접목시킴으로써, 문화영토론의 개념이 문화공간을 의미하는 것이라기보다는 영유권에 관련된 영토문화의 공간을 의미하는 것으로 정의한 데에서 그 차이점과 특징을 보이고 있다.

둘째, 대마도 문화에 관련된 선행 연구들은 영토권을 주장하기 위한 수단으로 우리 문화가 존재하기 때문에 우리 땅이라고 주장하는 문화적 접근법을 사용한 것이 이 책과 같은 연구도 있다. 그러나 기존 연구들은 문화를 단편적으로 다루고 있다. 그것은 영토문화론이라는 문화주권자를 가려내기 위한 총체적인 문화의 개념을 도입하지 않았기 때문이라고 분석된다. 이 책에서는 종합적인 차원에서 문화 분야를 다루기 위해서 영토문화론이라는 이론을 수립하고 그 개념을 총체적으로 문화주권자를 가려내는 데 적용하여 영토문화론에 의한 영토권을 규명하고 있다는 차이점에서 특징을 보인다.

셋째, 대마도의 영토권에 관련된 기존의 문헌들은 대마도에 대한 역사적 접근방법과 문화적 접근방법을 구분하여 사용하고 있다는 점이다. 그러나 이 책에서는 역사적 접근방법을 영토문화를 통해 접근함으로써 결국 문화와 역사를 병행하여 별개가 아니라 하나로 적용할 수 있는 이론을 만들어 적용한다는 특징을 지니고 있다.

2장 문화영토론(文化領土論)

　이 장은 인류의 평화를 지키기 위해서는 문화에 의해 영토를 정의해야 한다는 문화영토론의 이론에 대해 살펴보고 문화영토론의 효율적인 활용을 위해서는 영토문화론이 필요하다는 것을 제기하는 장이다.

　먼저 문화영토론의 개념을 알아보고 그 탄생 배경을 알아본다.

　지금 우리가 일반적으로 국경이라고 부르는 것은 서세동점(西勢東漸)을 앞세운 침략에 의한 지리적인 국경이다. 반면에 문화영토론이라는 것은 힘을 앞세워 인류의 평화를 짓밟던 서구의 지리적인 국경이론에 대한 대응책이다. 국경은 각각의 민족과 나라의 문화에 의해서 정립되어야 한다는 것이다. 문화영토론을 탄생하게 만든 이론들인 문명충돌론과 문화통합론, 다중문화론 등의 이론도 결국은 서세동점의 한계를 벗어나지 못하는 이론으로 문화영토론을 탄생하게 만든 것이다.

다음으로는 문화영토론의 내용을 살펴본 후 확대·재정립함으로써 문화영토론이 영토권을 정의하는 데 어떤 역할을 하는지 알아본다. 그리고 문화에 의해 영토를 정의하기 위해서는 후발적인 침략에 의해 인위적으로 심어진 문화가 아니라 영토에 뿌리박고 있는 영토문화가 중요하다는 실례를 들어서 영토문화론의 필요성을 제기한다.

문화영토론이 대마도의 영토권을 정의하는 문제와 어떤 관련이 있는지를 알아보고, 영토문화를 기반으로 문화영토론에 의한 대마도의 영토권에 대한 본질을 파악하는 이론적 토대를 마련하고자 하는 것이다.

1. 문화영토론의 개념(槪念)

국가의 기본 3요소는 국민·영토·주권이다. 어떤 나라가 형성되기 위해서는 국민들이 일정한 영토 안에서 생활하며 자신들의 주권을 행사하여야 한다.

국민 자체가 없다면 그것은 스스로 행사할 주권이 형성되지 못하는 것은 물론 영토를 차지할 사람이 없으니 애초에 국가가 형성되지 못할 것이므로 논할 가치조차 없다.

국민이 함께 모여 살고 있는 영토는 있지만 강대국들에 의해 점령되는 등의 이유로 스스로 주권을 행사하지 못하여 영토권마저 행사할 수 없다면 그 역시 완전한 국가로 볼 수 없다. 현재 중국이 강점하고 있는 티베트 자치구와 조선족 자치구 등의 자치지구, 과거 일제강점기의 대한제국과 원나라와 청나라에 의해 강점되었던 한족 중심의 중국이 그 실례에 해당한다.

국민은 있는데 영토가 없다면 그것은 국민이 모여서 생활할 수 있는 공간이 없으므로 자주적인 주권은 물론 국가가 형성될 수 없다. 로마제국주의의 영토팽창 정책에 의해 주권을 잃었다가 급기야는 1세기에 로마에 의해 멸망된 이후 2차 대전 종전으로 인해서 1948년 독립국가 이스라엘이 건국되기 전까지, 유태인은 있었지만 세계 도처에 퍼져 있을 뿐 스스로 국가를 형성하지 못했던 이스라엘이 그 좋은 예다. 그러나 이스라엘은 1,800여년 만에라도 자신들의 나라를 다시 세울 수 있었기 때문에 그나마 다행인 편이다.

가장 불행한 예로는 산업혁명으로 부를 축적한 서구의 팽창정

책에 의해 침략당한 아메리카 대륙의 많은 나라의 종족들과, 홋카이도를 비롯한 쿠릴 열도 등을 근거로 고유한 언어를 가지고 문화를 누리던 아이누 족과 오키나와와 아마미 제도를 근거로 자신들의 고유한 언어와 문자를 토대로 융성한 문화를 꽃피우던 류큐국의 류큐족과 같은 종족들은 일본에 의해 강점됨으로써, 자신들의 영토에 살고 있으면서도 주권을 잃어버리는 바람에 국가가 붕괴되고 종족마저 소멸되었거나 소멸되어 가고 있다. 그들은 자신들의 국가라는 개념을 잃은 상태로 상대적으로 경제력이 풍부하고 군사력이 강한 나라에 종속된 국민의 한 사람으로 살아가고 있을 뿐이다.

결국, 국가는 국민·영토·주권의 3요소가 갖춰질 때 비로소 국가로 인정받을 수 있는 것이다. 하지만 특이한 경우를 제외하고는 국민과 영토가 갖춰진다면 대부분이 주권을 형성하여 국가의 3요소를 충족시킬 수 있다. 그러나 아메리카 원주민처럼 서구 열강에 의해 영토가 침탈당함으로써 주권이 훼손되어, 국민이 본래 살고 있던 영토에서 살고 있으면서도, 정체성을 잃고 국가와 민족이 소멸되는 경우도 많다는 것을 간과해서는 안 된다. 이것은 함께 공존해야 한다는 인류의 평화 논리에 위배되는 것임에도, 강대국들이 자국의 이익을 위해서 경제나 무력에 의한 힘의 논리로 다른 나라의 영토를 침탈하는 것에서 기인하는 것이다.

이렇게 강대국들이 힘의 논리에 의한 제3국의 영토에 대한 침탈로 그어진 지리적인 국경에 의해 인류의 평화가 파괴되는 것에 대항하여, 지리적인 국경을 넘어서 문화에 의해 영토를 정의함으로써 인류의 평화를 지키기 위한 영토논리가 바로 문화영토론이다.

우리나라에서 문화영토라는 용어의 개념이 처음 공식적으로 학계에 제시된 것은 1981년 4월 23일 고려대학교 민족문화연구소 내에 영토문제연구실을 발족하는 기념학술강연회에서 행한 홍일식의 개회사 "새로운 문화영토의 개념과 그 전망"으로 알려져 있다. 홍일식은 그의 발표논문 "문화영토의 개념과 해외동포의 역할"[1]에서 본인이 문화영토라는 개념을 학계에 최초로 제시했다고 밝히고 있다. 그는 '영토라는 말은 주로 국가적·정치적·법적인 개념으로서 한 나라의 주권이 미치는 영역, 즉 영토와 영공과 영해를 지칭하는 것으로 이해되어 왔으나, 이제부터는 역사적·문화적 개념으로 확대 적용해야 한다.'고 주장하면서, 문화영토의 개념을 '민족생활 공간의 일체'로 보았다.[2] 그리고 문화영토를 확대하는 가장 확실한 매체는 다름 아닌 해외 이주자들로 보았다.

  문화영토론이라는 용어 또한 홍일식이 1986년 1월 29일 세계평화교수협의회 제4회 종합학술회의에서 발표된 "문화시대의 도래와 한국 문화의 전개"라는 논문에서 최초로 사용하였으나, 그는 문화영토와 문화영토론이라는 용어를 명확히 구별하지 않았다. 홍일식의 문화영토 관련 문헌들을 발표순으로 보면, "새로운 문화영토의 개념과 그 전망"(개회사 1981. 4. 23.), "문화영토의 개념과 해외동포의 역할"(1985. 9. 26-29. 발표)에는 문화영토론이라는 용어는 사용되지 않고, "문화영토 시대의 도래와 한국문화의

---

1) 홍일식, "문화영토의 개념과 해외동포의 역할", 「영토문제연구」, 제2호, 고려대학교 민족문화연구소, 1985, p.1.
2) 홍일식, "새로운 문화영토의 개념과 그 전망", 「영토문제연구」, 제1호, 고려대학교 민족문화연구소, 1983, p.142.

전망"(1986. 1. 29.발표)에는 문화영토론이라는 용어가 최초로 등장하였으나, "문화영토론의 회고와 전망"(1996.12.5.)에서 문화영토론이라는 용어를 공식화해서 쓰기 시작한 시점을 1980년대 초반이라고 한 점과 그 발상은 3년 전인 1978년이라고 한 점 등을 고려할 때 문화영토와 문화영토론의 용어와 개념을 혼용하였던 것으로 나타나고 있기 때문이다. 어쩌면 그는 문화영토라는 개념이나 용어와 문화영토론이라는 개념과 용어를 동일하게 본 것일 수도 있다.

어쨌든 홍일식이 제시한 문화영토론은 한 나라의 주권이 미치는 공간으로서의 영토가 아니라 역사적 맥락으로 관류되는 종축(縱軸)과 문화적 시야로 포괄되는 횡축(橫軸)이 서로 교직되는 개념이다.[3] 서구사회의 근대화가 인류를 구원해 줄 수 있다는 그릇된 생각에서 출발한 서세동점에 의한 제국주의의 산물로, 전 인류의 파멸을 가져올지도 모르는 전쟁으로 인한 대립과 갈등의 표상인 현존하는 국경에 의해서 설정된 이제까지의 영토의식에서 벗어나야 한다는 것이 그가 주장하는 문화영토론이다. 그의 문화영토론은 현존하는 지리적 국경의 공허성과 그것에 대처할 새로운 개념으로서 현재의 지리적인 국경에 의해 정의된 영토가 아니라, 문화에 의해 정의된 영토가 되어야 한다고 보았다. 그러나 그의 이론을 살펴보면 우리나라 영토에 대한 객관적인 연구의 필요성을 제기하면서도 그에 대한 구체적인 언급은 없었다.

우리나라가 역사적으로 찬란한 선진문화를 보유해 온 나라라

---

3) 홍일식, "문화영토론의 회고와 전망", 『21세기와 한국문화』(서울: 나남출판사, 1996), p.355.

는 것에 대해 언급하면서도 과거 우리나라 문화영토의 수복에 관한 의지는 보이지 않고, 그 찬란한 문화를 보호·육성하여 전 세계로 뻗어나가게 함으로써 미래의 우리 문화영토를 넓혀야 한다는 미래지향적인 문화영토론에 치중하고 있다.

그러나 이 책에서는 홍일식의 문화영토에 대한 개념에서 차이점을 두고 진일보하고자 한다. 일반적으로 지리적인 국경에 의해서 지배하고 있는 통치자를 개념적인 영토권자라고 한다면, 대로 그 안에서 문화를 누리며 살아 온 문화주권자를 실질적인 영토권자로 보아 인류의 국경이 정리되어야 한다는 것이다. 즉, 현재 눈에 보이거나 혹은 미래의 문화영토만으로 그 영토의 문화주권자를 판단할 것이 아니라 고대부터 이어온 문화영토 역시 인정해 주어야 한다는 것이다.

왜냐하면, 지리상의 국경은 전쟁이나 침략 혹은 합병 등에 의해서 인위적으로 쉽게 변할 수 있지만 문화영토는 쉽게 변하지 않는다. 문화라는 것이 대중문화 같이 잠시 유행하고 지나치는 것도 있겠지만, 적어도 문화영토라고 지칭될 정도라면 그 영토 안에 뿌리를 내린 영토문화이기 때문이다. 이것이야말로 역사적 맥락으로 관류되는 종축과 문화적 시야로 포괄되는 횡축이 서로 교직되는 개념으로 문화영토론의 개념과 부합되는 것이다. 즉, 어느 나라의 영토에 대한 범위를 이야기할 때, 지배자의 주권에 의해 설정된 지리적인 국경에 의한 영토를 개념적인 영토라고 한다면, 역사와 함께 하는 영토문화에 의해 구분되는 영토가 실질적인 영토[4]이기 때문이다.

필자는 인간과 영토와의 관계에서, 각종 문화활동의 결과로 발생하는 현상이 어떠한 원리와 원칙에 의해 발생·변경·소멸하는가에 대해 강한 의구심을 가져왔다. 그러므로 문화적인 관점에서 접근하여, 영토에 대한 문화 활동과 문화현상을 영토학의 한 분야로서 체계화를 시도하고자 한다.

따라서 필자는 문화영토론의 개념을 '지리적인 국경을 넘어서 문화에 의해 영토를 정의하는 것'이라는 기본적인 개념과 '인간과 일정한 영토 사이에서 발생하는 각종 문화 활동의 결과물로 역사성을 동반하는 영토문화'를 접목하여 확대·재정립하고자 한다.

즉, '문화영토론이란, 개념에 의한 지리적인 국경에 의해서가 아니라 영토문화를 기반으로, 문화에 의해 영토를 정의하는 것'이라고 정의한다.

---

4) 신용우·김태식, "문화적 접근에 의한 대마도의 영토 근거 연구", 「대한부동산학회지」, 제31권 제1호, 대한부동산학회, 2013, pp.105-107.

2. 문화영토론의 탄생배경(誕生背景)

1) 문화의 개념과 분류

문화는 사람의 총체적 지성의 특징을 말하는 것이며 사회적·종교적·윤리적·과학적·기술적인 특색이 종합적으로 나타나는 것으로 '어떤 집단의 일반 사회질서에 나타나고 있는 생활습관 및 비형식적인 법규, 기구, 제도 등을 포함한 총괄적인 것'이다. 이는 토인비가 말하는 문명의 개념과 큰 차이가 없다.[5] 즉, '인간이 속한 집단에 의해 공유되는 인간 생활의 모든 것'[6]을 지칭하는 것이 바로 문화이자 문명인 것이다. 그런 까닭에 19세기 말에 '문화'를 최초로 정의한 타일러(Sir Edward Burnett Tylor)는 '문명'과 '문화'를 동일시했다.[7] 문화라는 것은 너무나 광범위해서 한마디로 정의하기는 어렵다. 다만 문화의 요소를 분류하는 방법 중 문화인류학에서 분류하는 방법에 의해 분류하면 다음과 같다.

첫째, 가장 원초적인 물질문명, 즉 형이하학적인 문명을 용기문화(用器文化)라고 한다. 사람이 생활해 나가는 데 필요한 의복, 그릇 등 일체의 용품과 무기 등을 말하는 것으로 용기문화의 특징은 문화와 문화 사이의 전수가 아주 빨리 된다는 점이다.

둘째, 용기문화보다 한 단계 높은 차원의 문화를 규범문화(規範

---

5) 김일평, "21세기의 세계와 한국문화", 『21세기와 한국문화』(서울: 나남출판, 1996), p.170.
6) 한국학중앙연구원, 한국민족문화대백과, '문화' 검색, www.aks.ac.kr(2015. 3. 21.).
7) 브리태니커사전, '문명' 검색, www.daum.net(2015. 3. 25.).

文化)라고 한다. 이것은 주로 한 사회의 제도·관습·법률 등을 가리키는 것으로 용기문화처럼 빠르게 전수되지는 않지만 상당기간을 서로 교류하면 동화되는 것이 보통이다. 세계의 헌법·형법·민법 등이 비슷하다는 것에서 알 수 있다.

마지막으로 가장 고차원의 정신문화를 관념문화(觀念文化)라고 하는데 이것은 그 민족 고유의 언어·종교·사상·신앙 등을 포괄하는 것으로 문화와 문화가 교류를 해도 여간해서는 서로 동화가 잘 안 되는 것으로 그 문화의 주인인 민족과 운명을 같이 한다고 할 수도 있다.8)

이처럼 문화의 요소를 분석해 보면 서로 다른 문화권에서 생활한 사람들이 하나의 공동체를 이룬다는 것은 외견상으로는 간단하게 보일지 모르지만 내면적으로는 상당히 어렵다는 것을 알 수 있다. 서로 다른 문화권에서 생활하던 사람들이 같은 문화권을 형성한다는 것은 상당한 시간이 소요될 뿐만 아니라, 심지어는 영원히 같은 문화권을 형성할 수 없을 수도 있다.

그런데도 불구하고 산업혁명을 이룬 서양의 강대국들은 경제력과 군사력이 팽창되자 마치 자신들이 인류의 삶의 모든 주도권을 쥐고 있는 것으로 오인하고 각각의 민족들이 소유하고 있는 문화주권을 무시한 채 인류를 합종연횡(合從連衡)하여 인위적으로 재편하려는 개념적인 영토구축을 위한 힘의 논리를 앞 다퉈 펼쳤다. 그리고 그것은 인류에게 전쟁과 살상이라는 치명적인 분

---

8) 홍일식, "현대생활과 전통문화", 『문화영토시대의 민족문화』(서울: 육문사, 1987), pp.357-358.

열과 인류문명의 파괴라는 엄청난 손실을 끼치는 두 차례의 세계 대전과 동·서 냉전이라는 결과를 초래하고 말았다.

이런 현상이 재발하지 않기 위해서는 인류가 문화라는 것을 올바로 인식하는 것은 물론 문화로 인한 불상사가 일어나지 않게 하기 위한 대책을 수립하여야 한다는 이론들이 등장한 것은 자연스러운 현상이었다.

2) 문화충돌론과 대응책의 문제점

사무엘 헌팅턴은 냉전 이후의 갈등은 문명충돌이 원인이 된다고 강조하였고 그 원인을 다음의 다섯 가지로 보았다.

첫째, 문명의 차이는 인류 역사 수세기 동안의 산물로 정치사상과 정치체제의 차이보다는 더욱더 기본적이고 현실적인 것이기 때문에, 그와 같은 차이는 반드시 갈등으로 이어지는 것은 아니지만 가장 오래되고 지속적인 갈등을 형성하여 왔다.

둘째, 문명사이의 접촉이 증가함에 따라 문명의식이 강화되며 문명 간의 차이점을 인식하게 되어 문명 내의 공통점도 강화시켜 주기 때문에 문명의식을 고양시키는 동시에 역사 속에 깊이 뿌리박힌 차이점과 적대감을 확산시킨다.

셋째, 정치적 근대화와 전 세계의 사회적 변화 과정을 거치는 동안 인간이 오랫동안 자기 지역에 대한 일체감을 상실하고 그 자리를 종교가 메우고 있다는 것이다. 따라서 종교의 재부흥이 국경을 초월하여 문명을 단결시키는 일체감을 제공하게 된다.

넷째, 문명의식의 특성과 차이는 정치적, 경제적인 특성이나 차이점보다 변화하기 어렵기 때문에 쉽게 타협이나 해결이 되지 않는다. 계급 갈등이나 이데올로기 갈등에서는 사람이 그것을 선택하기 때문에 변화가 가능하지만 문명에서는 그와 같은 선택이 가능하지 않다.

마지막으로 경제적 지역주의가 증가하고 그것이 문명의식을 증가시키고 역으로 공통된 문명에 뿌리를 가졌을 때 경제적 지역주의는 성공할 수 있다.[9]

또한, 헌팅턴은 문화의 충돌이 두 개의 수준에서 일어난다고 판단하였다. 하나는 미시적인 수준으로 영토문제로 인하여 문명 간의 접촉지점에서 발생할 것이며, 다른 하나는 거시적인 수준으로 문명이 다른 국가들의 군사력·경제력 경쟁, 국제도시의 통제를 놓고 벌이는 경쟁, 그들의 특정한 정치적 또는 종교적 가치를 증진시키기 위하여 벌이는 경쟁으로 일어난다는 것이다.

그는 자신이 예측한 문명충돌에 단·장기적인 것으로 나누어 대응책을 제안하였다. 단기적인 것으로는 서구문화와 가까운 문화를 형성하고 있는 동구와 라틴아메리카 제국들을 서구사회로 통합시켜 서구의 가치관과 이해가 확산되도록 해야 한다는 것이다. 다음으로 장기적으로는 서구사회는 서구화와 현대화를 동시에 이룩했지만 비서구사회는 현대화는 이룩했으면서도 서구화가 되지 않고 자신들의 고유문화에 접목시키려 하고 있음으로 서구 사람들은 자신들의 문명과 이익을 지키기 위하여 필요한 군사력과

---

9) Samuel P. Huntington, "문명의 충돌론: The Clash of Civilization", 「외교문제: Foreign Affairs」 Vol. 72.(Summer 1993), No. 3. pp.21-49. 김일평, 전게논문에서 재인용.

경제력을 키워야 한다는 것이다.[10]

사무엘 헌팅턴은 인류가 맞이할 커다란 충돌은 정치체제나 이념에 의해서가 아니라 인류의 각 집단을 수세기 동안 지배해온 문화의 차이에 의한 것이고, 그 충돌을 막기 위해서는 서구사회가 자신들의 힘을 키우고 가치관을 확산시켜 그들의 문화가 세계적인 확산을 가져오는 것이 인류의 평화를 가져 올 수 있다고 주장한 것이다.

헌팅턴의 논거에서 보았듯이 문화의 충돌은 다른 요소들의 충돌에 비하여 인류에게 아주 커다란 재앙을 가져다 줄 것이다. 특히 헌팅턴이 문화의 충돌이 발생할 지점으로 영토문제로 인한 문화의 접촉지점을 지적한 것은 주목해야 할 일이다. 그것은 군사나 경제 혹은 정치나 종교 등에 의한 거시적인 문명충돌이 아니라 당장 눈앞에서 보일 수 있는 미시적인 충돌이라고 했다. 그 무엇보다도 영토문제로 인한 문명 간의 접촉지점이 인류에게 충돌로 인한 전쟁의 불씨를 제공할 수 있는 가장 위협적인 요소가 될 수 있다는 것이다. 당연히 그런 일이 일어나서는 안 되며 사전에 예방되어야 한다.

그러나 헌팅턴은 날카롭게 문제점을 지적한 반면에 그 대응방안에서는 전 근대적인 논리의 틀을 벗어나지 못하고 있다.

헌팅턴은 단기적으로 서구의 가치관과 이해가 확산되도록 하고 장기적으로 서구사회는 자신들의 문명과 이익을 지키기 위하

---

10) 김일평, 전게논문, pp.164~165.

여 필요한 군사력과 경제력을 키워야 한다는 이론을 제시했다. 그 이유로는 서구사회는 서구화와 현대화를 동시에 이룩했지만 비서구사회는 현대화는 이룩했으면서도 서구화가 되지 않고 현대화된 문명을 자신들의 고유문화에 접목시키려 하고 있음을 지적했다. 이것은 산업혁명으로 경제력과 군사력을 팽창한 서구사회가 경제력과 군사력이 약한 약소국을 지배하여 국경을 넓히던 것과 형태는 다를지 모르지만 결국은 같은 맥락이다.

현대화를 이룩했으면서도 서구화가 되지 않았고 자신들의 고유문화에 접목시키려 한다는 이유로 서구사회가 비서구사회를 서구화시키기 위하여 군사력과 경제력을 키워야 한다는 이론에 지나지 않는다. 서구사회의 문화는 올바르게 형성된 문명이고 비서구사회의 문화는 그렇지 않다고, 비서구사회의 문명을 비하시킴으로써 서구사회 문화의 우월주의 맹점에 빠지는 이론이다. 그런 이론은 이미 그 문제점과 병폐를 지적한 서세동점 이론과 형태와 방법만 다를 뿐 인류에게 전쟁과 분열을 싹트게 한다는 것에서는 아무런 차이점이 없는 것으로, 서구사회 스스로 저질러온 병폐의 틀을 벗어나기는커녕 반복하겠다는 것과 다름이 없는 것이다.

결국 문화의 충돌이 인류에게 가장 큰 재앙을 가져다 줄 것이라는 점을 지적하면서도, 문화의 충돌 없이 인류가 평화롭게 갈 수 있는 해결방안을 제시하지 못하고 오히려 제국주의적인 서세동점에 의해 인류의 평화를 해칠 수밖에 없는 논리다.

3) 문화통합론과 문제점

헌팅턴보다 앞서 토인비가 문화 충돌과 그 해결책에 관한 주장을 내놓았었다. 논지를 편 시점은 앞서는데도 토인비의 주장은 헌팅턴의 주장에 비해 진일보했다. 그는 전 인류가 공존하기 위해서는, 서구중심이 아니라 서로의 문화를 이해하고 그에 따라 인류가 융합해야 한다고 주장했다.

토인비는 현존하는 문명은 서구문명, 힌두문명, 무슬림문명, 동양 즉 유교문명, 정통기독교문명 등 5개 문명이라고 하면서, 모든 문명의 흥망을 연구한 결과 세계의 모든 국가가 하나의 정부를 수립하지 않으면 인류는 멸망할 것이라고 했다. 그는 서구문명이 당면하고 있는 현대 위기는 물질적인 것보다는 정신적인 것이라고 생각했다. 현대에서 가장 악랄하게 나타나는 것은 서구 사람들이 종교를 버리고 민족주의라는 우상을 숭배하고 민족국가를 찬양하는 나치즘 같은 것이라고 했다. 사랑과 자비심을 강조하는 고차원적인 종교가 없어진다면 인종과 민족을 숭배하고 정당의 조직과 정치인을 숭배하는 저질의 종교를 숭상하게 된다고 하면서 그 해결방안으로 문명을 공부할 것을 제안했다.

문명은 역사 연구의 가장 작은 단위로서 문명을 연구하는 것으로 한 나라의 역사를 이해할 수 있다고 강조했다. 한 나라의 역사를 이해함으로써 민족주의 같은 이기주의 사고방식을 극복하고 인류의 공동운명을 발휘하기 위하여 형제애를 보편화함으로써 누구든지 형제와 같이 융합할 수 있다는 것이다. 비서구세계는 서구문명을 이해하고 서구세계는 비서구세계가 서구문명에 이바

지한 역사의 사실을 잘 파악해야 한다고 하면서 인류의 멸망을 방지하기 위하여 다음과 같은 세 가지 기본방향을 제시하였다.

첫째, 정치에 있어서는 상호협조체제인 헌법을 만들어서 세계정부를 수립하는 것이다.

둘째, 경제는 자유기업과 사회주의 체제를 절충하여 혼합경제체제를 수립하는 것이다.

셋째, 정신문화는 세부적인 상부구조를 변화시켜서 종교의 기본원리로 복귀시키는 것이다.

토인비는 서구문명과 비서구문명의 융합으로써 세계문명을 창조하여 인류의 멸망을 막을 수 있다는 낙관론을 제시한 것이다.[11]

토인비의 이론은 헌팅턴의 이론에 비하여 진보적인 것은 확실하지만 그 역시 인류가 문화의 충돌에 의해서 겪게 될 비극에 관한 해결방안이 되기에는 역부족이다. 토인비의 주장대로 세계가 하나의 정부를 구성한다는 것이 이론처럼 쉽게 이루어질 수 있는 일이 아니다.

전 세계가, 특히 약소국들이 의존하고 있는 UN을 보아도 알 수 있다. 1차 대전이 끝나고 국제연맹을 결성했지만 아무런 득도 없이 2차 대전을 맞았다. 또 2차 대전이 끝난 후에 국제연합을 결성했지만 영토문제에 의한 갈등 앞에서는 조정국으로서의 어떤 역할도 해내지 못하고 있다. 게다가 UN 자체 내에서의 강대국

---

11) 김일평, 전게논문, pp.166-168.

들의 이권과 동서갈등으로 인한 알력 다툼에 의해 영토문제에 관한 사항들이 일부 조정될 뿐이지 그 이상의 효과는 거두지 못하고 있다. 필요할 때는 불가능하고 가능할 때는 불필요한 것이 세계정부다. UN의 무기력이 그것을 잘 말해주고 있다.[12]

토인비가 두 번째로 주장한 경제문제 역시 하나의 정부가 아닌 다음에는 각각의 정부가 걷는 정책노선에 의해 결정되는 것이므로 큰 의미를 부여할 수 없다. 또한 그의 주장대로 정신문화를 종교의 기본원리로 복귀시킨다는 것은 불가능한 일이다. 완전히 폐쇄된 사회로 만들고 일인 독재체제를 구성해서 속으로는 어떻든 일단 겉으로라도 추종하게 하려고, 추종하지 않으면 죽이겠다고 위협해도 움직이기 힘든 것이 사람의 정신문화다. 특히 종교와 사상처럼 사람을 맹신하게 하는 요소들은 목숨을 내놓고 지키는 것 중 하나다. 최근에 전 세계가 경악하고 있는 이슬람의 테러처럼, 과격단체 대원들이 사안의 옳고 그름을 판단하지도 않은 채 자신의 목숨을 내놓는 것이 성전(聖戰)을 위한 순교라고 자인하며 자살폭탄 테러 등의 갖가지 테러에 가담하는 것들을 보면 알 수 있다. 하물며 이미 자유민주주의를 표방하고 있는 세계에서 상부구조를 변화시켜서 종교의 기본원리로 복귀시킨다는 것은 이론조차 수립할 수 없는 허망한 망상일 뿐이다.

---

12) 최규장, "문화의 정치화, 정치의 문화화 –21세기 문화영토 창조론 서설– ", 『21세기와 한국문화』(서울: 나남출판, 1996), p.245.

4) 다중문화주의와 문제점

토인비의 문화 통합론에서 진일보한 이론이 바로 다중문화주의로 미국의 전통적 이론인 용광로 이론(Melting Pot Theory)과 샐러드 접시 이론(Salad Bowl Theory)이 대표적이다.

용광로 이론은 미국의 이민사가 이미 증명한 바와 같이 이민자들은 그들이 어떤 종족이든 미국문화에 융화되고 흡수되어 미국문화에 동화되는 것이 바람직하다는 것이다. 그 반면에 1965년 이민법이 생긴 이후에는 유럽 이외의 지역에서도 이민자들이 이주할 수 있게끔 이민이 개방됨으로써 유색인종이 비서구 문화권에서 많이 이주할 수 있게 되었다. 따라서 미국에서는 다수종족의 서로 상이한 여러 문화가 복합문화를 형성하고 있는데, 그런 복합문화를 용광로에서 융합시키는 것보다는 샐러드 접시에 각종 채소가 나란히 놓여 있는 것과 같이 다수종족 상호간의 전통문화를 존중하고 이해할 수 있게 된다면, 복합문화의 사회를 형성하고 궁극적으로는 그로 인해 세계문화를 창조하고 세계화의 리더가 될 수 있다고 미국 사회는 믿고 있는 것이다.13) 샐러드 접시에 놓인 채소들이 결국 하나의 샐러드를 만들어 내듯이 문화역시 복합적인 문화를 만들 수 있다는 생각이다.

그러나 미국 내의 여러 가지 문화가 융합해서 복합문화를 만들고 그것이 세계문화를 창조하는 데 기여하여 미국이 세계화의 리더가 되리라는 사고는 극히 위험한 발상이다. 당장 미국 내에서

---

13) 김일평, 전게논문, pp.175-176.

도 복합문화라는 것이 만들어지고 그것이 미국의 고유한 문화로 자리 잡을 수 있을지 의문이다. 다중문화에 대한 우려의 목소리 또한 만만치 않기 때문이다.

'다중문화주의는 반문화(反文化)일수도 있으며 소수민족의 '민족바자회' 정도로 잘못 인식되고 있다. 다중문화주의가 갈등을 일으키게 되면 그 갈등은 민족주의로 돌아가게 할 것이다. 민족은 구성원 간에 감정으로 뭉친 도덕 공동체이기 때문이다.'14)

다중문화주의는 자칫 잘못하면 복합문화가 생성되기도 전에 각각의 민족주의로 돌아서서 민족 간의 갈등만 유발시킬 수 있다는 우려다. 하물며 다중문화주의에 의해 전 세계의 문화를 창조하고 세계화의 리더가 될 수 있다는 것은 지극히 위험한 발상임에 틀림이 없다.

샐러드 접시에 채소를 놓는 것은 인간이 사물을 배열하는 행위지만, 여러 가지 문화를 함께 어우러지게 한다는 것은 단순한 행위가 아니라 인간의 정신세계에 자리 잡은 여러 가지 사상과 종교까지 함께 어우러지도록 해야 하는 복합적인 것인데 그것이 생각처럼 쉽게 이루어질 일이 아니다. 또 미국 내에서 복합문화가 탄생했다고 가정할 경우 그것이 미국문화로 자리 잡을지는 모르지만, 인위적인 작용을 거치지 않는 한 세계문화가 된다는 것은 힘든 일이다.

그 좋은 증거로 미국이 아메리카 대륙을 지배할 때 원주민인

---

14) 최규장, 전게논문, p.249.

인디언들에게 어떻게 대했는가를 생각해 보면 알 수 있다. 그들은 원주민의 문화를 원시적인 것이라고 단정하여 말살하고, 원주민을 학살하려고만 했지 그들의 문화에 동화되거나 혹은 흡수하려고 하지 않았다. 그들이 아메리카 대륙에 상륙했을 때 원주민들이 누리고 있는 문화에 대한 이질감이 인디언을 배척하게 만들었던 것이다. 물론 그런 전철을 밟았었기 때문에 어떤 민족의 고유문화를 짓밟을 것이 아니라 각각의 고유문화를 샐러드처럼 어우러지게 해야 한다고 자성하는 이론을 도출해 낼 수는 있다. 하지만 그것은 미국 내에서나 가능한 일이다. 미국 이외의 나라나 타 민족이 그 샐러드문화를 접할 때는 이질감이 들게 마련이고 그들이 인디언의 문화를 받아들이지 않았을 때와 똑같은 대접을 할 수 밖에 없을 것이다.

사람은 태어나고 성장한 환경과 그때그때의 상황에 따라 생각과 행동 등 모든 것이 좌우된다. 그런 행동과 사고에서 문화가 탄생하는 것이다. 복합문화로 탄생한 새로운 미국문화가 자신들이 보기에는 아무리 우수한 문화라고 할지라도 생활환경이나 경제수준이 다른 곳에서도 그 문화가 자연스럽게 자리 잡을 것이라는 기대는 무리다. 무리한 것을 추진하다 보면 새로 탄생한 문화를 세계문화로 만들기 위한 인위적인 요소가 개입될 것이고, 그로 인해 새로운 문화제국주의가 탄생할 수도 있다. 결국 다중문화주의라는 이론은 미국이라는 경제력과 군사력을 앞세워 전 세계의 문화를 이끌어 가겠다는 제국주의적인 발상에 지나지 않는 것이다.

문화는 역사라는 종축과 반드시 동반하는 것이라고 했다. 그러나 이제 그 역사가 230년이 조금 넘는 미국은 자신들의 고유한 문화라는 것이 없다. 다중문화주의는 자신들의 고유한 문화도 없이 여러 나라와 민족의 문화를 하나로 만들어서 전 세계의 문화를 지배하겠다는 새로운 패권주의를 지향하는 문화패권주의적인 발상에 지나지 않는 이론일 뿐이다.

문화로 인해서 발생하는 문제를 해결하기 위해서 전술한 것처럼 여러 가지 이론들을 제시했지만 그것들은 문제점을 올바로 지적하기는 했지만 서구적인 사고방식에 입각해서 문제를 해결하고자 하는 것이거나, 지금 이 시대적 현실이나 인간의 정신세계와는 동떨어져 실현 가능성이 없는 이론이거나, 아니면 강대국의 힘의 논리에 의한 패권주의를 벗어나지 못한 것들이었다. 당연히 새로운 이론이 요구되었고 그 요구에 부응한 것이 바로 문화영토론이다.

3. 문화영토론의 내용(內容)

종래까지 한 나라의 국력은 '나라의 덩치'(영토+인구+자원)와 '경제력'으로 평가되었으나, 이는 최근 들어 유형국력의 덧셈이 아니라 정보력, 전략의지 등 문화력이라는 무형국력의 곱셈으로 바뀌고 있다.15)

근세기 동안 인류가 겪었던 가장 큰 고통을 가져온 두 차례의 전란을 겪게 된 동기가, 서구사회의 산업화에 의한 문명의 발달과 그로 인한 부의 축적으로 인해 무기가 발전함에 따른, 약소국에 대한 침략의 소산물이었다. 유럽이 잉여인구를 아메리카 신대륙으로 몰아낸 것이든, 산업혁명에 성공한 서구 세력이 인도와 중국을 대표로 하는 동양을 물자 소비를 위한 시장으로 전락시키기 위한 침략이든 간에 강대국은 지리적인 영토를 넓혀야 그 명맥을 유지할 수 있었다. 그러기에 수단방법을 가리지 않고 지리적인 영토를 넓히기 위해서 아시아를 강점하다가 심지어는 서구 자신들 사이에서조차 침략에 의한 국경을 만들어 낸 것이다. 이른바 서구사회의 근대화가 마치 전 세계 인류의 삶의 질을 증대시켜 줄 수 있다는 잘못된 생각에서 출발한 서세동점에 의한 제국주의의 산물이 침략에 의한 국경을 형성한 것이다.

그러나 세계정세는 급격하게 변해서 지구 표면의 1/3을 차지하던 구소비에트 연방공화국의 영토가 12쪽으로 나뉘었다. 흩어진 2,500만 러시아인은 하루아침에 소수민족으로 전락하였다.16) 지

---

15) 최규장, 전게논문, p.240.
16) 상게논문, pp.239-241.

리적인 국경에 의한 영토의 허점이 드러난 중요한 실례 중 하나다. 이러한 문제는 비단 소련에 국한된 것만은 아니다. 비록 소국(小國)일지라도 자신들만의 고유한 문화를 중심으로 독립국을 형성하기 위해서 끊임없이 노력하고 있는 것이 오늘날의 전 세계적인 추세다.

결국 문화를 무시하고 힘의 논리에 의해 무작위로 영토만 넓히기 위한 무자비한 발상이 근대사회의 비극을 가져다 준 것임을 자각하게 되었다. 이와 같은 인식의 전환은 기존의 지리적 국경에 의한 영토에 대하여 역사·문화를 중심으로 하는 새로운 영토의 개념을 요구하게 되었는데, 이것이 곧 문화영토론이라고 할 수 있다.

문화영토론은 1980년대 초부터 우리나라 학계에서 대두되었다. 그러나 우리나라에서 연구된 문화영토론은 문화의 경제적인 가치와 상품화에 관한 이론들로 미래지향적인 것들이 주를 이뤘다. 그 이유는 우리나라에서 문화영토론이 한창 연구되던 시기는 20세기 말로, 21세기에 인류가 맞이할 문화의 역할과 파급효과에 의한 연구가 우선이었기 때문이다. 게다가 이 시대의 우리에게 있어서 과거 고조선이나 진국, 그리고 그 국통을 이어받은 고구려·백제·신라의 눈부신 개척정신에 의한 고대의 우리 문화영토에 대한 수복의 의지는 상당부분 힘을 잃고 있었다.

19세기 후반 서양문명과의 접촉이 시작되는 개항기 이후 일제강점기에 이르러 문화영토가 소멸되기 직전의 위기를 맞았을 뿐만 아니라, 8·15 광복과 함께 민족을 남과 북으로 가르면서 '해방자의 얼굴'로 들어선 자들은 서구 문화제국주의와 계급혁명을 부르짖으며 민족을 사상적으로 이분시키고, 우리 문화에 대한 가치보다는 자신들의 이념과 문화를 앞세웠다. 그 결과, 일제강점기에도 명맥을 이어온 우리의 전통문화는 8·15에서 6·25로 이어지는 혼란과 격동 아래에서 민족외적 환경에서 생성된 외래사조를 배경으로 끝내는 동족상잔의 비극으로 전락하였다. 민족의 정기를 역류한 6·25의 비극은 민족정신과 전통문화의 빈사상태를 상징하는 대사변이었다. 또한 전쟁을 겪고 난 후 1960년대의 산업화 과정은 배금주의와 물질만능주의가 팽배해지고 정신적 국적상실과 민족의 정체성에 전면적인 위기를 가져왔고, 겨우 1970년대 들어서서 전통문화의 재인식과 재생·재활의 가능성을 열어가기 시작했다.17)

그러나 겨우 고개를 든 전통문화의 재인식도 우리의 고유문화가 우수하다는 것을 광고하거나 우리 문화에 의해서 과거의 우리 영토나 혹은 우리의 정신적 우월성을 돌아보기보다는, 우리 문화를 통해서 미래에 얻을 수 있는 가치창조에 관해서 더 많은 관심을 가질 수밖에 없는 환경이었다. 그렇게라도 함으로써 아직도 우리 문화에 대해서 자학적인 자세를 취하는 이들에게 우리 문화의 가치와 우월성을 고취시키는 것이 필요하였다. 그런 까닭에 문화영토론이라는 이론은, 문화영토에 관한 개념이나 혹은 활용방안에 대한 연구를 통해 문화영토론에 의한 고대 우리 영토에 대한 정의와 그 영토들의 가치 회복에 관해서는 언급하면서도,

---

17) 홍일식, "문화영토론의 회고와 전망", 『21세기와 한국문화』(서울: 나남출판, 1996), pp.360-362.

그 영토들을 수복하기 위한 구체적인 이론으로 기여하지 못했다. 과거의 우리 문화영토보다는 미래의 문화영토의 확장으로 인해서 주어질 경제적 이익에 관한 것을 논하기 위해, 우리 문화에 대한 이론적 정립과 확산을 통한 문화영토의 확장에 대한 미래지향적인 연구를 우선시해야 했다.

그런 배경 하에서 이루어진 1980년대 초의 문화영토론은 다음과 같은 세 가지의 핵심내용을 담고 있다.

첫째, 문화영토론은 종래의 주권적 영토개념의 배타성·독점성에 대한 평화지향의 '대항논리'로 제기되며, 서구문화의 세계지배와 그 한계의 극복에 대한 대안이다.

문화가 가지는 속성 중 하나인 문화전파는 일반적으로 선진고급문화에서 후진저급문화로 파급되어 간다는 것이다.[18] 예를 들자면 우리 문화는 일찍이 고대로부터 주변국에 비해 선진고급문화를 누리며 살아왔기 때문에 주변국에게 문화적으로 많은 영향을 주었다.[19]

우리 문화가 거의 일방적으로 흘러 들어간 지역은 일본이다. 일본은 일찍부터 우리의 문화영토로 편입되어왔다. 일본 측의 기록인 『일본서기』에 의하더라도 A.D. 396년에 고구려·백제·신라인들이 대거 일본으로 이주해 왔고, A.D. 403년에는 백제지역에서만

---

18) 나종우, "일본속의 한국문화", 「최고여성지도자 과정 강의논집」, 제1호, 원광대학교 행정대학원, 1995. p.151.
19) 문화가 선진고급문화라는 것은 무력이나 물질 등에 의한 힘이 앞선다는 것과는 다르다. 서세동점처럼 힘이 앞서는 나라가 문화가 앞서는 나라의 문명을 말살한 경우는 다음 4절에서 논한다.

120개 마을 주민 전체가 집단적으로 이주한 것으로 되어 있다.

물론 만주지역에 대한 진출은 더욱 자연스럽고 지속적인 형태로 진행돼 왔다. 만주는 우리 민족의 본거지로 고구려가 자취를 감춘 이후에도 그 뒤를 이은 대진국(발해)이 A.D. 926년까지 약 300년간 이 거대한 영토를 지배함으로써 우리 민족 문화의 굳건한 토대를 구축했다. 현재 중국 동북부 지방에 거주하고 있는 우리의 동포들이 다른 지역에 비해 비교적 우리의 전통문화를 원형에 가깝게 보존하고 있는 것도 이와 같은 역사적 배경, 즉 지난날 우리 문화가 그 지역의 문화보다 월등하게 우수했기 때문에 거의 마찰 없이 이주해 갈 수 있었고, 또 그곳의 문화를 흡수·동화시킬 수 있었다.

이렇게 본다면 우리의 문화영토는 이미 고대부터 시작해서 A.D. 10세기경에는 일본과 중국의 동북부 지방에 이르는 광대한 영역으로 확대되었다.[20)]

둘째, 문화영토론은 궁극적으로 문화적 세계주의를 추구한다. 즉, 인류문화는 하나의 문화로 조화·통일되어야 하는데, 이 과정에서는 선진고급문화가 후진저급문화로 파급되어 감으로써 문화의 고유한 운동성을 통해 하나의 세계를 이룰 수 있다. 그러므로 문화영토론이 문화적 세계주의를 지향할지라도 각각의 민족들은 자신들의 민족문화를 보호하고 육성해야 한다.

홍일식의 이론에 따라 화단을 예로 들자면, 제국주의에 의한 인위적이고 독단적인 한 가지 꽃으로 화단을 가꾸는 것이 아니

---

20) 홍일식, "문화영토의 도래와 한국문화의 전망", 『문화영토시대의 민족문화』(서울: 육문사, 1987), pp.458-459.

라, 각양각색의 꽃들로 화단을 가꾸되 궁극적으로는 하나의 가장 아름다운 꽃으로 통일된다.[21] 이미 언급한 바와 같이 문화의 속성이 선진고급문화에서 후진저급문화로 파급되어 가는 것이므로 선진고급문화들이 남을 것이며, 그런 까닭에 각각의 민족들은 자신들의 민족문화를 보호하고 육성해야 한다.

셋째, 문화영토의 흐름에 대처하기 위해 우리는 우리의 문화를 배우고, 아끼고 보존·발굴·개발해야 한다.

이를 위해 우리는 보다 능동적·범국가적으로 세계화의 흐름을 타고 우리 내부에서 시작하여 전 세계로 뻗어가고 살아남을 수 있는 방향을 설정하여야 하며,[22] 문화영토의 시대에는 세계를 네트워크로 잇는 힘에 의해 국경이 허물어지고, 개인이 우주의 중심으로 지구가족시대가 도래하는 것에 대비하여 문화영토를 넓혀야 한다.[23]

특히, 우리의 훌륭한 정신적 문화유산으로, 중국이나 일본의 그것과는 다르게, 조상에 대한 신앙으로까지 발전되고 향상된 인본주의(人本主義), 이기적인 욕심을 억제하는 이타주의(利他主義), 절제와 조화와 질서를 기본으로 하는 평화주의(平和主義)에 입각한 효 사상[24]과 평상시에는 노동공동체로, 재난이나 전쟁 시에는 공동방위체로, 자녀들의 학습을 위해서는 교육공동체로, 질병의 퇴치를 위해서는 보건공동체로, 그리고 이상과 같은 여러 가지

---

21) 상게서, pp.457-458.
22) 송상현, "전통문화의 세계화를 위한 시론", 『21세기와 한국문화』(서울: 나남출판, 1996). p.67.
23) 최규장, 전게논문, pp.254-256.
24) 홍일식, "문화영토론과 효 사상", 「어문연구」, 통권 제95호, 한국어문교육연구회, 1997. pp.5-6.

역할을 할 수 있도록 정서적으로 뒷받침하고 결집시키는 상징적 의식인 축제공동체로, 정신적인 안정과 마을의 평화를 유지할 수 있었던 두레공동체 정신25) 등을 전 세계에 알리고, 그 정신을 기반으로 인류의 현대생활은 물론, 미래의 변화에까지도 적응하는 실천지표로 발전·진작시켜 전 세계가 우리의 문화영토에 편입되도록 한국문화를 새롭게 일으켜야 한다.26)

우리의 정신문화 즉, 관념문화의 세계화를 통하여 우리의 문화영토를 넓혀야 한다. 관념문화야 말로 잘 동화되지는 않지만 동화된 후에는 민족이나 그 동화된 사람과 운명을 같이하는 것임으로, 우리의 관념문화를 세계화시킬 수 있다면 우리의 문화영토는 세계로 뻗어나갈 수 있다.

이상과 같은 문화영토론의 세 가지 주요 내용은 홍일식의 이론을 접목하여 21세기에 대처하는 방향을 제시한 것으로서, 문화에 의한 영토개념이 재정립되어야 한다는 것과 나아가 향후 우리 문화가 전 세계로 뻗어 나감으로써 문화영토를 넓힐 수 있도록 노력해야 한다는 것이다.

그러나 이 책에서는 기존의 문화영토론이 제시했던 이론에서, 가장 기본적인 부분이 언급되지 못하고 있다는 문제를 제기하고자 한다.

기존의 문화영토론은 영토의 개념이 재정립되어야 한다고 하

---

25) 서연호, "축제의 현실과 미래를 위한 모색", 『21세기와 한국문화』(서울: 나남출판, 1996), pp.83-85.
26) 홍일식, "문화영토론의 회고와 전망", 전게서, p.365.

면서도 그에 대한 구체적인 언급 없이 미래의 문화영토를 넓히는 대안을 제시하는데 치중하고 있다.

그러나 문화에 의한 영토정립은 미래의 설계도 중요하지만, 뿌리가 없는 미래는 있을 수 없으며, 그 근원을 명확하게 가리지 못한 상태에서의 문화전파는 오히려 왜곡된 사실을 양산하여 문화의 근원에 대한 혼란만 가중시킬 우려가 크다. 그리고 그 혼란은 문화에 의해 영토를 정의하는 데에도 똑같은 혼란을 가중시킬 뿐이다.

한 나라의 영토권에 관한 근원을 찾기 위해서는 고대부터 우리 민족, 혹은 다른 민족이라도, 단순한 지리적 국경이 아니라 그들이 간직해 온 문화영토에 대해 문화주권에 의한 영토로 인정해 주는 것이 필요하다. 각 민족 고유의 문화가 존재하는 곳에서 서로의 문화생활을 유지하며 살아가는 것을 그들의 영토로 인정해 주고, 제국주의적인 사고방식인 힘의 논리에 의해 인위적으로 지리적인 국경을 설정하지 않아야 한다.

문화영토라는 이론이 존재하고 그것이 미래의 가치창조에 기여할 수 있다면, 비록 그런 이론이 탄생하기 이전인 과거에도 문화영토는 존재했을 것이고, 과거의 문화영토에 의한 가치 역시 등한시 할 수 없는 것이다. 특히, 문화영토론이 문화에 의해 영토를 정의함으로써 인류의 평화와 행복에 기여하기 위한 것이라면, 과거의 것을 단절시키고 현재와 미래에 관한 연구만으로는 불충분하다. 지금까지의 인류 역사를 돌아볼 때, 과거를 무시하고 현재와 미래만 바라보는 것은 평화를 위협하는 또 다른 불씨를 숨기기 위해 과거를 덮는 모습이 될 것이기 때문이다.

이와 관련하여, 일부 문헌에서는 과거 우리 영토의 우수한 문화주권을 바탕으로 영토문제의 해결에 관한 새로운 접근을 모색해 볼 필요성을 제기하고 있다.

먼저, 1990년대 초에 주장된 두 가지 영토론이 있다. 직접 문화영토론이라고 정의하지는 않았지만, 문화에 의해 고토를 수복해야 한다는 이론이다.

첫째, 안천은 '잠재적 영토관'이라는 개념을 도입하여 잠재적 영토관은 역사적 산물이며, 지난날 침략으로 잃은 영토를 수복하는 정당한 권리 주장이라고 했다.27)

둘째, 유정갑은 '민족사적 생활영토론'이라는 개념을 도입하여 영토가 민족의 역사무대이자 생활무대라는 점을 강조하며 대한민국의 영토가 만주를 포함하는 고토수복이 되어야 한다고 주장했다.28)

또한, 최근에는 상기 두 가지 영토론과 문화영토론을 융합한 이론을 근거로 우리의 문화영토를 수복하자는 주장을 제기한 몇몇 논문도 찾아볼 수 있다.

그 주된 내용은 문화의 주인이 곧 영토의 주인이므로 문화영토론에 의해 우리나라의 문화영토를 수복해야 한다는 것,29) 문화주권을 가진 자가 영토주권을 가져야 하므로 과거 우리의 문화영토

---

27) 안천, 『만주는 우리 땅이다』(서울: 인간사랑, 1990), pp.46~49.
28) 유정갑, 『북방영토론』(서울: 법경출판사, 1991), pp.34~39.
29) 신용우·김태식, "문화적 접근에 의한 대마도의 영토 근거 연구", 「대한부동산학회지」, 제31권 제1호, 사단법인 대한부동산학회, 2013, pp.105~107; 신용우·오원규, "간도의 우리문화와 중국의 왜곡에 관한 대응 방안 연구", 「지적」, 제44권 제2호, 대한지적공사, 2014, p.28.

가 수복되어야 한다는 것,[30] 나아가 '생활권적 문화영토론'이라는 재해석을 통해 문화영토론을 확대·재정립해야 한다는 것[31] 등이다.

이 책에서 또한 이와 같은 문화영토론의 확대·재정립을 통하여 우리나라의 고유영토를 둘러싼 영토권 문제를 재조명해야 할 필요가 있음을 긍정하고, 이를 위한 구체적인 대안으로써 문화영토론의 확대·재정립 방안을 모색해 보고자 한다.

---

30) 장계황, "간도의 영토화 모형에 관한 연구", 박사학위논문, 경일대학교 대학원, 2013, p.4.
31) 조병현, "지적학적 접근방법에 의한 북방영토문제에 관한 연구", 박사학위논문, 경일대학교 대학원, 2007, pp.140-141.

4. 문화영토론의 활용(活用)을 위한 확대·재정립(擴大·再定立)

1) 우리의 고대문화영토에 대한 재인식

'문화영토론', '잠재적 영토관' 및 '민족사적 생활영토론' 등의 이론을 근거로 최근에는 '문화주권자'가 '영토권자'라는 이론들이 제기되고 있다. 우리의 문화고토 수복의 당위성을 주장하는 이론들이다. 그러한 연구 활동을 바탕으로 '문화영토론'을 우리의 문화영토 수복을 위한 기초이론으로 확대시켜 볼 수 있다.

우리 민족은 일찍부터 만주와 일본에 상륙했고, 그곳에서 우리의 선조들이 우리 문화를 가꿨던 것은 역사에 기록된 사실이다. 소수의 인원이 일시적으로 문화영토를 이룩했거나, 부당한 방법으로 점령했다는 이유로 그것이 우리 영토 영역이라고 주장하는 것은 불합리한 논리다.[32] 그러나 고조선과 진국이 자리하고 있던 영역, 우리가 '간도'라고 부르는 영역보다는 더 광범위한 땅으로, 서쪽 난하에서 출발하여 동쪽으로 향하며 북으로는 내몽골의 일부를 포함하면서 그 접경지역과 유사하게 따라서 흑룡강 까지 거슬러 올라가 우수리강을 향해 내려오다가 연해주의 약 절반을 가로질러, 남쪽으로 내려오면서 동으로는 독도와 남으로는 대마도와 마라도를 지나, 북쪽으로 향하면서 이어도를 거쳐 다시 난하까지 가는 그 영역에는(그림 2-1 참조) 고조선과 진국(辰國=三韓)[33]

---

32) 유정갑, 전게서, pp.32-33.
33) 진국과 삼한의 관계에 대해서는 제3장에서 구체적으로 다루기로 한다.

문화의 징표들이 다량으로 분포하고 있다. 그것은 일시적으로 문화영토를 이룩했거나 부당한 방법으로 점령했었던 것이 아니라 그 영토 안에서 오랜 세월동안 정착해서 생활했음을 증명해 주는 것이다.

[그림 2-1] 고조선과 진국의 영역도

다음의 [표 2-1]은 [그림 2-1]을, 경위도 좌표는 구글어스, 경위도 좌표변환은 상용 변환프로그램, 좌표면적은 토탈측량시스템을 사용하여 산출한 것으로, 그 면적은 한반도 면적의 6배에 해당하는 약 1,280,000㎢이다.[34]

---

34) 신용우·오원규, "중국 영토공정에 관한 대응방안 연구", 「지적」, 제44권 제1호, 대한지적공사, 2014, pp.56-57.

[표 2-1] 고조선 지도의 극점좌표

구분	60진법		10진법	
	위도	경도	위도	경도
동단	44.462014	136.265997	44.77226111	136.4499917
서단	41.554001	116.345507	41.92778056	116.5819639
남단	38.433632	121.081109	38.72675556	121.1364139
북단	52.353525	122.311816	52.593125	122.521711

자료: 신용우·오원규, "중국 영토공정에 관한 대응방안 연구", 「지적」, 제44권 제1호, p.56.

이와 같은 사실을 바탕으로 우리의 고대문화영토가 미쳤던 범위를 명확히 재정립하고, 그 안에서의 고유문화가 전파되는 역사적·문화적 근거를 갖춤으로써 영토문제의 해결에 관한 기틀을 마련할 수 있다.

2) 비정치적·생활권적 문화영토 인식의 확장

비정치적·생활권적 영토관은 국제법적 또는 국제정치적 영토개념의 차원을 넘어 민족의 역사무대이자 생활무대를 영토적 의미로 적극 해석하는, 현실적인 영토관에 대립되는 새로운 영토개념이다.

'비정치적·생활권적'이라는 의미만 놓고 보자면 미국의 한인타운과 같이 다른 나라의 영토 내에서 정치·경제·문화 등 여러 방면에서 국제적 교류와 협력이 이루어져 생활과 문화가 유지되는 일정한 지역을 말하는 것으로 생활권을 준영토적 의미로 사고하는 것이다. 그러나 이 지역에 대해 자신들만의 집단적인 생활 영역을 확보했더라도 완전한 영토로 병합할 수는 없고, 우리의 영토라 할 수도 없다.[35] 이것은 홍일식이 주장한 해외동포들이 우리 민족문화에 대한 이해와 자부심을 회복하여 우리 문화가 다른 나라의 문화들을 받아들여 보다 새로워지는 문화로 거듭날 수 있도록 기여하자는 주장과 큰 차이가 없다.

그러나 이 영토관은 언어·역사·종교·전통과 관습 등을 총체로 일컫는 문화의 동질성을 기반으로 성립되며, 이를 통해 직접 영토로 편입할 수 없는 지역의 소유권을 회복하는 대안이 될 수 있다는 점이 중요한 것이다. 재중 한인이 북방영토에 생활하고 있다는 것은 비록 정치적 차원은 아니지만, 생활권적인 차원에서 그 일부를 잠재적으로 회복하였다는 것과, 새롭게 민족의 생활영역이 확대된 새로운 영토관으로의 정착이 필요한 것이다.[36] 이것은 지금 우리가 당장 그 영토를 수복하지 못할지라도 그 영토 안에 우리 문화의 맥이 끊이지 않고 이어지게 할 수 있는 가장 좋은 방법으로 우리의 문화영토에 대한 수복의 기틀을 마련하는 방법이 되는 것이다.

따라서 현재로서는 국제법적이나 국제정치적인 이유로 지리적 국경이 우리의 영토에 속하지는 못하지만, 우리가 문화주권을 가지고 있는 우리의 문화영토에서 우리 문화를 누리며 살고 있는 우리 민족에게 그 문화유산을 계승·보전할 수 있도록 해주어야 한다. 우리의 모든 유·무형 문화들이 더욱 발전할 수 있도록 해주는 것이야 말로 우리의 잃어버린 문화영토에 대한 깊은 인식을 유지함으로써 향후의 문화영토 수복을 위한 기반이 확보될 수 있을 것이다.

---

35) 조병현, 전게논문, pp.140-141.
36) 상게논문. p.141.

3) 국경 없는 사회라는 개념의 허상

최근 들어서 인터넷과 미디어의 발달로 인해서 전 세계가 하나의 정보시대를 열고 있다. 서로가 창작해내는 현대문화와 예술에 있어서도 함께 공감할 수 있는 요소가 크다면 국경에 얽매이지 않고 온 인류가 매력을 느끼고 찬사를 보낸다. 특히 대중문화에 있어서는 국경을 초월하여 인류문화가 곧 하나의 문화로 통일이라도 될 듯이 열광한다. 하지만 모든 것들은 일시적인 것으로 유행이 지나고 나면 그 바람 역시 잠잠해 진다. 각각의 전통적인 문화에 다시 젖어 든다.

그런 문제는 경제적인 측면에서도 마찬가지로 나타난다. 특별히 북한처럼 폐쇄된 사회가 아니라면, 전 인류가 하나의 시장을 형성하고 그 안에서 직접 구매와 소비를 형성한다. 따라서 이제 인류는 국경 없이 하나의 글로벌한 나라를 형성한다고 말하기도 한다.

그러나 그것은 강대국들이 자신들이 유리하게 만들기 위해서 내세우는 이론에 불과하다.

국경이 없다는 것은 전술한 바와 같이 경제나 예술을 포함한 문화적인 교류 등의 측면에서는 확실하게 그렇다고 인정할 수 있다. 하지만 영토문제에 있어서는 오히려 더 심각하게 서로를 견제하며 서로에게 양보하지 않고 오히려 충돌을 빚는다는 사실을 간과해서는 안 된다.

그 가장 좋은 예로 우리나라와 직접적으로 관계가 있는 일본의 독도에 대한 망언과 중국의 이어도에 관한 망언들이다. 일본과 중국은 전혀 근거도 없이 우리 영토를 넘보고 있다. 물론 이 문제에 관해서는 언급되고 또 반복될 일이지만, 일본은 대마도를 반환하지 않으려는 선제 포석으로 독도에 대한 망발을 일삼는 것이고 중국은 우리의 북방영토에 관한 이야기가 나오지 못하도록 이어도를 가지고 시비를 거는 것에 불과하다. 하지만 일본이나 중국이 영토에 관해서 얼마나 민감하게 욕심을 내고 있는지에 관해서는 좋은 사례가 된다.

비단 우리나라와 직접 관계되는 문제뿐만 아니라 우리와 지척간에 있는 중국과 일본이 충돌을 일으키는 다오위다오(센카쿠열도) 문제, 그와 유사한 베트남과 중국의 충돌이나 인도네시아와 중국의 충돌, 남중국해의 중국에 의한 무력 강점, 크림반도 문제 등 세계 도처에서 수많은 충돌을 일으키고 있는 것이 현실이다. 또한 일찍이 중국이 '자치구'라는 명목으로 무력으로 강점했던 티베트나 위구르 등이 독립에 대한 열망을 가지고 끊임없이 투쟁하고 있다는 사실도 간과해서는 안 될 일이다.

국경 없는 사회라는 것은 인류가 하나의 생활권으로 좁혀졌다는 의미일 뿐, 영토문제에 있어서는 오히려 더 많은 충돌을 일으키며 자신들의 문화영토에 대한 애착이 커지고 있다는 것을 잊어서는 안 된다.

4) 문화영토론의 확대·재정립을 위한 선행 이론의 필요성

이 책에서는 '각종 문화활동이 어떠한 원리와 원칙에 따라 문화영토로 발생·변경·소멸하는가에 대한 체계화된 이론'을 정립하고자 한다는 것을 문화영토론의 개념에서 밝힌바 있다. 그리고 현재의 지리적인 국경이 서세동점이라는 제국주의적인 산물에 의한 것이며, 문화에 의해서 영토가 구분되어야 한다고 하면서도 강대국들은 문명충돌론이나 문화통합론, 다중문화주의 등의 이론을 들어 아직도 서세동점적인 이론을 문화에 접목하여 강대국에 의한 국경 정립을 합리화시키기 위한 이론을 내세우기에 급급하다는 것을 밝혔다.

그런 이론들에 의한 횡포가 지구상의 수없이 많은 찬란한 문명들을 변경·소멸시켰으며, 그 문화를 누리던 종족들을 무참하게 학살하여 극한 경우에는 멸종까지 시켰다는 것을 우리는 잘 알고 있다.

강대국들에 의해 원주민들이 살상 당함으로 인해서 사람들이 생명을 잃고 문화영토가 소멸된 곳으로는 무엇보다 먼저 아메리카 대륙을 손에 꼽을 수 있다.

산업혁명으로 인해 남아도는 잉여 노동력을 방출하기 위해서 유럽은 신대륙으로 사람들을 내몰았다. 그리고 거기에서 생겨나는 원주민과의 대립과 갈등을 훗날 사무엘 헌팅턴이 주장한 이론처럼 문명의 충돌이라고 보았다. 인류가 맞이할 커다란 충돌이 정치체제나 경제력에 의해서가 아니라 인류의 각 집단을 수세기 동안 지배해 온, 역사 속에 깊이 뿌리박힌 문명의 차이점과 적대감이며, 그것은 가치관과 종교 등으로 나타난다고 판단했다. 그리고 그 충돌을 막기 위해서는 서구사회가 자신들의 군사력과 경제력을 성장시킴으로써 힘을 키우고 가치관을 확산시켜 그들의 문화가 세계적인 확산을 가져오는 것이 인류의 평화를 가져 올 수 있다고 주장한 것처럼 대응했다. 원주민들에게 자신들의 종교를 강요하고 자신들의 가치관을 주입하기 위해서 무차별적인 폭정과 살상을 자행했다. 그 결과는 마야문명처럼 찬란한 문명을 남긴 미 대륙의 원주민과 그들의 문화를 말살하는 결과로 나타나게 된다. 문화의 흔적만 남았을 뿐 그 문화를 계승할 인류의 소중한 자산들을 소멸시켜버렸다.

이것은 비단 지리적으로 우리나라와 먼 아메리카의 문제만은 아니다. 가깝게는 일본의 아이누족 역시 마찬가지다. 아이누족은 홋카이도를 비롯한 쿠릴열도와 사할린 등을 근거로 자신들의 고유한 문화를 누리며 살았던 민족이다. 하지만 1869년 일본의 판적봉환 당시 강제 복속됨으로써 일본에 의해 자신들의 고유 언어를 쓰지 못하도록 탄압당한 것은 물론 창씨개명과 극심한 민족차별과 토지수탈 등을 통한 아이누 민족 말살정책으로 인해서 민족의 정체성을 잃고, 부모가 자식들은 민족차별에서 벗어나게 하기 위해서 아이누족이라는 것을 속이고 살아갈 정도로 전락하여, 지금은 아이누족의 정확한 숫자조차 파악되지 않은 채로 점점 소멸되어가고 있다.

그런가 하면 강대국들의 침략에 의해, 아직 소멸되지는 않았지만 변질되어 가는 자신들의 문화권을 지키기 위해서 독립을 추구하는 나라들도 얼마든지 볼 수 있다. 우선은 중국에 의해서 자치구라는 명목으로 강제로 편입된 티베트나 위구르 자치구는 물론 흔히 조선족이라고 불리는 우리 동포들의 자치구가 그 좋은 예다.

티베트는 전통적인 불교 국가로서 자신들만의 정신 영역을 달라이라마를 중심으로 구축하고 있는 나라다. 그런데 중국은 자신들의 영토팽창을 위한 정책의 일원으로, 자치구라는 명목으로 티베트를 중국의 한 부분으로 편입시키고 지금도 끊임없이 독립을 추구하는 티베트를 무력으로 억누르고 있다. 결국 달라이라마는 외국으로 망명 중이며 이로 인해서 중국과 티베트 간에는 독립문제로 인한 불협화음이 끊임없이 일어나고 있다.

이것은 비단 티베트뿐만이 아니다.

같은 자치구라고 불리는 위구르에서는 독립을 위한 무력항쟁도 마다하지 않고 있다.

그리고 현재지명으로는 오키나와를 중심으로 아마미 제도까지, 즉 류큐 제도에 뻗어 있던 고유한 언어와 문자까지 갖춘 찬란한 문화의 류큐국 역시 마찬가지다. 류쿠국은 류큐민족의 독립국으로서 일본에 의해 1879년에 강제 병합되었다. 2차 대전에서 일본이 무조건 항복함으로써 당연히 독립되어야 하는 나라였음에도 아직까지 독립되지 못하고 있는 나라다. 그들 역시 리큐공화국 설립을 위하여 끊임없이 독립을 추구하고 있다.

또한 아직까지는 북한이라는 장벽에 가로막혀 대한민국과 직접 얼굴을 마주하지 못하고 있기에 조용하지만, 우리나라로 입국하는 조선족이라 불리는 동포 노동자들이 증가함과 동시에 우리 백성들이 길림성과 흑룡강성 등을 관광과 사업 목적 등으로 방문하면서 접촉이 늘어나고 있다. 조선족 자치구라 불리는 곳에 살고 있는 우리 동포들 역시 중국의 강점에 대해 좌시하지만은 않을 것이다. 그리고 그 결과는, 언제 이루어질지는 모르지만, 이미 역사가 대답해 주고 있다.

문화에 의해 스스로 자신들만의 영토를 구축하고자 하는 의지를 드러낸 가장 좋은 예는 소련의 붕괴다. 소련의 붕괴야말로 문화에 의한 영토의 정의가 얼마나 절실한가를 보여주는 좋은 예다.
소비에트연방공화국이라는 거대한 국가를 형성함으로써 러시아의 문화를 그 중심축으로 삼고자 했지만, 그것은 결국 실패하고 소련이라는 이름하에 무력으로 융합시켰던 각 민족은 그들 스스로의 고유문화를 기반으로 독립 국가를 형성했다. 소련이라는 커다란 체제하에서 주도되는 러시아 문화를 기반으로 얻어질 수 있는 경제적인 이익보다는 자신들만의 문화를 꽃피우며 살 수 있는 길을 택한 것이다.

이상에서 논한 바와 같이 후발적인 침략에 의해 인위적으로 심어지고 강요된 문화에 의한 문화영토는 인류의 평화와 발전에 아무런 도움을 줄 수 없다. 인류의 평화를 위해서는 오히려 해가 될 뿐이다. 후발적인 침략에 의해 인위적으로 심어진 문화가 아니라 그 영토 안에서 원래 그 영토를 개척하고 지배하던 이들에 의해 자발적으로 형성된 문화를 기초로 해서 문화영토를 정의할 때, 그 영토의 진정한 주인들이 영토를 차지함으로써 인류는 영토수복을 위한 갈등과 전쟁을 겪지 않고 평화를 누리며 살 수 있다.
따라서 문화영토를 논하기 위해서는 오늘 이곳에서 유행하기 시작한 문화가 내일이면 지구 반대편에서도 함께 향유할 수 있는 현대문화보다는, 문화 이전이 용이하지 못하던 고대부터 농경정

착 자급자족시대까지 그 영토 안에서 어떤 민족에 의해 어떠한 문화행위가 이루어졌는가 하는 영토문화에 대한 고찰을 우선시해야 한다. 즉, 문화영토론을 확대·재정립하여 활용하기 위해서는 선행이론으로 영토문화에 대한 이론인 영토문화론을 정립하는 것이 필요하다.

3장 영토문화론(領土文化論)

본 장에서는 먼저 문화영토론의 활용을 위한 확대·재정립을 위해서 제2장의 마지막에 제기된 영토문화와 영토문화론에 대한 개념과 특성에 대해 정의한다. 그리고 그 활용방안의 일원으로 문화주권자를 판단하기 위해서 규명해야 할 영토문화에 대한 분류의 기준을 제시한다. 제시된 기준에 의해 대마도의 영토문화를 분류한 후 각각의 문화에 대한 특성을 살펴봄으로써, 문화주권자에 의한 대마도의 영토권자를 규명하기 위한 초석을 마련하고자 하는 것이다.

영토문화론에 의하여 문화주권자를 판명하고 문화주권자를 영토권자로 규명하는 것은 비단 대마도에 국한 되는 것은 아니다. 전술한 바와 같이 인류가 현재 보유하고 있는 국경은 힘의 논리에 의해서 제정된 것이다 보니 서로 문화의 뿌리를 찾기 위해서 분쟁이 끊일 날이 없다. 따라서 역사를 동반한 문화라는 매개체로 인하여 특정 지역에서 거주하는 보편적인 집단을 그 지역의 문화주권자로 인정하고 그에 따른 영토권을 부여한다면 인류의 분쟁은 그만큼 줄어들 수 있다.

아울러 영토문화론에 의해서 그 지역의 문화주권자를 판명하고 그로 인해서 영토권을 부여한다면 우리의 북방영토 수복도 훨씬 용이할 것이다. 그리고 그것은 비단 우리나라의 영토수복에 국한 된 것이 아니라 지구 도처에서 벌어지고 있는 인류의 영토분쟁에 대한 해결 방안으로 중요한 역할을 함으로써, 인류의 평화로운 공존을 위한 수단으로 자리매김할 것이라고 확신한다.

1. 영토문화와 영토문화론의 개념(概念)

앞서 정의한 문화의 개념에 의하면, 문화는 사람의 총체적 지성의 특징을 말하는 것이며 사회적·종교적·윤리적·과학적·기술적인 특색이 종합적으로 나타나는 것으로 '어떤 집단의 일반 사회질서에 나타나고 있는 생활습관 및 비형식적인 법규, 기구, 제도 등을 포함한 총괄적인 것'으로 일반적으로 '문화'와 '문명'을 동일시한다고 했다. 아울러 문화가 서로 다르면, 특히 관념문화가 서로 다를 경우 서로 다른 문화권에서 생활한 민족들이 하나의 집단을 이룬다는 것은 상당히 어렵다는 것을 알 수 있었다. 즉, 일정한 영토에서 생활한 민족들은 각자의 고유한 문화권을 형성하게 되고 그 문화는 그 영토에 뿌리를 내리게 된다는 것이다.

이와 같은 맥락에서 볼 때, 영토문화란 일정한 영토를 기반으로 한 어떤 나라에 형성된 문명 또는 그 나라에서 생활하는 민족에 의해 축적된 생활양식 전반을 지칭한다고 볼 수 있다. 그렇다고 영토문화가 일정한 영토를 기반으로 한 어떤 나라에 형성된 보편적인 문화 중에 섞여 있는 돌출된 특정문화를 포함한다는 의미는 아니다.

영토문화는 일정한 영토의 보편적인 문화를 지칭한다.

예를 들자면 어떤 영토에서 비슷한 시기에 일반적으로 형성되어 있는 문화와는 별개의 특정문화가 소량 돌출되었다고 해도 그것을 그곳의 영토문화라고 지칭할 수 없다. 주변 지역의 모든 문화가 같은데 어쩌다가 이질적인 문화가 소량으로 보인다면 그것은 그 지역의 영토문화라기보다는, 그 지역에 머물다가 간 이민족의 문화이거나 다른 나라에서 전래되어 잠시 존재하던 문화의 잔존으로 볼 수 있다.

이와 같이 보편성을 갖는 영토문화는 많은 시간이 흐른 후, 다른 문화권의 민족들이 그 영토를 지배함으로써 기존의 영토문화를 고착시킨 민족이 존재하지 않거나 소수가 남아 있을지라도, 그 영토 자체에 내재되어 있는 문화이기 때문에 영토가 없어지기 전까지는 영원히 멸실되지 않는 문화다. 따라서 영토문화는 오늘날처럼 왕래와 교역이 빈번하여 여러 문화가 복합적으로 얽힌 문화라기보다는 고대부터 시작하여 농경사회에 이르는 자급자족시대에 일정한 영토에서 그곳에 정착했던 민족들이 누리던 생활양식이 축적된 고유한 문화라고 보는 편이 옳다.

또한, 영토문화는 반드시 오랜 역사를 수반해야하기 때문에, 일시적으로 그 영토를 지배하는 자에 의해 인위적으로 변모하거나 멸실되기 어려운 고유성을 가진다.

결국, 영토문화는 '시간적으로는 문화의 교류가 서로 자유롭지 못하던 고대부터 그 영토에 정착한 사람들이 농경생활을 통해 영토를 개척하여 후손들에게 물려줌으로써 동일한 문화권의 생활을 지속하던 시기의 것이며, 내용적으로는 그 영토에 정착하고 개척하는 과정의 긴 시간에 걸쳐서 형성된 고유하고 항구적인 문화 산물로 그 영토에 보편적으로 분포된 문화'를 지칭한다.

따라서 문화에 의해 영토를 정의하기 위해서는 오늘날과 같이 교통과 통신의 발달에 따라 서로의 왕래와 문화교류가 자유로운 시기에 형성된 일시적인 문화보다는, 역사성과 보편성을 확보할 수 있는, 영토문화에 의한 영토문화론이 필요하다.

영토문화론은 지금 통용되어 당장 눈앞에 보이는 문화가 아니라 그 영토가 오랜 역사에 걸쳐서 품고 있는 영토문화에 의해 문화영토를 정의하기 위한 기조를 이룬다.

문화영토론이 '개념에 의한 지리적인 국경에 의해서가 아니라 영토문화를 기반으로, 문화에 의해 영토를 정의하는 것'이라면, 영토문화론은 어떠한 영토에 뿌리내린 문화의 근원을 쫓아 그 영토의 진정한 문화적 주인, 나아가 실체적 영토권자를 규명하기 위한 실질적인 기조를 이루는 것이다.

다시 말해, 영토문화론은 '영토문화의 실체를 분석함으로써 그 영토의 문화주권자를 규명하여, 그 영토의 문화주권자가 영토권자임을 정의하는 것'으로, 일정한 영토에 대한 문화주권자를 규명하기 위해서는 문화영토론적 해석에 선행되는 역사적·문화적 본질을 재정립하는 과업으로 정의될 수 있다.

2. 영토문화론의 특성(特性)

영토문화론은 그 영토에 대한 실질적인 문화주권자를 규명하는 데 있어 명백한 근거가 된다. 문헌으로 기록된 역사는 후대에서 그 해석을 달리하거나 해석자들의 유·불리에 따라 왜곡될 우려가 있으나,[1] 영토문화는 그 영토의 전반에 걸쳐 존재하는 문화이기 때문에 쉽게 훼손하거나 왜곡할 수 없다.[2]

영토문화론은 앞서 언급한 '잠재적 영토관(潛在的 領土觀)'을 구체적으로 뒷받침하는 이론으로 '잠재적 영토관'에서 제시한 다음과 같은 세 가지 주요 특성[3]을 뒷받침하는 요소를 가진다.

첫째, 잠재적 영토관은 공간적이라기보다는 시간적인 관점에서 오늘이 아니라 과거에 있었던 세력균형이나 미래에 있어야 할 새로운 모습의 세력균형에 바탕을 둔다. 그렇기 때문에 이 영토관은 현재로는 존재하지 않는 것이라는 점에 특징이 있다. 그로 인해, 그 국가의 외교정책을 형성하거나 젊은 세대에게 교육함에 있어서 나아갈 방향을 제시해 주는 궁극적인 지향점을 제시하는 기능을 한다.

---

1) 그 사례로서 광개토대왕릉비의 신묘년 조를 마모시키고 그 해석을 일본에 유리하게 함으로써 임나일본부설을 주장하는 것 등을 지칭한다. 이 점에 관해서는 제3장 제2절에서 다시 서술하기로 한다.

2) 2000년 일본의 마이니치신문에 의해 폭로되었던 일본의 후지무라 신이치(藤村新一)의 구석기 시대 유물 조작사건은 영토문화를 쉽게 왜곡할 수 없음을 보여주는 단적인 예라고 할 수 있다. 이에 대해서는 한국어 위키백과, '후지무라 신이치' 검색, https://ko.wikipedia.org(2015. 11. 14.).

3) 안천, 전게서, pp.48-49.

둘째, 잠재적 영토관은 역사를 통해 얻어진 산물인 경우가 많다. 먼 옛날부터 그 민족의 고유한 삶의 터전이지만, 오늘에는 현실적으로 그 민족의 현실적 영토와 일치하지 않는 데에서 비롯된다, 그렇기 때문에 잠재적 영토관은 당위적(當爲的: Sollen)이고 규범적(規範的: Normative)인 특징이 있다.

셋째, 잠재적 영토관은 현실적 영토에 대한 변경을 요망하는 현상변경적인 입장에 선다. 즉, 주변국과는 관계없는 당사국의 국가의지(國家意志)이고, 민족의지(民族意志)라는 특징을 가지며, 이는 먼 옛날에 당한 침략에 대한 정당한 권리 주장임과 동시에 부당한 침략의 결과로 나타난 잘못된 현실을 바로잡고자 하는 자연스러운 의지의 표출이다.

또한 영토문화론은 영토수복의 기틀을 마련하기 위해서 주창된 '민족사적 생활영토론'의 다음과 같은 세 가지의 특성4)을 보완하고 증명할 수 있는 이론으로서의 가치를 가진다.

첫째, 민족사적 생활영토론은 다른 나라에 속하여 국제법적인 점유를 인정받지 못할지라도 민족·문화적 공통성을 발휘할 수 있는 지역이라면 자국의 생활권으로서 적극적인 사고를 도출할 수 있는 토대가 된다.

둘째, 민족사적 생활영토론은 역사적으로 민족의 주요 활동무대라는 역사성을 지니고 있다.

셋째, 민족사적 생활영토론은 생활권과 역사적 맥락이 동시에

---

4) 유정갑, 전게서, pp.38-39.

충족되는 지역이 그 민족의 잠재적 영토로서 국제법상의 실효적인 주권행사가 이루어지지 않고 있을지라도, 그 지역에 대한 추상적인 권원이 인정되기 때문에 그 지역을 회복할 수 있다는 당위론을 부여한다.

결국, '잠재적 영토관'과 '민족사적 생활영토론'의 특성을 보완하고 증명할 수 있는 이론으로서의 영토문화론은 일정한 영토에 대하여 실질적인 점유를 하고 있는 민족 혹은 국가로 대변되는 특정한 집단과, 그 영토를 실질적으로 지배하고 있지는 않지만 그 영토에 대한 영토권을 주장하는 특정 집단 간에 영토분쟁이 일어날 경우 그에 대한 해결 방안이 될 수 있다. 서로 영토권을 주장하는 일정한 영토에 대한 영토권이 누구에게 있는가를 규명하기 위해서는, 분쟁이 일어난 시점에서는 판가름 할 수 없으므로 역사성과 문화적인 측면을 고려해야 한다. 즉, 그 영토를 가장 먼저 선점하여 개척하고 그 안에 문화를 심은 집단이 누구인가를 규명하는 것이 중요하다. 그 영토를 먼저 차지하고 개척함으로써 그 땅의 주인으로 등록하고 문화를 꽃피움으로써 문화의 주권을 소유한 집단이 역사적으로나 문화적으로 실질적인 주인이라는 것은 더 말할 나위가 없다. 왜냐하면 그 집단은 그 영토를 개척하면서 그 영토 안에 영토문화라는 지우거나 왜곡할 수 없는 증거를 남겨놓은 까닭이다.

후세에 아무리 날조된 역사나 기타 자료에 의해 서로 영토권을 주장할지라도 영토문화는 진정한 문화주권자를 판단하게 해 줄 귀중한 자료이므로, 영토문화의 문화주권자에 의해 영토권자를

규명하는 영토문화론이야 말로 일정한 영토의 진정한 영토권자
를 규명할 수 있는 이론으로, 인류의 영토분쟁을 해결하기 위한
가장 효율적인 이론이다.

3. 대마도의 영토문화 분류(分類)

영토문화를 분류하기 위해서는 문화의 분류요소를 토대로 하여 일정한 영토와 직결되는 특수 요인을 별도로 추출할 필요가 있다. 왜냐하면 영토마다 지형적이나 기후적인 특징, 혹은 각 민족적인 문화의 특징 때문에 지구상의 모든 영토에서 영토문화를 획일적인 관점으로 분류할 수 없기 때문이다. 영토문화는 지배자가 바뀜으로써 인위적으로 만들어진 문화가 아니다. 지배자가 바뀌기 전부터 이미 그 영토에 뿌리를 내리고 있는 문화로, 그 영토의 자연적인 조건에 의해 그 영토를 개척하고 지배하던 민족의 자생적인 문화다. 따라서 그 영토의 자연적인 조건과 그곳을 개척하고 문화를 심은 민족이 다르면 서로 다를 수밖에 없는 것이므로 그 영토의 특징에 맞게 문화를 분류해야 한다.

일반적인 관점에서 문화는 유형문화(有形文化)와 무형문화(無形文化)로 구분하는 것이 보통이다. 유형문화란 형태를 가지고 있는 문화로 대표적인 것은 고대 건축물을 비롯한 유적이나 고분 등에서 함께 발견되는 유물 등이다. 무형문화는 형태가 눈에 보이지는 않지만 그 집단이 공통적으로 이해하고 참여하는 것으로 풍습이나 종교 등에 해당한다.

그러나 앞서 기술한 바와 같이 문화인류학(文化人類學)에서는 문화를 용기문화(用器文化), 규범문화(規範文化), 관념문화(觀念文化)로 세분하고 있다. 용기문화는 사람이 생활해 나가는 데 필요한 의복, 그릇 등 일체의 용품과 무기 등을 말하는 것으로서, 이는 문화와 문화 사이의 전수가 매우 빨리 이루어진다는 특징이 있다. 규범문화는 용기문화보다 한 단계 높은 차원의 문화로서 주로 한 사회의 제도·관습·법률 등을 가리키는 것으로 용기문화처럼 빠르게 전수되지는 않지만, 상당기간 서로 교류하게 되면 동화되는 것이 보통이다. 관념문화는 가장 고차원의 정신문화로서 그 민족 고유의 언어·종교·사상·신앙 등을 포괄하며, 이는 문화와 문화의 교류를 통해서도 서로 동화되기 어렵기 때문에 그 문화의 주인인 민족과 운명을 같이 한다고 볼 수 있다.[5]

이 책에서는 이와 같은 문화의 분류기준을 바탕으로 대마도의 영토문화를 유·무형 문화 및 용기·규범·관념문화로 세분하여 아래의 [표 3-1]과 같이 정리하고, 그와 직결될 수 있는 대표적인 요소로서 매장(埋葬), 지명(地名), 지적(地籍), 지도(地圖) 및 신앙(信仰)·성씨(姓氏) 등을 특정하여 다음의 [표 3-2]와 같이 정리하고자 한다. 아울러 아직은 더 많은 연구가 필요하지만 아히루(阿比留: 아비류) 문자에 대해서도 검토해 보기로 한다.

[표 3-1] 문화의 분류

구분		내용 및 특징
일반적 분류	유형 문화	- 가시적인 문화 - 고대 건축물을 비롯한 유적·고분 및 그와 함께 발견되는 유물 등
	무형 문화	- 비가시적인 문화 - 집단이 공통으로 이해하고 참여하는 풍습이나 종교 등

5) 홍일식, "현대생활과 전통문화", 『문화영토시대의 민족문화』(서울: 육문사, 1987), pp.357-358.

	용기 문화	- 의식주와 관련된 일체의 용품과 무기 등 - 문화와 문화 사이의 전수가 매우 빠름
문화인류학적 분류	규범 문화	- 용기문화보다 한 단계 높은 차원의 문화 - 제도·관습·법률 등 - 상당기간 서로 교류하면 동화되는 것이 보통
	관념 문화	- 가장 고차원의 정신문화 - 민족 고유의 언어·종교·사상·신앙 등 - 문화와 문화의 교류를 통해서도 서로 동화 곤란 - 민족과의 운명공동체

[표 3-2] 대마도 영토문화의 분류

구분	매장(埋葬)	지명(地名)	지적(地籍)	지도(地圖)	신앙(信仰), 성씨(姓氏)
내용 및 특징	유형·용기문화, 무형·관념문화	무형·규범문화	유형·규범문화	유형·규범문화	무형·관념문화, 유형·용기문화

　첫째, 매장(埋葬)은 장례풍습 같은 무형문화와 유적이나 유물
등에서 보이는 유형문화의 결합으로 종합적인 문화다. 또한, 문
화인류학적인 분류로 보아도 풍습이라는 관념문화와 유물이라는
용기문화로 복합된 문화임을 알 수 있다.

　둘째, 지명(地名)은 일정한 집단이 명명하여 공통되게 사용하고
있음으로 제도에 의한 규범문화지만 눈에 보이지 않는 무형문화다.

　셋째, 지적(地籍)은 땅의 소유권을 인정하는 법으로 규범문화이
자 서류로 근거를 남기는 유형문화다.

　넷째, 지도(地圖)는 그 시대의 영토 범위를 잘 나타내는 규범문
화인 동시에 유형문화다.

　다섯째, 신앙(信仰)이나 성씨(姓氏)는 무형문화지만, 그로 인해
파생된 유물들은 유형문화다. 또한 문화인류학적인 관점에서 분
류해보면 신앙 그 자체는 관념문화에 해당할지라도 그로 인해서

파생된 유물들은 용기문화에 해당한다. 그리고 문자(文字)는 유형으로 남아 있는 문화로서 그 문자를 읽거나 쓰는 방법에 대해서 사용하는 사람들끼리 무언중에 맺어진 약속으로 규범이라고 할 수도 있겠지만, 그보다는 보다 정신적인 차원에서 언어와 함께 관념적으로 맺어진 약속에 의한 관념문화라고 할 수 있다.

이상과 같이 선별한 문화적 요소에 대하여 이를 영토문화의 범주와 연계하여 그 세부 속성을 살펴보면 다음과 같다.

1) 매장문화(埋葬文化)

장례문화는 그들이 살아온 지역의 기후, 지형, 강수량 등의 자연적인 조건과 그 민족의 신앙과 사상, 생활습관 등이 반영된 문화의 복합체다.

예를 들면, 지금은 중국의 자치구로 편입되어 중국 행정구역에 속해 있는 쓰촨성 랑무쓰(四川省 郎木寺)에서는 티베트인들이 오랜 전부터 망자의 시신을 하늘나라로 올려 보내는 천장(天葬, Sky Burial)이 행해져 왔다. 기온이 건조하고 지질은 바위 등의 암석이 주를 이루는 곳에서는 매장을 할 수 없기 때문에 시신을 분해하여 독수리 먹이로 준다고 해서 조장(鳥葬)이라고도 한다. 지금까지 살아왔던 육신을 독수리의 먹이로 주는 것은 망자가 살아왔던 세상에 베푸는 마지막 자비보시이고 윤회의 고리를 이어주는 행위가 된다고 믿는 것이다.

그런가 하면, 남부 티베트에서는 시신을 물고기 먹이로 주는 수장(水葬)도 행해지는데, 이는 화장과 함께 불교적인 종교의식과 더불어 지형과 천연적인 기후의 영향을 받은 것이다. 장례문화야말로 그 지역의 자연과 민족의 종교 등이 어우러진 가장 복합적인 영토문화에 해당한다.

따라서 특정한 나라와 민족의 문화를 살펴볼 때 가장 먼저 조사하게 되는 것이 장례문화다. 특히, 그 지역이 어느 문화권에 속하는지를 살펴보기 위해서는 제일 먼저 고대(古代)의 장례문화를 조사는 것이 손쉬운 방법이다.

특정한 지역의 기후와 종교적인 이유 또는 다른 특수한 이유가 없는 한 고대에는 매장문화가 성행했다는 것이 인류문화의 공통적인 특징이다. 특히, 시신을 매장하면 부패하기 적당한 토질과 기후를 가지고 있는 우리나라와 중국과 일본의 대표적인 고대 장례문화는 매장문화다. 그러나 같은 매장문화일지라도 그 방식 및 풍습 등에 있어서는 뚜렷한 차이를 보일 수 있기 때문에, 어떠한 영토에서 보편적으로 행해졌던 매장문화를 규명할 수 있다면, 그에 따라 영토문화에 입각한 문화주권자를 확인할 수 있다. 특히 장례문화는 여간해서 바뀌지 않는 관념문화라는 점에서 매장문화를 통해서 영토문화의 문화주권자를 확인하는 것은 바람직한 일이다.

매장문화가 영토문화에 입각한 문화주권자를 규명하는데 좋은 역할을 해주는 또 하나의 이유가 있다. 고분에는 유물을 함께 껴묻었기 때문에 그 시대의 유물이 함께 존재하고 있다. 서로의 왕래가 자유롭지 못한 당시의 교통사정을 감안할 때, 고분과 함께 발굴되는 토기를 비롯한 생활용품들과 석검이나 청동 등을 비롯한 무기를 통해서 당시의 생활상을 엿볼 수 있는 유물은 일정한 영토에서는 서로 공통적인 특색을 보임으로써 그 지역의 영토문화가 어느 민족의 것인지를 가늠할 수 있게 해 준다.

전술한 바와 같이 매장하기 위한 장례문화가 관념문화라면 매장된 고분에서 발굴되는 유물은 용기문화다. 따라서 매장문화는 관념문화와 용기문화를 동시에 살펴볼 수 있는, 영토문화에 의한 문화주권자를 규명하는 가장 중요한 요소 중의 하나다.

2) 지명문화(地名文化)

지명은 토지를 인식하고 서로 다른 토지를 구별하기 위하여 사람들이 붙인 이름이다. 지명은 어형(語形)과 어의(語義)와 표기(表記)의 3요소로 이루어지는 것으로, 표기를 떠나서는 이루어질 수 없다.

우리는 지명표기를 통하여 그 지명의 어원을 탐색하고, 그 표기에 담긴 언어를 생각하고, 동계지명의 분포와 어형변화 및 이표기(異表記)를 생각하고, 또 그 지명이 명명된 연대와 시대적·사회적 배경을 고찰해야 할 것이니, 이것이 지명학이다. 지명이란 원래 일정한 장소와 구역을 표시하는 이름으로 지어진 것이기는 하나, 오늘에 전승된 지명은 본래의 기능보다 문화유산으로서의 가치가 있다.[6] 또한, 지명은 협역(狹域)과 광역(廣域)으로 생각할 수 있는 데, 원래는 어떤 특징에 의해 붙여진 보통명사였던 것이

---

6) 이병선, "고대지명 연구와 한일관계사의 재구", 「어문연구」, 제29호 제2권, 한국어문교육연구회, 2001. p.378.

주민들이 부르는 사이에 고유명사로 굳어진 것이다. 이것이 후대에 들어서면서 문자에 정착됨으로써 고유명사로서의 자리를 더욱 굳히게 된다.7) 따라서 지명을 연구함으로써 당시의 사고(思考), 의식 구조, 전통과 습관, 문화와 경제에 이르기까지를 알 수 있다. 근년에는 지명에 대한 관심이 높아져서, 외국에서는 지명학(地名學)이 지리학의 새 분야로 발전해 가고 있다.

한국은 오랜 사회적 불안과 전통 유지에 등한했던 관계로 지명을 붙이게 된 때나 계기가 전해지지 않는 것이 많고, 변한 것도 많다.8) 그에 대한 사료가 존재하지 않아서, 실증을 요구하는 사학에서 사료의 빈곤으로 그 실상을 밝혀내기 어려운 경우가 많다.

추적불능 또는 연결 불명의 사건들을 연결시키려면 역사주체의 관점에서 역사소설적인 상상력이 불가피해진다. 깨어진 몇 조각의 토기 조각으로 완형의 모습을 상상하는 고고학자처럼 문헌사학에서도 이런 상상의 기능은 필요한 것이다. 결국, 고대사의 복원은 실증과 상상, 미시와 거시를 총괄하는 원근법적 접근이 필요하게 된다.9) 그러나 그 접근이 공상적인 것이어서는 안 된다. 실험적가설(實驗的假設)을 세워서 접근해 나가되 가설이 정당화되려면 역사적 사건이나 혹은 문화적으로 파악되어 증명할 수 있어야 한다. 서구에 있어서도 사료가 부족한 고대사 연구에서는 언어학, 서체학, 고문서학, 고고학, 지명학, 연대학 등은 유력한 보조학으로서 발달하였다.10)

---

7) 이병선, 『대마도는 한국의 속도였다』(서울: 이회문화사, 2005), p.37.
8) 두산백과, '지명' 검색, www.daum.net(2015. 7. 14.).
9) 김성호, 『비류백제와 일본의 국가기원』(서울: 지문사, 1982), p.31.
10) 이병선, 전게논문, p.378.

결국, 지명이 역사적인 어떤 시점에서 특별한 목적을 가지고 인위적으로 교체된 것이 아니라면, 이미 그 자체가 영토문화화된 것으로써 어원 및 의미 등을 추적하여 유래와 잔존하는 현상을 규명하는 것은 영토문화의 문화주권자를 밝힐 수 있는 하나의 수단이 되기에 충분한 것이다.

3) 지적문화(地籍文化)

지적(地籍)이란, 협의적 의미로는 토지에 대한 물리적 현황에 대한 공적 기록 또는 정보를 의미하며, 광의적 개념으로는 일필지(一筆地)에 관련된 각종현황으로서 일필지에 대한 종합 정보를 의미하고 있다. 그리고 제도적 측면에서의 지적은 각 국의 지적법과 지적행정조직의 특성에 따라 다양하게 표현되고 있으며, 지적제도가 설치된 초기의 세지적제도(稅地籍制度)에서는 대부분 일필지에 대한 물리적 현황을 공시하기 위한 기록을 의미하며, 법지적제도에서는 물리적 현황뿐만 아니라, 권리적 현황까지를 포함하고 있으며, 정보제도 하에서는 가치적 현황과 토지이용·규제적 현황까지를 포함하는 개념으로 보고 있다.11)

또한, 필지란 '일정기준에 의해 구획되는 토지의 단위'로서 보다 구체적으로는 '하나의 지번이 부여되는 토지의 등록단위로서 토지에 대한 물권(物權)의 효력이 미치는 범위를 정하고 거래단위로서 개별화시키기 위하여 인위적으로 구획한 법정등록단위'로

---

11) 이범관, 『지적학원론』(대구: 삼지출판사, 2010), p.1.

정의되기도 한다. 즉, 필지란 하나의 지번이나 지목이 갖는 범위 내의 토지를 말하며, 이러한 필지는 지적도나 임야도에서는 선으로, 경계점좌표등록부에서는 좌표의 연결로써 표시되어진다.12)

결국, 지적이란 나라의 근간을 이루는 영토를 다루는 것을 의미하며, 그 나라 또는 지방의 지적이 어떻게 변천되었는가 하는 것은 곧 그 나라나 지방의 영토변천관계를 확인시켜주는 기본이 된다. 따라서 일정한 영토의 문화주권을 규명하는 과정에서는 지적의 관리상태 및 그 기록의 변천 등을 토대로 영토문화의 진정한 권리자를 가름할 수 있는 것이다.

4) 지도문화(地圖文化)

지형적 특징을 시각적으로 표시한 지도에는 개인이나 국가기관의 의도와 인식이 내재되어 있다. 개인이 지도를 작성할 경우에는 주변 지역이나 이문물(異文物)에 대한 인문지리적 관심이 작용할 수 있지만, 국가가 직접 지도를 제작하는 경우에는 지배층이나 권력자의 주변국에 대한 정치·경제적 욕구에서 비롯될 가능성이 크다고 볼 수 있다.

고지도에서는 도시나 촌락, 사찰이나 사원 등과 같이 소규모의 지역범위나 소유권의 영역을 나타내기 위한 것들도 있지만, 자국의 지도와 함께 주변 국가를 그려둠으로써 자국과 주변국의 경계를 표시하려는 정치적 의미가 포함된 것들도 많이 있다.13)

---

12) 이현준, 『필지론』(대구: 삼지출판사, 2010), pp.2-3.
13) 정효운, "고지도에 보이는 한국과 일본의 대마도 영토인식", 「일어일문학」, 제57

따라서 한 나라의 영토를 그려 주요 지형·지물을 표시해 둔 지도를 규명하는 것은 영토문화에 대한 객관적인 근거자료를 통해 진정한 영토권자를 밝히는 과정이 될 수 있다.

5) 종교(宗敎) 및 잔존(殘存)하는 문화(文化)

(1) 종교문화

종교는 어느 나라 어느 시대를 막론하고 그 나라와 민족의 사상을 보여주는 것으로서 그들이 향유한 문화의 기본을 판단하는 데 중요한 역할을 한다. 고대의 종교문화는 토속신앙을 비롯하여 다양한 형태의 종교적 양식과 풍습이 전파되었을 것이기 때문에, 어떠한 영토에서 오랜 기간 행해졌던 종교의식이나 유적·유물 등을 토대로 그 유사성을 밝히는 것은 영토문화의 주권자를 입증하는 데 매우 유용한 수단이 될 수 있다.

(2) 성씨와 언어, 문자 등 잔존하는 문화

성씨와 언어, 문자 등 기타 잔존하는 문화가 소량에 불과하다면 아무런 문제가 될 것이 없지만, 만일 그것이 다량으로 존재한다면 그것은 영토문화와 긴밀한 관련이 있는 것으로 볼 수 있다. 소량으로 발견되는 것은 그곳을 개척하고 오랜 기간 정착했던 민

___
호, 대한일어일문학회, 2013, pp.475-476.

족에 의한 문화라기보다는 이주민이나 일시적으로 살았던 민족의 문화적 잔재에 불과하겠지만, 오랜 세월이 경과한 후에도 다량으로 잔존하고 있다면, 그것은 분명 역사성을 가지는 영토문화로서 그곳에 정착했던 민족과 밀접한 관계가 있는 것이라고 할 수 있다.

4장 대마도의 일반적 현황과 역사적 고찰 및 대마도에 대한 한·일 간의 영토권 주장

이번 장에서는 대마도에 대한 일반적인 현황과 대마도의 역사에 관해 살펴본 후 대마도에 대한 한일 간의 영토권 주장에 대해 살펴보기로 한다.

대마도의 지리적인 조건이나 기타 일반적인 조건은 교통이 편리하지 않던 고대에 그 영토를 누가 개척했는가에 대한 기준이 될 수 있기 때문이다. 아울러 대마도의 역사 역시 영토문화가 반드시 역사를 동반하는 문화여야 한다는 견지에서 볼 때, 대마도의 영토문화를 가늠하기 위해서는 반드시 필요한 요인이라고 할 수 있다.

먼저 대마도의 일반적인 현황에서는 대마도의 면적과 기후 등 일반적인 사항과 인구의 변천 등에 대해서 알아본 후 대마도의 역사에 관해서 고찰해 보기로 한다. 다만, 대마도의 역사는 그 자체의 역사보다는 대한민국과 일본 사이의 역사가 변천하는데 따라서 대마도에 대한 관계가 변함으로써 기록된 역사라고 할 수 있다. 따라서 대한민국과 일본의 시대적 변천에 따른 양국과의 관계와 양국의 인식을 토대로 대마도에 관한 역사를 고찰하고자 한다.

　다음으로 한·일 간의 영토권 주장에 대해서는 두 나라가 각각 대마도가 자신들의 영토라고 주장하는 근거의 대표적인 사례를 살펴보기로 한다.

1. 대마도의 일반적 현황(一般的現況)과 역사적 고찰(歷史的考察)

1) 일반적 현황

대마도는 북단이 북위 34° 42′, 남단은 34° 5′이며, 동단은 동경 129° 30′, 서단은 129° 10′에 위치해 있다. 일본 후쿠오카(福岡)까지는 138km이지만 부산까지는 49.5km의 거리에 있어[1] 맑은 날은 대마도의 서해안에서 한국의 산과 거리를 볼 수 있다.

대마도의 현재 행정구역상으로 일본 나가사키현(長崎県)에 속해 있으며, 니이가타현의 사도가시마(佐渡島)와 가고시마현의 아마미오시마(奄美大島)에 이어 일본에서 3번째로 큰 섬으로, 나가사키현 전체 면적의 17.3%를 차지하고 있다. 대마도의 면적은 708.66㎢로 제주도 면적 1,849.2㎢의 약 38.3%, 울릉도 면적 72.86㎢의 약 9.73배, 독도 면적 0.187453㎢의 3782.2배에 달하는 땅이다.[2]

대마도는 남북 약 82km, 동서 18km로 가늘고 긴 모양의 섬이다. 해안은 침강과 융기의 반복적인 작용의 결과로 리아스식 해안이며, 총 연장은 915km이다.

섬의 약 89%가 산림이고, 매우 험준한 산으로 이어져 있다. 대체적으로 해발고도 200~300m의 산들이 해안까지 줄지어 있다. 따라서 해안은 장소에 따라서 고도 100m정도의 단벽을 이루고

---

1) 김일림, "대마도의 문화와 문화경관",「한국사진지리학회지」, 제13호, 한국사진지리학회, 2003, p.92.
2) 신용우·김태식, 전게논문, p.108.

있고, 해류도 거친 파도의 영향을 받기 때문에 사빈해안의 수가 적게 나타난다. 대마도의 하천은 지형적인 영향으로 대부분 급류하천이고 유로연장도 짧다.

대마도는 본도와 109개의 섬으로 이루어졌다. 본도는 두 개의 섬으로 나뉘어 다리(만제키바시)로 연결되어 있다. 작은 섬 중에서 유인도는 상대마정에 속해 있는 해율도를 포함하여 총 5개의 섬이 있지만, 해율도를 제외하면 본도와 교량으로 연결되어 있으므로 육지의 지속이라고 볼 수 있다.[3]

대마도의 연간 평균기온은 섭씨 15.1도로 온화한 편이며 섬에 있는 울창한 원시림에는 일본열도에서는 볼 수 없는 많은 대륙계 동식물이 서식하고 있다.[4] 대마도의 지역성 속에 일본보다 한국에 더 가까운 요소가 들어있기 때문일 가능성이 있는 것이다.[5]

대마도의 행정구역은 2004년 3월 쓰시마시가 설치되어 1개의 市(쓰시마시: 対馬市)와 6개의 町(이즈하라마치: 厳原町, 미쓰시마마치: 美津島町, 도요타마마치: 豊玉町, 미네마치: 峰町, 가미아가타마치: 上県町, 가미쓰시마마치: 上対馬町)으로 편제되어 있다.

3) 김일림, 전게논문, p.94.
4) 조춘호, "대마도의 한국관련 유적", 「경산문화연구」, 제6집, 경산대학교경산문화연구소, 2002, p.131.
5) 권도경, "한국 대마도 전설에 나타난 대마도 지역성과 활용방안", 「로컬리티 인문학」, 제4호, 부산대학교 민족문화 연구소, 2010, p.217.

[그림 4-1] 대마도 행정구역지도

2015년 국세(國勢)조사에서 대마도의 총인구는 32,655명이었
다. 2010년 34,407명과 비교하면 1,752명(5%)이 감소하였다. 인구
감소는 [표4-1]에 나타나는 것처럼 1960년 이래 지속되고 있다.
그러나 2015년 세대수는 15,301 세대로 2010년의 13,813세대에
비하여 1,488세대(10%) 증가세를 보이고 있다. 이것은 1990년 국
세조사 이후로는 작은 폭으로 감소하던 세대수가 2005년 국세조
사 이후 급격히 증가한 것으로 인구의 감소와는 역행하는 현상으
로, 그 원인은 각 세대의 인원수가 줄어드는 핵가족화가 진행되
고 있다는 것을 알 수 있다.

[표 4-1] 연령별 인구·세대수 변화 (국세조사)

지구	1960년	1970년	1980년	1990년	2000년	2005년	2010년	2015년
엄원정	23,472	20,897	18,564	17,343	15,485	14,417	12,684	12,001
(厳原町)	5,457	5,998	6,091	6,196	6,094	5,836	5,411	5,949
미진도정	12,812	10,837	9,382	8,905	8,423	8,216	7,841	7,731
(美津島町)	2,483	2,532	2,543	2,633	2,765	2,868	2,811	3,345

풍옥정	7,950	6,294	5,604	5,281	4,705	4,259	3,746	3,494
(豊玉町)	1,456	1,459	1,501	1,588	1,568	1,530	1,447	1,547
봉정	6,032	4,720	4,042	3,402	2,897	2,575	2,296	2,147
(峰町)	1,156	1,144	1,150	1,093	1,026	984	924	996
상현정	8,547	7,131	5,915	5,102	4,494	4,092	3,505	3,312
(上県町)	1,682	1,788	1,754	1,718	1,699	1,631	1,460	1,565
상대마정	10,743	8,793	7,303	6,031	5,226	4,922	4,335	3,970
(上対馬町)	2,238	2,226	2,137	1,936	1,886	1,861	1,760	1,899
계	69,556	58,672	50,810	46,064	41,230	38,481	34,407	32,655
	14,472	15,147	15,176	15,164	15,038	14,710	13,813	15,301

◎국세조사(国勢調査)(상단: 인구, 하단: 세대수) ※[단위: 명, 세대]
자료: 나가사키현 공보(주민기본대장월보:住民基本台帳月報 (地区別集計))[6]

2) 역사적 고찰

(1) 삼국시대의 대마도

현재까지 밝혀진 바에 따르면, 대마도라는 기록이 처음 등장
한 것은 서진(西晉)의 진수(陳壽: 233~297)가 기원 3세기에 편찬한
『삼국지(三國志) 위서(魏書) 동이전(東夷傳) 왜인조(倭人條)』[7]에 대

---

6) 2015년 7월 말 현재의 자료로 2015. 8. 21. 야후재팬에서 對馬市 홈페이지를 통해
서 출력한 자료.
7) 중국 서진(西晉)의 진수(陳壽)가 편찬한 삼국시대의 사서(史書) 『삼국지(三國志)』
65권 중에서 위(魏)나라의 역사를 기록한 30권으로『본기(本紀)』4권과『열전(列
傳)』26권으로 구성되어 있으며,『촉지(蜀志)』,『오지(吳志)』와 함께 『삼국지(三
國志)』를 이룬다. 진수는 위나라를 정통(正統)으로 보았기 때문에『위지』에만 본
기를 두었다. 열전 마지막 권에 수록된『동이전(東夷傳)』에는 당시의 우리 민족
의 역사적 사실과 생활상이 기록되어 있어 한국 고대사 연구에 중요한 문헌이
된다.
『삼국지 위서 동이전 왜인조』는『위서(魏書, 전 30권)』에 담겨 있는『동이전(東
夷傳)』의 왜인에 관한 조항을 가리키는 정식명칭이다. 우리가 흔히『위지 왜인
전』이라고 부르는 것은『삼국지』안에 '왜인전'이 쓰여 있어서『위지 왜인전』이

마국(對馬國)이라고 기록한 것으로 알려진다. 이는 우리나라의 삼국시대에 해당한다.

우리나라에서도 대마도라는 기록은 삼국시대의 역사를 다룬 서적들에 등장한다.

『삼국사기』 권1 신라본기 혁거세거서간 38년에 '호공(瓠公)이란 사람이 족성이 미상인데 본래 왜인이다. 처음에 표주박을 허리에 차고 바다를 건너온 까닭에 그를 호공이라고 하였다.'고 기록되어 있다. 또한, 『삼국사기』 권3 신라본기 실성니사금(實聖尼師今) 7년에 '왕은 왜인들이 대마도에 영(營)을 설치하고 병기와 군량을 저축하여 우리를 습격하려고 한다는 말을 듣고 그들이 움직이기 전에 우리가 먼저 정병을 뽑아 격파하자고 하였다.'고 기록하였다.

이 두 가지 사료에 대해 『증보동국문헌비고(增補東國文獻備考)』에서는 전자는 '호공이 대마도인으로서 신라에 벼슬하였으니, 당시 대마도가 우리 땅이었음을 알 수 있으나 어느 시기에 저들의 땅이 되었는지 알 수가 없다.'고 논평하였다. 또 후자는 '만약 대마도가 본래부터 왜인의 땅에 속했었다면 그곳에 영을 설치한 것을 신라의 역사 속에 기록하지 않았을 것'이라고 하여 사료 분석적 입장에서 해석하였다.

그리고 『진대』 권2에는 '무릇 대마도는 옛날에는 신라국과 같은 곳이었다. 사람의 모습도 그곳에서 나는 토산물도 있는 것은

라고 하는 것은 아니며, 『동이전』 안에 왜 및 왜인에 관한 내용을 적은 것을 『위지 왜인전』이라 일컫는다.

다 신라와 다름이 없다.'고 함으로써 인종적으로나 문화적으로 신라와 대마도가 동질적이었음을 강조하고 있다.

이상의 자료에서 볼 때, 고대로부터 대마도가 신라를 비롯한 삼국의 지배하에 있었거나 최소한 신라의 영향권 안에 있었음을 알 수 있다.

그러나 일본의 고대 역사서 『고사기』와 『일본서기』에는 대마도의 호족을 '대마현직'으로 임명하였다고 한다. 즉, 대마도는 고대부터 왜와 일본의 지배가 미치는 지역으로 실효적으로 지배를 하였다는 인식을 나타냈다.[8]

(2) 고려시대의 대마도

고려 문종이래 대마도와의 교역은 활발해졌지만, 1274년과 1281년 여몽연합군의 대마도 정벌로 인하여 교역은 중단된다. 그러나 『고려사』 공민왕 17년(1368)에 의하면, '대마도 만호(萬戶)가 사신을 보내 특산물을 진헌하였다.'고 했다. 또 같은 해 11월에는 '대마도 만호 숭종경이 사자를 보내어 조공하였다. 종경에게 쌀 천석을 하사하였다.'라는 기사가 있다. 이로 보아 대마도주가 고려정부로부터 만호(萬戶)라는 관직을 받았음을 알 수 있다. 이 시기에는 대마도주가 아비류씨에서 종씨로 바뀌었는데, 위 사료에 나오는 대마도 만호 숭종경은 종경무를 가리킨다. 고려조정은 대마도주에게 대마도 만호라는 직책은 물론, 왜구 금압을 위해 대가로 경제적

---

8) 하우봉, "전근대시기 한국과 일본의 대마도 인식", 「東北亞歷史論叢」, 제41권, 동북아역사재단, 2013, pp.218-224.

보상을 함께해 주었을 것이다. 만일 그렇다면 대마도주의 수직왜인화(受職倭人化)가 고려시대에 이미 이루어졌음을 의미한다.

또한, 『고려사』에 의하면 선종 2년(1805) 이래 대마도주를 대마도구당관(對馬島勾當官)이라 불렀다. 이것은 대마도를 속령으로 인식했거나, 아니면 고려 고유의 지배질서 속에서 같은 차원으로 취급하고 있었음을 보여주는 것이다.9)

대마도는 고려 의종 23년(1169)부터 원종 7년(1246)까지 진봉선 조공을 해 왔다. 토산물을 바치고 쌀과 콩을 회사(回謝) 받아 갔던 고려의 종속 도서였다.10)

대마도는 이 시대에 아비류 가문에서 종씨로 도주가 바뀌는 것에 대해 우리 측 학자들은 종씨는 원래 송씨였는데 종씨로 바꾼 것이라고 한다. 또한, 1246년부터 종씨 1대 대마도주로 종중상을 꼽는다.11)

반면, 이 시대에 대해 일본은 우리와 다르게 인식한다. 일본도 처음에는 종중상이 아비류 가문을 쳐부수고 1대 도주가 되었다고 기록했었으나, 훗날 역사를 다시 연구해 본 결과 잘못 인식했다고 주장한다. 즉, 1246년부터 종중상을 1대 도주로 보지 않는다는 것이다. 그리고 이러한 사실을 가미자카 공원 안내문을 통해 공지하였다. 즉, 2011년 이전의 안내문은 초대도주는 1246년부터 종중상이라고 했으나, 2011년 말 안내문을 새로 바꾸면서 그 사실을 부인한 것이다.12)

---

9) 상게논문, pp.220-221.
10) 황백현, 『대마도통치사』(부산: 도서출판 발해, 2012), p.84
11) 상게서, pp.74-75.
12) 신용우·김태식, 전게논문, pp.113-114.

[그림 4-2] 이즈하라 카미자카 전망대 안내문 前(좌측), 後(우측)

자료: 황백현 촬영, 제공. 2013년 4월 경일대학교 독도·간도교육센터에 E-mail을 통해서
제공해 준 자료.

일본의 주장은 에도막부가 들어선 1603년에 종의지를 1대 번
주로 임명했다고 한다. 그러나 종의지는 1588년부터 대마도 19
대 도주였다. 이미 도주를 15년이나 하던 사람에게 에도막부는
자신들이 일본 내의 정권을 잡았다고 새로 번주로 임명한다는 억
지를 부렸지만, 대마도주는 생존을 위해서 받아들인 것이다. 그
러한 사실을 일본도 알면서 도주와 번주라는 것을 가지고 역사를
왜곡하고 있다.

(3) 조선시대의 대마도

고려 말 신흥사대부의 장수로서 왜구를 토벌해 본 경험이 있는
태조 이성계는 왜구의 침입이 많아지자 왜구토벌을 위해 대마도
와 이끼도 정벌을 단행한다. 이와 같은 내용은『조선왕조실록』에
기록되어 있다.

"일기도·대마도를 정벌하러 떠나는 우정승 김사형 등에게 내린 교서

문하 우정승(門下右政丞) 김사형(金士衡)으로 오도 병마 도통처치사(五道兵馬都統處置使)를 삼고, 예문춘추관(藝文春秋館) 태학사(太學士) 남재(南在)로 도병마사(都兵馬使)를 삼고,(중략) 5도(道)의 병선(兵船)을 모아서 일기도(一岐島)와 대마도(對馬島)를 치게 하였다. 길을 떠날 때에, 임금이 남대문 밖까지 나가서 이를 전송하고, 사형에게 부월(鈇鉞)과 교서(敎書)를 주고 안장 갖춘 말(鞍馬)·모관(毛冠)·갑옷·궁시(弓矢)·약상자(藥箱子)를 내려 주었으며, 재·무·극공에게는 각각 모관·갑옷·궁시를 내려주었다.(후략)"13)

그들의 전공에 대해서는 자세한 기록이 없지만, 그들이 돌아올 때 다시 마중을 나간다는 것을 보면 승전을 했다는 것을 짐작할 수 있다.

"5도 도통사 김사형이 돌아오니, 임금이 홍인문(興仁門) 밖까지 거둥하여 그를 맞아 위로하였다."14)

패전한 장군을 홍인문 밖까지 나가서 맞지는 않았을 것이니 분명히 전공을 올렸을 것이라는 생각이다. 그리고 23년 후, 세종 1년(1419) 이종무 장군이 대마도를 정벌하러 간다. 이런 사실을 보면 조선 초기에는 대마도를 확실하게 우리 영토화하려는 의지가 있었던 것으로 고려에서 조선으로 나라가 바뀌면서, 혹시 일

---

13) 태조 10권, 5년(1396 병자 / 명 홍무(洪武) 29년) 12월 3일(정해) 1번째 기사.
14) 태조 11권, 6년(1397 정축 / 명 홍무(洪武) 30년) 1월 30일(계미) 1번째 기사.

어날지도 모르는 원거리 도서의 영토이탈을 고려하여 사전에 방지한 것으로 볼 수 있다.

이종무 장군은 대승을 거두고 8대 대마도주 종정성의 항복을 받는 것은 물론, 그 이듬해 종정성이 대마도를 조선에 바치도록 만든다.

예조에서 계하기를, "대마도의 도도웅와(都都熊瓦)의 부하 시응계도(時應界都)가 와서 웅와(熊瓦)의 말을 전달하기를, '대마도는 토지가 척박하고 생활이 곤란하오니, 바라옵건대, 섬 사람들을 가라산(加羅山) 등 섬에 보내어 주둔하게 하여, 밖에서 귀국(貴國)을 호위하며, 백성으로는 섬에 들어가서 안심하고 농업에 종사하게 하고, 그 땅에서 세금을 받아서 우리에게 나누어 주어 쓰게 하옵소서. 나는 일가 사람들이 수호하는 자리를 빼앗으려고 엿보는 것이 두려워, 나갈 수가 없사오니, 만일 우리 섬으로 하여금 귀국 영토 안의 주·군(州郡)의 예에 의하여, 주(州)의 명칭을 정하여 주고, 인신(印信)을 주신다면 마땅히 신하의 도리를 지키어 시키시는 대로 따르겠습니다. 도두음곶이(都豆音串)에 침입한 해적의 배 30척 중에서 싸우다가 없어진 것이 16척이며, 나머지 14척은 돌아왔는데, 7척은 곧 일기주(一岐州)의 사람인데, 벌써 그 본주로 돌아갔고, 7척은 곧 우리 섬의 사람인데, 그 배 임자는 전쟁에서 죽고, 다만, 격인(格人)들만 돌아왔으므로, 이제 이미 각 배의 두목 되는 자 한 사람씩을 잡아들여 그 처자까지 잡아 가두고, 그들의 집안 재산과 배를 몰수하고 명령을 기다리고 있사오니, 빨리 관원을 보내어 처리하시기를 바랍니다.'라고 하였습니다." 하였다.15)

대마도에 대한 조선의 인식을 잘 나타내주는 왕조실록의 기록
으로는 이 청원에 회답한 기록이다. 그것은 대마도는 조선 영토
의 한 부분으로서 경상도에 속한다고 확정지어 준다. 또한, 대마
도주가 사용할 수 있는 인장을 하사함으로써 조선의 지방관임을
명기하는 것이다.

　예조판서 허조에게 명하여 도도웅와의 서한에 답서하게 하니, 그
글에 이르기를, "사람이 와서 편지를 받아 보고 귀하가 진심으로 뉘
우치고 깨달아서, 신하가 되기를 원하는 뜻을 자세히 알았으며, 돌려
보낸 인구(人口)와 바친 예물은 이미 자세히 위에 아뢰어 모두 윤허하
심을 받았으니, 실로 온 섬의 복이라고 생각합니다. 귀하가 요청한
바 여러 고을에 나누어 배치한 사람들에게는 이미 의복과 식량을 넉
넉히 주어서, 각기 그 생업에 안심하고 종사하게 하였는데, 섬 안에는
먹을 것이 부족하니, 돌아간다면 반드시 굶주릴 것입니다. 또한, 대마
도는 경상도에 매여 있으니, 모든 보고나 또는 문의할 일이 있으면,
반드시 본도의 관찰사에게 보고를 하여, 그를 통하여 보고하게 하고,
직접 본조에 올리지 말도록 할 것이요, 겸하여 청한 인장의 전자(篆
字)와 하사하는 물품을 돌아가는 사절에게 부쳐 보냅니다. 근래에 귀
하의 관할 지역에 있는 대관(代官)과 만호(萬戶)가 각기 제 마음대로
사람을 보내어 글을 바치고 성의를 표시하니, 그 정성은 비록 지극하
나, 체통에 어그러지는 일이니, 지금부터는 반드시 귀하가 친히 서명
한 문서를 받아 가지고 와야만 비로소 예의로 접견함을 허락하겠노

---

15) 세종 7권, 2년(1420 경자 / 명 영락(永樂) 18년) 윤1월 10일(기묘) 6번째 기사.

라." 하였다. 그 인장의 글자는 "종씨 도도웅와(宗氏都都熊瓦)."라 하였다.16)

성종 1년(1471)에 기록된 신숙주의 『해동제국기(海東諸國記)』에 나타나는 대마도는 지금처럼 긴 섬이 아니라, 'U'자 모양의 섬으로 그려져 있다. 신숙주는 대마도를 일본국에 포함하여 8개의 군(郡)과 82개의 포(浦)에 대하여 자세하게 기록하고 있다. 특히, 주민들은 바닷가의 포구에 살고 있다고 기술함과 동시에 마을이 없는 포와 신당만 있는 포를 명기함으로써 대마도가 80개의 마을로 이루어져 있으며, 각 포마다 호수(戶數)를 명기하여 7,870여 호로 이루어졌다는 것을 잘 나타내고 있다. 또한, 대마도에서 우리나라에 사신을 파견한 사실도 상세하게 기록하고 있다.17)

『해동제국기』에 나타난 대마도의 위상은 일본국 중에서도 특별한 대접을 받고 있다. 이것은 일본의 정치체제가 지방분권적인 것으로 본18) 까닭에 '국왕 이하 모든 대신들은 모두 땅을 나누어 가지고 봉건 제후처럼 세습하였다'19)고 하여 대마도를 제후국의 하나인 대마국으로 대접을 했거나, 막부의 권한이 미약한 것20)으로 본 이유를 들 수도 있겠지만, 그보다는 대마도를 통하여 일본과의 통교(通交)를 일원화하기 위한 것이기도 했다.21) 대마도에

---

16) 세종 7권, 2년(1420 경자 / 명 영락(永樂) 18년) 윤1월 23일(임진) 2번째 기사.
17) 신숙주, 신용호 외 주해, 『해동제국기』(서울: 범우사, 2014), pp.129-141.
18) 박경희, "「해동제국기」에 나타난 신숙주의 대일인식", 석사학위논문, 이화여자대학교 대학원, 1983, p.20.
19) 신숙주, 전게서, p.87.
20) 박경희, 전게논문, p.25.
21) 상게논문, p.42.

대한 특별한 대우로는 여러 추장(酋長)22)들은 사신의 선박 정수 (定數)를 1, 2척으로 하는데 대마도주는 매년 50척23)으로 하였다. 이것은 식량이 절대적으로 부족한 대마도에 해마다 쌀을 하사하는 것24)과 동시에 식량자급이 곤란한 대마도에 교역량을25) 늘려 주기 위한 수단26)이기도 했다.

대마도는 동해 여러 섬의 요충에 있어서 우리나라를 왕래하는 모든 추장들이 반드시 거쳐 오는 땅이므로 우리나라에 오는 모든 추장들은 대마도주가 인도해 주는 글을 받은 후에야 오게 된다.27) 이것은 대마도주가 일본에서 우리나라로 오는 모든 일본 사신에 대해 허가권을 발급한 것과 마찬가지다. 이런 상황을 참고로 할 때, 대마도가 그 당시 일본의 조선에 대한 외교와 교역권을 독점하고 있었던 것으로 볼 수도 있다. 따라서 식량의 자급자족이 힘들었던 대마도는 허가권을 발급하면서 식량조달을 위한 이득을 취했다고 볼 수 있음으로 조선의 대마도에 대한 배려가 컸다는 것을 유추할 수 있다.

그런데 그 허가권을 발급한 대마도주가 세종실록에 기록된 대로, 세종 때 대마도를 바치고 '근래에 귀하의 관할 지역에 있는 대관(代官)과 만호(萬戶)가 각기 제 마음대로 사람을 보내어 글을 바치고 성의를 표시하니, 그 정성은 비록 지극하나, 체통에 어그

---

22) 박경희는 상계논문 p.38에서 "일본 막부시대의 대명(大名: だいみょう: 막부시대의 번주)을 일컫는 말"로 정의하고 있다.
23) 신숙주, 전게서, p.150.
24) 상게서, p.131.
25) 상게서, p.130.
26) 박경희, 전게논문, p.42.
27) 신숙주, 전게서, p.130.

러지는 일이니, 지금부터는 반드시 귀하가 친히 서명한 문서를 받아 가지고 와야만 비로소 예의로 접견함을 허락하겠노라.'는 어지와 함께 '종씨 도도웅와(宗氏都都熊瓦)'라는 인장을 하사받았던 종정성의 후손으로, 역시 종씨이며 그 당시에는 종정국(宗貞國)이었다. 이것은 세종 때부터 이어진 대마도에 대한 정책의 연속이었음을 의미하는 것이라고 볼 수 있다.

또한, '대마도주 종(宗)씨는 그 선조가 원래 우리나라의 송(宋)씨인데 대마도에 들어가서 성을 종씨로 바꾸고 대대로 도주가 되었다.'는 동래부지의 기록28)을 볼 때 신숙주의 『해동제국기』에서도 비록 일본국에 대마도를 포함시키고는 있었지만, 일본 본국과는 별개로 생각했던 면을 엿볼 수 있다. 지나친 논리라고 할 수도 있지만 신숙주의 이러한 관념은, 여러 개의 섬으로 이루어진 일본국의 지도에서 대마도와 일기도는 섬 하나를 따로 따로 그려서 첨부 하고 있다는 사실로도 짐작할 수 있다.

결국, 조선의 대마도에 대한 인식은 일본국과는 별개였다는 점을 알 수 있다. 그리고 세종 때 처음 받아간 관인은 그동안 교체를 하기는 했지만, 400년을 넘도록 대마도주들이 사용했다. 그러나 1869년 판적봉환이 일어나고, 7년 후인 1876년 관인을 반납하였다. 대마도가 조선에 귀속되었다는 증표의 하나인 관인을 반납함으로써 대마도는 조선을 떠나 일본에 귀속된 것이라고 한다. 그러나 그것은 불법적으로 부당한 것이며, 그 부당성에 관해서는 대마도의 판적봉환에서 논하기로 한다.

---

28) 황백현, 『대마도 통치사』(부산: 도서출판 발해, 2012), pp.68-70.

2. 대마도에 대한 한·일 간(韓·日間)의 영토권 주장(領土 權主張)

1) 대한민국의 주장

대한민국은 『삼국사기』와 『조선왕조실록』 등의 기록과 여러 문헌에 의한 역사적인 근거를 제시하면서 대마도가 우리 영토라 는 것을 주장했다.

이승만 대통령의 5차례에 걸친 대마도 반환에 관한 기자회견 중 1951년 4월 27일의 기자회견은 미국과 일본에 공문을 발송하 면서 대마도의 영유권을 강력히 주장하였다.

'한국은 정의가 영구적 평화의 유일한 기반이라는 굳건한 믿음 으로 대마도의 영토적 지위에 완전한 검토를 할 것을 요청한다. 역사적으로 이 섬은 한국의 영토였으나 일본에 의해 강제적, 불 법적으로 점령당했다.'는 외교문서를 발송하면서, 평화조약과 관 련해서 '〈일본은 사할린의 남쪽 절반과 모든 도서, 그리고 쿠릴 열도를 소련에 넘겨준다.〉라고 명시된 점을 지적하면서 〈이런 사실을 고려해 한국은 일본에게 대마도의 모든 권리·호칭·청구 를 분명히 포기하고 그것을 한국에 돌려줄 것을 요청한다.〉'는 내용을 밝힌 것이다.[29]

실제로 대마도에 관해서는 대마도민은 조선이라는 나라가 없 었다면 생계가 곤란했던 것이 사실이다.

---

29) 이부균, 전게논문, p.8.

그들의 인구를 3만으로 본다면 2/3가 조선의 지원이다. 수직왜인에게 지급된 곡식이 10만 석이고, 동래왜관을 통한 교역품에서 10만 석 지급(1439년 조선예조에서 대마 도주에게 보낸 서계)하였으며, 나머지 10만 석은 자체의 생산품(1905년 일본 관리의 통계)이었다.30) 일본으로부터는 전혀 도움을 받거나 교역을 해서 얻은 것이 없으니 결국 조선의 속주라고 보는 것이 옳다는 것이다.

2) 일본의 주장

일본은 제2차 세계대전으로 연합국에 무조건 항복한 후 1945년 9월 6일의 '항복 후 미국의 초기 대일정책(United States Initial Post Surrender Policy for Japan)'에는 '일본의 주권은 본주·북해도·구주·사국과 카이로 선언 및 미국이 이미 당사자가 되거나 또는 장래에 당사자가 되는 기타 협정에 의하여 결정되게 되는 주변의 제 소도에 한정되게 된다(Japan's sovereignty will be limited to the islands of honshu, Hokkaido, Kyusshu, Shikoku and such minor outlying islands as may be determined, in accordance with the Catro Declaration and other agreement to which the United States is or may be a party.).'31) 그러나 같은 해 11월 3일 연합군최고사령관에게 '일본의 점령과 관리를 위한 연합군 최고사령관에 대한 항복 후 초기 기본지침 (Basic Initial Post-Surrender Directive to the Supreme Commander for the

---

30) 김화홍, "역사의 고증을 통한 대마도는 한국 땅", 「학술대회(대마도 어떻게 찾을 것인가?)」, 2012. 9. 18. 국회의원회관 소회의실, p.7.
31) 김명기, "대마도가 한국의 영토라고 주장할 수 있는 국제법상 근거는 있는가?", 상계학술대회. p.4.

Allied Powers for the Occupation and Control of Japan.)은 일본에 포함되는 지역을 일본의 4개 본도(the four main islands of Japan), 즉 본주·북해도·구주·사국과 대마도를 포함한 약 1,000여개의 인접 제소도(about 1,000 smaller adjacent islands including Tsushima Island)에 한정한다.'32)고 되어있다. 일본은 이 규정을 근거로 역사적 사실을 무시한 채 대마도가 자신들의 영토라고 주장하는 것이다.

---

32) 상게논문, p.4.

5장 매장문화(埋葬文化)로 본
대마도의 영토권

이 장은 대마도의 영토문화 중에서 영토문화의 문화주권자를
판단하기에 가장 적합한 매장문화에 대해서 분석하고 그 결과에
따라서 대마도의 영토권자를 규명하는 장이다.

먼저 대마도의 영토문화에 대한 사례를 알아보고 각 사례에 대
한 특성을 분석한다. 그 다음 한·일 간의 큰 이견이 있는 부분은
분석결과를 토대로 한 특성비교를 통해서 영토문화론과 문화영
토론에 의해 공정한 해석을 도출한 후, 평가를 통해 대마도의 문
화주권에 의한 영토권자를 규명한다.

고대시대의 한·중·일 3국의 대표적인 매장방식은 상식석관묘
(上式石棺墓)·상식목관묘(上式木棺墓), 토광묘(土壙墓) 및 옹관묘(甕
棺墓)를 들 수 있는데, 이 중에서 우리나라는 고조선과 진국 이래
지금까지 그 전통적 방식으로서 석관 또는 목관을 사용한 상식관

(上式棺)이 주로 발굴된 반면에, 일본의 경우는 옹관묘가 주를 이룬다. 따라서 대마도의 매장방식이 어떤 방식을 따르고 있는지의 여부에 따라 그 영토문화가 어느 나라의 영토문화에 근거하고 있는지를 확인할 수 있다. 또한 매장문화에 껴묻기 되어 있는 유물을 함께 분석함으로써 대마도의 영토문화에 대한 문화주권자를 규명하여 영토권자를 가려낼 수 있다.

1. 매장문화의 사례(事例)

대마도의 고분은 1971년(소화46년) 당시 북한 국적의 초등학생인 김광화가 처음 발견하여 담임선생에게 보고함으로써 규슈대학 고고학 연구실로부터 교관과 연구생이 파견되어 유적 탐사가 시작되었다.[1]

당시 유적 탐사에는 현지인이었던 나까도메 히사에(永留久惠)[2]가 함께 참여하여 발굴된 고분을 자신의 저서인 『고대사의 열쇠·대마(古代史の鍵·對馬)』에 기록하였다.[3]

다음 [그림 5-1]과 [그림 5-2] 및 [표 5-1]에서 [표 5-7]은 나까도메 히사에가 대마도에서 발굴된 고분에 대해서 각각의 고분 양식 및 함께 발굴된 유물에 대한 현황을 마치(まち:町:정)별, 마을별

[그림 5-1] 대마도 고분의 마치별 분포 현황도

---

1) 나까도메 히사에(永留久惠), 『고대사의열쇠·대마』(동경도: 대화서방, 1994), p.19.
2) 나까도메 히사에(永留久惠)는 대마도에서 태어나 나가사키사범대학을 졸업하고 대마도에서 교사를 역임했으며 대마도 민속자료관 관장으로 근무하였다.
3) 나까도메 히사에, 전게서, pp.129-142.

로 그의 저서에 기록해 놓은 것을 필자가 다시 정리하여 대마도 지도에 그려 넣고 그 지도에 따라서 표로 재작성한 것이다.

아래 [표 5-1]은 [그림 5-1]을 표로 작성한 것이다.

[표 5-1] 대마도 고분의 마치별 분포 현황

순번	마치(町)명	모양	발굴된 고분 수
1	상대마정 (가미쓰시마마치)	가미쓰시마마치	16개
2	상현정 (가미아가타마치)	가미아가타마치	14개
3	봉정 (미네마치)	미네마치	25개
4	풍옥정 (도요타마마치)	도요타마마치	47개
5	미진도정 (미쓰시마마치)	미쓰시마마치	57개
6	엄원정 (이즈하라마치)	이즈하라마치	5개

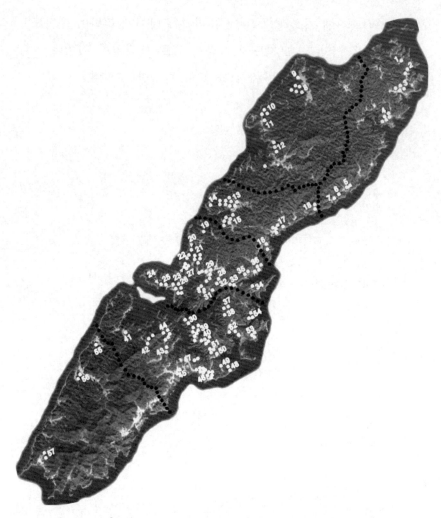

[그림 5-2] 대마도 고분의 마을별 분포 현황도

다음의 [표 5-2]에서 [표 5-7]까지는 [그림 5-2]를 표로 정리한
것이다.

[표 5-2] 상대마정(上對馬町) 고분 분포 현황

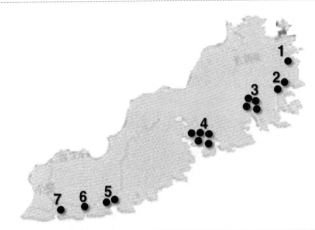

지도 번호	마을	유적명	형식	유물
1	풍	가미가라기	상식관	야요이토기,하지키,스에키,작은유리옥구슬, 장식용 가공 옥돌, 김해식토기
2	천	천재소	옹관	야요이토기, 구멍뚫은옥
		천재소	석관흔적	유병식석검2
3	고리	탑의수	상식관	야요이토기, 도질토기, 동팔찌, 관옥, 작은 유리옥, 수정옥
		탑의수3	상식관	도질토기, 관옥 등
		탑의수4	상식관	방격규단문경, 유리옥, 쇠도끼
		고리고분	상식석실	하지키, 스에키, 방추차, 쇠도끼
4	빈구수	조일산	상식석실	하지키, 스에키, 김해식, 방추차
		조일산2		스에키, 쇠검, 칼, 호미, 도끼
		조일산3		운토기, 거대한 석관의 흔적
		조일산4	상식석실	하지키, 스에키, 김해식토기
		지명불상	석관흔적	스에키 파편 산포
5	훈견	미기	불명	스에키, 김해식토기
		검도	상식관	스에키, 하지키, 방수차, 쇠조각
6	주지		불명	유병식석검
7	일중	미기의 단	상식관	불명

[표 5-3] 상현정(上縣町) 고분 분포 현황

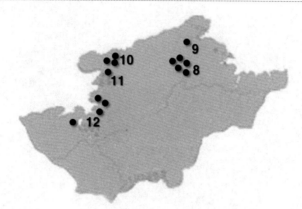

지도 번호	마을	유적명	형 식	유물
8	좌호	정구빈	상식관	수혜, 토사
		백옥	석관군	야요이토기, 김해식토기, 동검, 파식각형동기, 단도손잡이, 팔찌, 철검
		백옥	석관군	수구식토기, 스에키, 쇠창, 도끼
		구비루	석관?	야요이토기, 김해식토기, 청동그릇, 넓은날동창
		하가타시쿠마	석관?	창과 옥이 있었다고 전해짐
9	좌수나	총기	상식관	불명
10	지다유	대날군산	상식관	하지키, 도질토기, 쇠화살촉, 관옥, 소옥, 다각형의옥, 몽봉경
		만인총	원분상식관	스에키, 방수차, 금귀걸이, 귀걸이
		천인총	원분	불명(현재 없음)
11	이나	무까에빈	상식관	불명(석관군의 흔적)
12	인전	중천	상식관	불명(석관현존)
		에따시단	불명	석검이 있었다고 전해짐
		에따시단	상식관	관옥
		금막	상식관	유병식석검

주: 8번의 구비루 및 하가타시쿠마의 묘 형식에 물음표는 나까도메 히사에(永留久惠)가
기록할 당시에 불확실한 상태를 표시한 것으로 추정됨.

[표 5-4] 봉정(峰町) 고분 분포현황

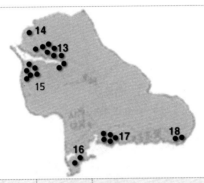

지도 번호	마을	유적명	형 식	유물
13	삼근	고송단	석관군	적색마연토기, 세형동검, 양날칼자루, 원추형동제금장식, 소형방제경
		사카도우	석관군	세형동검, 청동단검손잡이
		가야노끼A	불명	넓은날동창, 쌍날동창
		가야노끼B	상식관	야요이토기, 김해식토기, 관옥, 동검, 철검, 손잡이가 있는 머리 금장식, 동귀걸이.
		가야노끼E	상식관	김해식토기, 야요이토기, 청동조각, 쇠칼, 유리옥
		가야노끼F	상식관	야요이토기, 내행화문경, 관옥
		가미가야노끼	석관군	김해식토기, 스에키
		시오쯔보	석관군	김해식토기, 스에키
		장뇌	석관군	스에키토기 조각 산포
14	목판	요께지	석관군	스에키토기 조각 산포
15	길전	초노하나		유병식석검, 야요이토기 채집
		초노하나1	상식관	스에키, 쇠검, 동귀걸이
		초노하나2	상식관	하지키, 스에키, 단도
		초노하나3	상식관	스에키, 하지키, 김해식토기, 신라계토기, 숫돌, 쇠창, 쇠검, 쇠화살촉
		에베스야마	불명	검이 출토됐다고 전해져옴. 돌무덤흔적
		몽고총	석관?	스에키, 구옥
16	즐	에노가기	상식관	내행화문경, 세형동검
		고즐기		석관군이 발굴되었다고 전해짐.
17	좌하	소성도1	상식관	야요이토기
		소성도2	상식관	야요이토기
		소성도3	상식관	김해식토기, 유리옥
		소성도4	상식관	야요이토기 조각, 흑요석(黑燿石)
		소성도5	상식관	야요이토기, 동검손잡이, 쇠검
18	지다가	추의포	석관군	하지키, 내행화문경, 쇠창, 칼
		학교의 언덕	석관군	스에키, 구옥

[표 5-5] 풍옥정(豊玉町) 고분 분포 현황

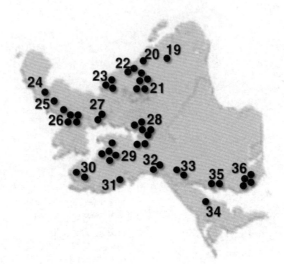

지도 번호	부락	유적명	형 식	유 물
19	대망	하주	석관흔적	불명
20	심리	나기나타기	석관군	스에키토기 조각 산포
21	좌보포	적기1	석총흔적	야요이토기
		적기2	배모양석관	야요이토기, 방제경, 솥몸의 바깥 중턱을 둘러댄 전, 소옥
		적기3	토광	하지키, 스에키, 김해식토기, 신라화로
		적기4	석관흔적	하지키
		구로키	상식관	야요이토기, 말방울, 악금구, 동검, 관옥, 유리옥
22	좌보	이노사에	석관군	야요이토기, 동창, 양날칼자루
		당기	상식관	배에 실었던 청동기 일괄, 야요이토기
23	강	선가꾸시	불명	야요이토기 조각, 석관군이라 전해옴
		강포	상식관	동검
		거북바위	석관흔적	불명
24	가지지	중학교	석관군	야요이토기, 하지키토기, 석검, 인골
25	가등	지명불상	상식관	야요이토기 조각 채집
26	패구	적기1	배모양석관	적소토기, 쇠화살촉
		적기2	상식관	하지키, 스에키, 쇠창
		적기3	상식관	하지키, 무덤의 주위에 묻어 두던 찰흙으로

			만든 인형이나 동물 따위의 상 조각, 돌도끼날 조각
		적기4		불명
27	묘맥	적기		(동검, 동창이 발굴되었다고 전해 내려옴)
		묘맥포	석관흔적	스에키
		당선	석관군	야요이토기, 하지키, 스에키, 김해식토기
28	인위	당의내	석관군	유병식석검
		빈전신사	석관군	석관 흔적이 있는 장소
		구취단	석관군	석관 하나만 존재
		동쪽빈	상식관	동검, 쇠검, 원추원식병, 소형방제경
		하로우-1	상식관	석검, 관 밖에 야요이토기
		하로우-2	상식관	야요이토기, 김해식토기, 단검조각, 소옥
		하로우외수기	상식관	스에키
29	좌지하	종괘기	석관군	김해식토기, 스에키토기, 유리옥
		사포기1	상식관	야요이토기, 김해식토기, 스에키, 유리옥, 관옥
		사포기2	상식관	쇠검, 쇠창, 화살촉, 단검, 구옥
		타교기	상식관	
		스스기	석관흔적	하지키, 스에키, 김해식토기
30	패부	백은기	석관군	동팔찌가 있었다고 전해옴
		패부기	원분상식관	쇠검, 쇠창, 쇠화살촉, 단검조각, 구옥, 관옥, 소옥, 대추옥
31	차아	경뢰	석관군	불명
32	계뢰	천조기	석관흔적	불명
		지명불상	상식관	불명
33	화판	부도	석관흔적	불명
		지명불상	석관흔적	불명
34	횡포	원도	상식관	불명
35	증	윤도	상식관	스에키
		상원몽고총	상식관	하지키, 김해식토기, 구옥, 관옥
36	증포	관음비1	상식관	하지키, 스에키
		관음비2	상식관	야요이토기, 소형방제경, 동팔찌, 소옥
		관음비3	상식관	스에키
		선가쿠시	석관흔적	석검, 석제칼손잡이

[표 5-6] 미진도정(美津島町) 고분 분포 현황

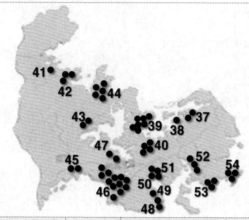

지도 번호	마을	유적명	형 식	유 물
37	농부	초도	상식관	불명
				만 내 몇 군데에 석관이 있다.
38	기방	기방포	석관군	불명
39	도산	적기1	석실	스에키
		적기2	석실	김해식토기, 스에키, 주문경, 유리옥
		적기4	상식관	스에키
		적기5	상식관	하지키, 스에키
				부근에 미조사 유적이 있다.
		평야포	상식관	야요이토기
		홍법포	석관군	야요이토기, 하지키, 스에키
40	대산	당기	상식관	불명
		미노시마	상식관	불명
		화다포1	석실	거대한 석실이 파괴된 흔적
		화다포2		포구 내 몇 군데에 석실이 있다.
41	하지	하지포	석관흔적	불명
42	주조	주조포	석관군	불명
		중도단	석관군	불명
		중도단	석실	소형방제경, 쇠화살촉
43	흑뇌		석관군	불명
		황후기	석관군	적색소소토기, 김해식토기
44	죽부	백련강	석관군	조몬시대말기, 스에키, 관옥, 소옥
		고방	석관군	야요이토기, 하지키, 스에키, 유리옥
		조거기	석관군	하지키, 스에키
		소식기	석관군	야요이토기, 칼, 짧은 창
				만 내 다른 곳에도 유적이 많음

45	고빈	히나다	석관군	소형방제경, 쇠검, 소옥 넓은날동창, 야요이토기 등
		사에노야마	횡혈식	
46	계지	구수빈	석관군	스에키 유적 산포
		구수빈 몽고총	석관흔적	불명
		구수빈 몽고총		만 내 몇 군데에 유적이 있다.
			석관군	불명
		준준포	석관군	불명
		신토수	석관흔적	야요이토기, 유리옥
		오덴노구마	석관군	스에키
		학산	전방후원	유엽형동촉, 관옥, 흙제품
		근증1	전방후원	유엽형동촉, 칼, 관옥
		근증2	전방후원	하지키, 스에키, 쇠칼, 쇠검
		근증3	횡혈식	불명
		근증4	전방후원	구옥
47	대선월		상식관	하지키
		채전	석관군	야요이중기, 하지키, 스에키, 김해식토기, 쇠도끼, 쇠칼, 구옥
48	서방		석관군	스에키
		경의소	석관군	야요이토기, 스에키
49	구수보		석관군	불명
50	여호도		상식관	스에키 유물 산포
51	옥주	옥주포	석관군	스에키토기
		오차랑	석관군	야요이토기, 김해식토기, 스에키, 유리옥
		하나덴뽀	석관군	야요이토기, 하지키, 스에키, 유리옥
52	소선월	전포	상식관	만 내에 유적이 많이 있다. 불명
		팔도포	석관군	스에키 유물이 산포.
53	적도	해락1	석실	하지키, 스에키
		해락2	상식관	하지키, 스에키, 쇠검, 관옥
54	노노포		상식관	노노포쪽으로 유적이 많이 있다. 스에키
		모리꼬에	상식관	불명
		뇌포	석실군	불명

[표 5-7] 엄원정(厳原町) 고분 분포 현황

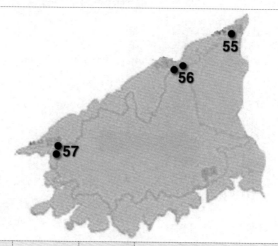

지도 번호	마을	유적명	형식	유물
55	아연	뇌호원	석관군	스에키
56	소무전	실립산1	횡혈식	하지키, 스에키, 금동제긴칼, 쇠못
		실립산2	횡혈식	스에키, 금동 칼 장신구
57	두두	보상산	횡혈식	스에키, 하지키, 금동으로 장식한 긴 칼, 청동으로 만든 밥그릇
		중학교	석관군	하지키, 스에키, 김해토기

[표 5-2]부터 [표 5-7]에서 보는 바와 같이, 대마도에서 발굴된 고분은 총 164기 이상으로 대마도 전역에 분포되어 있다.4) 만 내 몇 군데에 석관이 있다거나 포구 내 몇 군데에 석실이 있다거나 또는 석관군이라고 표현한 곳에 더 많은 석관이 있다는 것을 배제하더라도, 각각 1기뿐인 옹관과 토광을 포함하여 표에서 불명으로 표시된 20기를 제외한 그 나머지, 즉 전체 고분 중에서 약 86%인 142기가 석관(대부분 상식석관)임을 확인할 수 있다. 물론

---

4) [표 5-2]에서 [표 5-7]까지 석관군이라고 표기된 것은 여러 개일 수도 있으므로 164기 이상으로 볼 수 있는 것이다.

석관군이라고 표기한 곳의 기수가 늘어나면 늘어날수록 석관, 즉 상식관의 비율은 높아질 것이다.

이와 같은 현상은 대마도에서 약 70km 떨어져 있는 섬으로 대마도 문화를 논할 때 흔히 비교되는 이끼도(壱岐島)에서는 전혀 나타나지 않는다. 고분 발굴에 직접 참여하였던 나까도메 히사에 역시 '대마도에 있는 야요이 문화유적은 매장유적이 많다. 그것도 상식관이다. 북규슈와 이끼도에서 흔히 볼 수 있는 옹관(甕棺)이 대마도에는 거의 없다.'[5]라고 밝힌 바 있다.

한편, 고분에서 발굴된 유물 중에는 토기[6]가 대다수를 차지하고, 그밖에도 옥유물과 청동기, 철기 등도 출토되었으며, 이례적으로 말 장신구가 출토되었다는 것도 확인할 수 있다.

[표 5-8] 대마도에서 발굴된 고분 형식의 수량

구분	석관묘	옹관묘	토광묘	불명	계
수량(기)	142	1	1	20	164

[표 5-9] 대마도 고분에서 발굴된 유물 현황

유 물 명	발견된 고분 수	비 고
야요이토기	36	
스에키	58	
하지키	31	

---

5) 나까도메 히사에, 전게서, p.61.
6) 토기가 149곳에서 출토되었는데 실제로는 같은 고분에서 두 가지 이상의 것이 출토된 곳도 있음으로 실제 출토된 고분은 그보다 적다. 또한, 흑청색 경질 토기인 스에키는 그 원형을 한반도에서 찾아 볼 수 있는 것으로 신라 사람들에 의해 제작된 토기이며, 하지키는 야요이토기로부터 발달한 토기이다; 브리태니커 백과사전, '스에키', '하지기' 검색, www.daum.net(2015. 6. 25.).

김해식토기	24	
옥유물	32	출토유물 수는 45점
청동기	36	무기 19점, 생활용품과 장신구 20점
철기	34	무기 40점, 생활용품 등 9점
석검	9	
기타 토기	12	신라식, 도질, 수구식, 적소, 적색연마 등
수레관련 유물	3	
금장식	3	
기타	10	말 장신구, 기타 석기 포함

2. 매장문화의 특성분석(特性分析)

1) 대마도 고분(유물)과 규슈문화권의 관계

나까도메 히사에는 자신이 직접 탐사하고 발굴한 대마도 고분에 대하여 다음과 같이 기록하고 있다.[7]

"내가 지금까지 많은 석관을 조사하였지만, 그것들은 도굴되고 파괴된 흔적을 기록한 것이었는데, 이와 같이 처녀고분을 확실하게 발굴·조사한 사례는 처음이었다. 그런 까닭에, 이번 발굴은 귀중한 성과를 거두게 되었다. 그것을 항목별로 열거하면, 첫째, 석관의 구조, 특히 개석(蓋石)[8]의 상황이 잘 판명되었다. 둘째, 넓은날청동창(広鋒靑銅矛)이 확실하게 조사에 의하여 발굴된 사례는 학계에서 처음이다. 셋째, 북규슈에서 주조되었을 넓은날창과 조선제 동검이 함께 있었다. 넷째, 연도로 구분하였을 때 북규슈의 야요이식 토기와 조선의 경질토기가 함께 있었다. 이것은 문화의 교류를 확인하는 데에 중요한 자료를 얻은 것이다. 야요이 문화 초기 시대에서 야요이 시대 끝까지, 그 시대의 연도에 따른 토기분류는 북규슈의 표준을 그대로 통용

---

7) 나까도메 히사에(永留久惠), 전게서, pp.19-20; 나까도메 히사에는 이 책에서 자신이 발굴 작업에 직접 참여하여 정리한 것을 그대로 도표에 올렸을 뿐만 아니라 자신의 의견을 추가하여 저술하였다. 직접 현장 발굴 작업에 참여한 사람이 작성한 것이므로 유물의 진위 여부에는 큰 문제가 없을 것으로 판단된다. 또한 그의 의견은 대마도의 고분과 지명에 대한 학계의 의견을 충분히 반영하여 기술하였다는 점도 직접 밝히고 있으므로, 그의 학설은 대마도의 고분과 유물에 대한 일본학계의 일반적인 의견으로 받아들일 수 있다고 본다.

8) 고분(古墳)의 석실(石室)의 위에 덮는 돌.

했다. 대마가 북규슈의 문화권에 속해 있으므로 전기의 유적에서는 대륙계의 석기가, 중기의 석관에서는 조선식 세형동검이, 후기 유적에서는 청동(靑銅)으로 만든 말방울(靑銅馬鐸)과 동팔찌(銅釧), 경질토기가 출토되었는데, 명나라나 조선으로부터 건너온 물건이라고 판단되는 바, 이것이 대마도의 야요이 문화의 특색을 이루고 있다. 그것은 왜인의 세계에 살면서, 남북에서 쌀을 사들이던 역사를 말하여 주는 것이다."

이와 같은 나까도메 히사에의 기록은 그가 발굴한 고분들이 상태가 매우 양호하게 보존되었기 때문에 대마도 역사와 문화에 관하여 매우 정확한 판단이 가능하다는 것을 입증한다. 다시 말해, 대마도의 고분에서 발견된 고분의 양식이나 유물들이 대마도 고분의 전체를 대표할 수 있을 정도의 수준이라는 것이다.

문제는 이것을 북규슈 문화권으로 편입하기 위해서 애쓴 흔적이 보인다. 그러나 이 문제는 앞으로 전개하는 논지에 의해서 실체가 밝혀질 것이다.

2) 대마도 고분(유물)과 진국(辰國) 문화권의 관계

우리 선조들은 신석기시대부터 바다를 정복하여 물고기 잡이뿐만 아니라 육지에서 멀리 떨어진 섬을 개척하였다. 특히 진국9)의

---

9) 진국은 우리가 흔히 삼한(三韓)이라고 지칭하는 마한, 진한, 변한(馬韓, 辰韓, 卞韓) 3개국을 함께 부르는 국호(國號)다. 진국은 삼한이 연합국 체제로 마한의 왕이 진왕(辰王)이 되어 삼국 전체를 통치하면서 진한과 변한은 각자 독립국의 왕으로서의 역할을 함과 동시에 진왕의 통치를 받았던 것을 말한다. 이런 체제

사람들과 고조선 사람들은 일찍부터 대마도를 거쳐 일본열도 왜[10] 땅에 적극적으로 진출했다.[11] 대마도에서 발견된 우리나라 신석기 시대의 질그릇 조각들에서 보여주는 것이 그 단적인 예다.[12]

진국을 비롯한 고조선의 선조들은 선진문화를 바탕으로 왜 땅의 최초 금속사용 농경문화인 '야요이 문화(彌生文化)'를 형성한다.[13]

죠몬 말기(야요이 초기)에 한반도로부터 민무늬토기(無文土器)[14] 문화의 수용이 절정에 이르렀는바, 고인돌(支石墓)과 껴묻거리(副葬品), 항아리(壺), 간석기(磨製石器), 주거(住居), 의례(儀禮)까지도

를 유지하게 된 것은 당시 가장 먼저 나라의 위상을 갖추었을 뿐만 아니라 54개의 소국들로 이루어져 가장 넓은 영역을 차지하여 군사적으로도 가장 강했음으로, 마한이 종주국적인 위치를 차지하고 12개씩의 소국으로 이루어진 진한과 변한과 함께 연합국 형태를 유지함으로써 주변 외세의 침략에 대처하기 위한 방편이었던 것으로 보인다. 따라서 필자는 삼한 각각의 역사와 문화를 구분하지 않고 진국 전체의 역사와 문화에 준하여 연구를 진행하고자 한다.

10) 일본열도에 대한 가장 오랜 기록인 『한서』를 비롯한 옛날 책들은 당시에 중국과 왕래를 가지고 있던 일본열도 서부를 '왜'라는 이름으로 불렀으며 오래 동안 일본열도 주민자신들도 '왜'로 자처했다. 『삼국사기』 권6 신라본기 문무왕 10년조에 의하면 '왜'가 '일본'이라고 나라이름을 바꾼 것은 670년이다.

11) 북한사회과학원역사연구소 편, 『조선고대사』(서울: 도서출판 한마당, 1989), p.231.

12) 도쿄 1978년 7월 24일자 조선통신은 7월 23일자 요미우리신문의 기사 "대륙과의 교류 9,000년 전부터", "쓰시마 뒷받침하는 조선의 토기조각 발굴"을 전하고 있다.

13) 북한사회과학원역사연구소 편, 전게서, p.232.

14) 1973년 11월 9일 동아일보 7면; 일본 명치(明治)대학 스기하라(杉原莊介) 교수가 도쿄 고고학회에서 발표한 바에 의하면 일본의 야요이식 토기는 한반도에서 건너온 것이라고 했다. 그는 그 증거로 죠몬시대 최후의 것으로 보이는 후쿠오카 현의 '유우쓰' 유적에서 발견된 죠몬도 야요이도 아닌 토기가 현재 부산대학 부속박물관에 보관돼있는 물독과 똑같다는 사실을 밝혀냈다는 것이다. 부산에 있는 독은 기원전 5~3세기의 것으로 부산 서구에서 발견된 것이다. 이것을 토대로 스기하라 교수는 한국의 무문토기(無文土器)가 일본에 건너온 것이라고 발표했다. 이에 대해 부산대학교 김정학 교수는 자신도 야요이식 토기와 한국의 무문토기가 관계가 있다고 주장해 왔었는데 스기하라 교수가 이것을 구체적으로 입증한 것이라고 말했다.

도입되어 문화적으로도 가치관의 대전환이 있었던 것이다. 죠몬 말기 중엽의 구로가와식토기(黑川式土器)기(期)에 복합농경이 시작된 것은 한반도 민무늬토기문화를 담당한 도래인(渡來人)들이 있어서 가능하였다.

한반도에서 계보를 구할 수 있는 농경문화요소를 주축으로 야요이 문화가 성립하였는데, 논농사의 보급과 더불어 변화된 사회는 새로운 집단관계를 성립케 하였고, 농작물(쌀)의 비축에 의해서 얻어진 부(富)는 사회의 계층화와 분쟁을 초래하여 계급사회를 성립시켰던 것이다. 그것은 짧은 기간에 달성된 것이 아니라 죠몬 말기 중엽부터 오랜 시간을 거쳐, 죠몬 말기 후반기 이후 한반도로부터 선진문물의 도입이 가속화되어 온 죠몬 사회는 도작농경(稻作農耕)을 기반으로 하는 농경사회인 야요이 문화로 변화하였다.15)

야요이 문화 전기의 질그릇, 석기들을 비롯한 유물들은 죠몬 문화와는 전혀 모습이 다르며, 그 대신 고조선의 유물들과 공통점이 많다.16) 결국, 도래인에 의해서만 성립될 수 있던 야요이 문화의 발생 자체가 고조선 사람들과 고조선과 같은 문화를 공유하던 진국 사람들의 왜 땅으로 진출을 떠나서는 생각할 수 없다는 것을 보여준다.

---

15) 국립문화재 연구소, 고고학사전, '야요이 문화' 검색, www.naver.com(2015. 7. 8.).
16) 야요이 시대의 토기는 조몬 토기보다 얇고 단단하며, 높이가 30cm를 넘는 커다란 호형(壺形) 토기가 많다. 이는 쌀 등의 저장용으로 사용되었을 것으로 추측된다. 그 밖에 음식을 익히기 위한 옹형(甕型) 토기, 음식을 담는 고배형(高杯形) 토기와 발형(鉢形) 토기 등도 함께 사용되었다. '야요이(彌生)문화' 검색, www.naver.com(2015. 7. 8.)(자료: 박석순 외『일본사』, 2009, 대한교과서, 미래엔제공).

또한, 죠몬 문화와 구별되는 야요이 문화의 기본적인 징표의 하나인 금속도구의 사용도 진국을 비롯한 고조선 주민들의 왜 땅으로의 진출로서만 설명되는 현상이다. 왜냐하면, 문화의 전래라는 것이 한두 사람이 짧은 기간 동안 한두 번 왕래했다고 전래되는 것이 아니기 때문이다.

야요이 문화 전기의 유적들에서 금속도구가 나온 사례는 극히 드물며, 규슈의 구마모또현의 사이또산 유적과 가고시마현 다까하시 유적에서 나온 쇠도끼 날을 들 수 있을 뿐이라고 한다. 이처럼 금속도구가 처음 나오기 시작하는 야요이 문화 전기에 청동기가 아니라 철기가 나오는 비정상적인 현상은 그 쇠도끼들이 왜 땅에서의 금속야금업의 정상적인 발전의 산물이 아니라는 것을 보여준다.

일본사람들도 이 쇠도끼들이 대륙에서 건너온 것이라고 하는데, 당시에는 쇠도끼를 가지고 왜 땅으로 건너갈 수 있은 것은 진국 사람들을 비롯한 고조선 주민들밖에 없었다. 야요이 문화 전기에 대륙에서 왜 땅으로 건너갈 수 있는 사람은 지리적으로 가깝고 뱃길이 일찍부터 트인 조선 땅의 주인이었다.[17]

왜냐하면, 죠몬 말기 중엽부터 시작하여 죠몬 말기 후반기 이후까지 한반도로부터 선진문화 도입이 가속화되어 죠몬 문화가 야요이 문화가 된 것이라면 그것은 늦어도 기원전 4~3세기경의 일이다. 그러나 그 시기에는 중국과 왜는 교류가 없었다. 왜와 중국이 왕래하기 시작한 것은 기원전에서 기원후로 넘어가는 시점

---

17) 북한사회과학원역사연구소 편, 전게서, p.233.

즈음이기 때문이다.

일본은 굳이 대륙계 문화라고 주장하면서 진국과 고조선으로부터 문화가 전래된 것을 배제하려 하지만, 진국이나 고조선 주민들이 왜로 문화를 이전하지 않고는 문화가 전래되지 못했을 것이다. 그리고 그들이 주장하는 대륙계라는 것은 고조선이 대륙에 자리 잡고 있었으니 당연한 것이다. 다만 그들은 고조선과 진국의 문화가 같은 민족으로 같은 문화를 향유했음을 애써 부인하고, 중국으로부터 직접 문화를 전수받았다는 것을 주장하고 싶었던 것이다.

한편, 규슈와는 다르게 대마도에서는 철기 및 청동으로 만든 진국과 고조선 형식의 무기와 장신구들이 많이 발견되었다. 이런 현상이 의미하는 것은 단순히 문화의 전래가 이루어졌던 규슈와는 다르게, 대마도에는 진국과 고조선 사람들이 오랜 기간 거주하며 진국과 고조선에서 생활에 도움이 되는 편리한 도구를 전해받아서 사용하며 형성한 생활문화의 유산이었던 것이다.

그렇다면 진국의 형성과 멸망의 시기가 대마도의 문화 전래시기와 일치하는지, 또는 진국의 문화유형이 대마도에서 발굴된 유물들과 일치하는지에 대한 의문을 가져볼 수 있다. 그러나 그에 대한 해답은 진국의 역사와 문화를 살펴보면 쉽게 확인된다.

(1) 진국의 역사

진국의 역사에 대해서는 『조선고대사』에 상세히 적혀 있다. 그 주요 내용을 요약하면 다음과 같다.[18]

신석기시대부터 청동기시대에 이르는 수천 년 동안 일정한 지역에 정착하여 농업을 위주로 한 생산부문에 종사하던 우리 선조들은 문화와 풍습에서 각기 지방적인 특색을 가지게 되었지만, 예부터 한 핏줄을 이은 단일민족이다. 우리의 선조들 사이에서 사회·경제적 변화가 급속히 진행된 기원전 2,000년기 이래의 청동기시대의 유적과 유물에 보이는 공통성이 그것을 잘 말해 준다.

중부 이남에 살던 우리 선조들을 한민족(韓民族)이라 불렀으며, 그들이 세운 나라가 진국(辰國)이다. 진국은 예성강 이남지역에서 원시공동체사회 말기에 사적 소유가 생겨나고 계급이 형성되면서 생겨난 국가로 마한(馬韓), 진한(辰韓), 변한(弁韓)이라는 3개 지역이 있었으며 거기에 살던 사람들을 '마한 사람', '진한 사람', '변한 사람'이라고 불렀다. 이 지역에는 오래전부터 같은 말을 하고 문화와 풍습이 같은 예족(濊族), 맥족(貊族) 계통의 주민들도 북쪽에서 옮겨와 살았다.

삼한(三韓)사람들은 일찍부터 발전된 고조선의 야금기술을 받아들여 상당히 질이 좋은 청동기를 만들어 쓰기 시작했다. 전라남도 고흥군 운대리, 강원도 춘천, 충청남도 공주 등지에서 나온

---

18) 상게서, pp.174-245.

비파형 단검은 고조선 단검과 같은 형식의 것이다. 그리고 경기도 용인군 초부리에서는 비파형 단검을 부어낸 거푸집(틀)이 나왔다고 하는데 이것은 삼한 사람들이 고조선의 야금술을 받아들여 자체로 청동단검을 만들어 내기 시작하였다는 것을 말한다.

석기를 사용하던 생활에서 청동기를 생산하게 되면서 농경생활의 균형이 깨어져 부와 권력을 가진 자가 생겨나고, 그 과정에서 처음으로 마한국이 생겨났고 그 후 진한, 변한이 마한에 통합되면서 마침내 삼한 전 지역을 통합한 국가가 출현하는데 그것이 진국이다.[19]

진국의 성립 시기는 대체로 기원전 4세기 이전으로 인정된다. 기원전 2세기 초, 고조선 준왕이 만(위만)에게 왕위를 빼앗기고 마한에 망명하였을 당시에 이미 삼한 지역에는 진왕이 있었다.[20]

또한, 『삼국사기』 신라본기 혁거세서간 1년조에 전하는 진한의 전설에 의하면 '조선유민들이 산골짜기에 나뉘어 살면서 6개 마을을 이루어 이것이 진한 6부로 되었다'고 한다.

이렇게 고조선 사람들이 진한 지역에까지 이주하지 않으면 안 되었던 이유는 〈진개(秦開)의 역〉을 들 수 있다. 『위략』에 의하면, 연(燕)나라 장수 진개가 거느린 침략군에 의해 고조선이 그 서쪽

---

19) 진국이라는 나라 이름을 처음으로 전한 역사책은 『사기』다. 『사기』의 판본들 가운데에서 가장 이른 시기의 것인 송(宋) 판본에는 〈진반곁의 진국〉으로 되어 있고, 『사기』 조선열전을 그대로 옮겨 쓴 『한서』 조선열전에는 〈진반 진국〉으로, 『자치통감』(권21, 한기)에는 간단히 〈진국〉으로 명백하게 기록되어 있다.
20) 『후한서』 권85 열전 한에 의하면 '준왕의 대가 끊어지자 사람들이 다시 스스로 서서 진왕으로 되었다.'는 것은 원래 마한에 진왕이 있었는데 그 지위를 빼앗겼다가 그가 죽은 후 다시 마한 귀족들이 진왕의 자리를 차지했다는 것을 의미하므로 준왕이 망명하기 전에 마한에 진왕이 있었다는 것은 진국이 명백하게 존재했다는 것이다.

2,000여 리의 지역을 잃었다고 한다. 진개는 연소왕(기원전 311~279년) 때 벼슬한 자였으므로 고조선 사람들이 진국에 온 시기는 기원전 3세기 초에 해당되며 진국은 이보다 앞선 기원전 4세기 이전에 성립되었다고 볼 수 있다.

진국의 지역적 무대는 삼한 전체를 포괄하였다. 훗날 진국이 망하고 삼한의 역사를 쓴 『후한서』 한전에서 '한에는 세 나라가 있으니 첫째는 마한이고 둘째는 진한이며 셋째는 변진인데 모두 옛날의 진국이었다.'라고 한 것은 삼한의 모든 지역이 진국이었다는 것을 말해준다. 이는 진국의 통치자인 진왕이 마한 지역에 수도를 정하고 삼한 지역의 모든 지역을 통치하였던 사실에 의해서도 잘 알 수 있다. 진국 초기의 수도인 월지국은 오늘날의 직산 일대로 인정되고, 말기의 수도인 '국읍'은 오늘날의 금강 이남 익산으로 인정된다.

기원전 1세기 말에 이르러서 철기문화의 대량적인 보급은 지방 소국들의 생산발전력에 커다란 변화를 가져오기 시작하고, 북쪽 변방 지역을 담당하고 있던 백제의 성장과 진한과 변한이 마한으로부터 이탈함으로써 진국은 해체되고 결국 마한도 백제에 의해 멸망하게 됨으로써 고대국가 진국은 사라지게 된다. 그것은 기원 1세기 중엽이다. 그 후 소국들의 정복과 통합이 끊임없이 이루어지는 가운데 마한을 정복한 백제와 진한과 변한 지역에서 신라와 가야가 두각을 나타내게 된다.

진국은 고조선과 예성강을 경계로 맞닿아 있으면서 같은 민족으로서 고조선의 발전된 문물을 받아들여 그것을 무기로 왜를 개척해 나갔다. 그리고 그 교두보는 대마도였다. 특히, 진국이 멸망하던 시기인 기원 1세기경에는 많은 사람들이 진국을 이탈했고, 그들이 이미 자신의 동족들이 가서 생활터전을 마련하고 있는 대마도로 이동했다는 것은 얼마든지 유추해 볼 수 있다. 더더욱 마한의 고위계층이었다면 새로 집권세력이 된 백제를 피해서 얼마든지 이동할 수 있는 가능성이 있다. 전혀 눈에 보이지 않는 미지를 찾아서라도 떠나야 하는데, 부산에서 멀리 보이는 대마도를 향해서 떠난 것은 지극히 당연한 일이다. 대마도 고분에서 값비싼 보물들이 껴묻기가 되었던 사실은 그런 유추에 의해서도 충분히 해명될 수 있다.

(2) 진국의 문화

『조선고대사』는 진국의 역사만큼이나 진국의 문화에 대해서도 상세히 기술하고 있다. 이를 요약하면 다음과 같다.[21]

진국 사람들이 기본 생산을 이룬 것은 농업이었다. 진국은 농업 발달에 유리한 자연·지리적 조건을 가지고 있어 여러 가지 곡식이 잘 되었다. 그러나 무엇보다 진국의 농업발전에서 획기적인 것은 철로 만든 농기구의 이용이었다. 철로 만든 농기구들은 종래의 돌로 만든 농기구에 비하여 훨씬 능률적이었으며, 금속 공구류로 여러 가지 부속품들을 결합하여야 만들 수 있는 수레 같

---

21) 북한사회과학원역사연구소 편, 전게서, pp.205-229.

은 운반기구나 보습(이선: 犁先), 후치(쟁기) 같은 경작도구들과 여러 가지 목제품들을 만들 수 있었다. 수레나 쟁기 같은 경작도구들은 소나 말 같은 짐승들을 이용했다는 것이다.

또한, 『삼국지 위서 변진전』에 의하면, 진한 사람들이 '누에치기와 뽕나무를 기르기에 밝았으며 천을 짜고 소와 말을 타거나 수레에 매기도 했다.'는 것은 소와 말을 타거나 부리는 것이 천을 짜듯이 보편적이었던 것이다.

진국에서 생산된 농작물은 벼와 오곡이었으며, 진국에서 논농사를 시작한 시기는 기원전 3세기 이전으로 인정된다.

진국의 청동기 생산은 기원전 4~2세기에 가장 높은 단계에 이르렀다. 그러나 단순히 청동기뿐만이 아니라 철기 생산도 발전하였다. 철기를 생산하기 위해서는 철을 생산하는 것이 중요한데, 마한지역에서 철을 생산한 것으로 보이는 대표적인 유적은 경기도 가평군 마장리 유적이며, 광석을 녹일 때 쓰던 〈노풍관〉으로 인정되는 토관조각이 나왔다. 마한뿐만 아니라, 진한과 변한에서도 철을 생산한 것이 경주 입실리, 김해 양동리, 강릉 농포동 등지의 유적에서 나온다.

진국에서는 구슬 가공과 금·은 세공술도 발전하였다. 『삼국지 위서 한전』에 의하면, 삼한 사람들은 비교적 정교하게 다듬어진 구슬들을 한 개 또는 몇 개씩 실에 꿰매어 귀걸이와 목걸이도 하였으며 옷에 붙이기도 하였다고 한다. 또한 『삼국지 위서 한전』에서 마한 사람들이 '구슬을 재보로 삼고 금, 은, 비단을 진귀한 것으로 여기지 않았다.'라고 전한 것은 금·은이 적게 생산된 사실을 반영한 것이 아니라 오히려 금·은이 비교적 많이 생산되었으며 그 세공도 또한 상당히 발전하였다는 것을 말해주는 것이다.

진국은 야금업, 금속가공업, 직조업, 목공업, 구슬 및 금, 은 세공 등 여러 가지 수공업이 발전하였다. 주목해야 할 것은 야요이 문화 중기의 무덤들 가운데 좁은 놋단검, 좁은 놋창, 고조선식 놋과, 잔줄무늬 거울과 같은 유물을 껴묻은 무덤이 있으며, 이것들의 재질, 생김새, 크기에 이르기까지 진국을 포함한 고조선의 특징적인 청동기들의 모습 그대로의 것으로 일본 사람들은 그것들을 조선으로부터 바다를 건너 온 물건이라고 한다.

필자가 2012년 5월 22일 규슈 국립박물관을 탐방하였을 때 그곳의 고대관에는 청동검을 전시하고 있었는데, 유물 해설서에 양식은 반도에서 건너온 것으로 대마도에서 출토된 것임을 밝혀놓고 있었다. 특히, 대마도에서 출토되는 청동검은 흔히 세형동검이라고 부르는 양식으로, 한국식 동검이라고도 부르는데, 지금은 만주라고 부르는 고조선이 지배했던 지역과 한반도에서 출토되는 것이다. 이것은 대마도에서 출토되는 세형동검이 우리 선조들에 의해 전래되었다는 것을 의미한다.

이에 관해서는 일본인 나까도메 히사에 역시 그의 저서에서 청동기 유적이 조선에서 건너온 것이라고 인정했다.

대마도에서 발굴된 매장문화가, 고분의 형식이나 껴묻었던 유물의 양식은 물론, 시기적으로도 청동기와 철기를 생산하고 토기문화를 발달시킨 진국의 문화, 건국과 멸망을 포함한 진국의 역사와 서로 일치하는 것은 우연이 아니다. 이것은 대마도의 문화가 진국의 문화와 같은 문화였음을 의미하는 것으로 대마도 역시, 고조선과 동일한 문화를 누리던, 진국의 문화권에 속했다는 것이다.

　북한의 박진욱은 야요이 문화는 고조선 및 진국의 문화와 비슷한 점이 많고,[22] 조선 사람은 수천 년을 단일민족으로 살아왔기 때문에[23] 진국의 문화와 고조선 문화의 공통성은 두 나라 사람들의 왕래에 의해 이루어진 것이며, 특히 고조선으로부터 진국으로 주민들이 대량 이주함으로써 문화적인 공통성을 준 것[24]이라고 했다.

　또한, 대마도 고분에서 발굴된 소위 철검, 즉 쇠칼이라고 표현되는 환두대도(環頭大刀)는 우리나라 삼국시대에 널리 분포되었는데, 대마도에서 발견된 환두대도 역시 재질이나 형태가 가야지방에서 출토된 유물과 동일하다. 이는 가야의 제철기술이 대마도로 전파되거나 완제품 형태로 대마도로 유입된 유물임을 의미한다. 이러한 내용은 대마도의 역사와 문화가 일본의 독자적인 것이라기보다는 한반도를 통해 대륙문화가 전파됨에 따라 형성된 것임을 시사한다[25]는 것을 보아도 대마도의 매장문화는 진국으로부터 삼국시대에 걸쳐서 긴 시간동안 이루어진 영토문화임을 알 수 있다.

---

22) 박진욱, 『조선고고학 전서 고대편』(북한: 과학백과사전정합출판사, 1988), p.261.
23) 상게서, p.217.
24) 상게서, p.259.
25) 한문희·손승호, 『대마도의 진실』(서울: (주)푸른길, 2015), pp.128-129.

일본의 야요이 문화 발생지는 일본사람들이 인정하는 대로 조선반도와 가까운 북규슈 일대로서, 야요이토기와 좁은 놋단검 관계 청동기들의 집중적인 분포지역이다. 토기를 비롯한 금속기구들이 출토되는 야요이 문화는 대마도에 살고 있는 진국 사람들이 자신들의 문화를 북규슈로 전파한 것이다. 여기서 발생한 야요이 문화가 점차 남쪽과 동쪽으로 퍼져나간다. 그러나 같은 야요이 문화라고 할지라도 규슈와 대마도는 같은 문화권으로 엮을 수 없다.

　대마도의 고분은 대부분이 상식석관묘로 청동기와 금속유물이 껴묻기가 되어 있다. 하지만 왜인들이 대마도와 같은 야요이 문화권이라고 주장하는 북규슈 지방에서는, 대마도의 고분과는 전혀 다른 옹관묘 매장문화를 보이고 있기 때문이다.

3. 매장문화의 특성비교(特性比較)

1) 고분형식에 대한 일본 학계의 왜곡

나까도메 히사에는 자신의 같은 책에서 "대마의 특색(對馬の特色)"이라는 소제목을 달아서 다음과 같이 기술하고 있다.[26]

"대마도에 있는 야요이 문화유적은 매장유적이 많다. 그것도 상식관이다. 북규슈와 이끼도에는 대부분인 옹관(甕棺)이 거의 없다. 이렇게 거의 석관이 전부인 것은 그 묘제가 조선으로부터 영향을 받은 것으로, 필시 가야지방 계통일 것이다. 이 정도로 대마에 깊이 정착한 것은 역시 대마의 특수사정이라고 생각한다.

전도(全島)가 수성암으로 이루고 있는 대마는 사암이나 점판암이 많다. 판상(板狀)에서 떨어져 나오는 평평한 돌 판으로 주택의 담과 건물의 지붕을 덮기도 하고, 저장구덩이(貯蔵穴)의 벽에도 사용을 했다. 그 널빤지 같은 돌(板石)을 가져다가, 석관을 만드는 것이 용이해서, 커다란 독(甕)을 사용하는 것보다 이 방법이 널리 유행한 것으로 보인다. 이것이 대마에 석관을 성행시켜, 옹관의 발달을 보지 못하는 이유라고 생각한다."

그러나 이와 같은 나까도메 히사에의 논리는 대마도의 고분에서 나온 유물을 어떻게든 규슈 지방의 야요이 문화와 연결시켜

---

26) 나까도메 히사에, 『고대사의 열쇠·대마』(동경도: 대화서방, 1994), p.61.

왜인(倭人)들의 매장문화로 주장하려는 과정에서 상식석관이라는 벽에 부딪히자 궁여지책으로 '대마도가 돌로 이루어진 섬'이라는 점을 든 것이다. 대마도의 고분이 조선으로부터, 그것도 가야로부터 영향을 받았다고 하면서 돌이 많아서 옹관 대신 석관을 만들었다고 했는데, 그것은 그가 만든 표에 나타난 고분의 양식과 유물이 우리나라 고조선과 진국의 매장문화와 일치한다는 점에 관한 사항을 무시하고 만들어낸 이론에 불과하다. 대마도가 진국에 의해 개척된 진국문화권에 속해 있던 사실을 가야시대로 끌어내려서, 대마도를 진국의 우리 선조들이 개척하고 정착한 것이 아니라 단지 가야시대에 문화를 전달한 것으로 만들어 보자는 속셈에 지나지 않는다.

오히려 나까도메 히사에의 주장처럼 대마도에서 사암이나 전판암이 많이 나오고, 그것을 이용한 문화를 찾으려면, 대마도에 있는 돌 문화, 특히 돌로 지은 건축물에서 찾아야 한다. 실제로 대마도에는 사암이나 전판암을 지붕재료로 활용한 건축물들이 있다. 이것은 대마도의 돌 문화를 대표할 수 있는 것들로, 주로 이시야네(石屋根: いしやね)라고 불리는 창고건물을 짓는데 사용하던 양식이다.

대마도에는 식량이 부족한 관계로 자신들이 사는 집은 억새로 지붕을 얹더라도 식량을 보관하는 창고의 지붕은 튼튼한 돌로 만들었다. 30여년 전만해도 200동 이상이 남아 있었는데, 지금은 50동 정도만 남아 있어서 나가사키 현에서 문화재로 지정한 이 양식이 일본열도에도 있는 것은 아니다. 이런 양식은 일본에서는 대마도에만 있는 양식으로 오히려 우리나라의 강원도 산간 지방

이나 충청북도 괴산, 또는 경기도 성남시 창곡동 등지에서 볼 수 있는 양식인 것이다.[27]

2) 대마도에서 출토된 진국의 유물

대마도의 매장문화와 고분에서 발굴된 유물이 우리 선조인 고조선과 진국의 문화라는 것을 입증하는 가장 좋은 방법은 진국과 대마도에서 출토된 유물의 공통점을 비교하는 방법이다. 기원전 4~3세기로부터 기원 후 1세기에 이르는 시기에 진국(삼한)에서 드러난 유물은 다음과 같다.

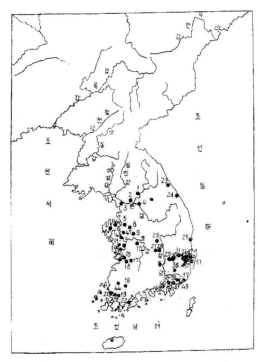

[그림 5-3] 기원전 3세기~기원 1세기 진국의
주요유적분포도
자료: 조희승, 『일본에서 조선소국의 형성과 발전』, p.35.

---

27) 한문희·손승호, 전게서, pp.104-107.

[표 5-10] 기원전 4세기~기원 1세기의 삼한지역 주요 유적과 유물 현황

지도 번호	유적지	유물
1	경기도 가평군 마장리(집자리)	쇠붙이, 쇠찌꺼, 돌도끼, 돌활촉, 반달칼조각, 가락바퀴, 토관조각, 흙구슬, 갈색질그릇, 회색질그릇 등
2	경기도 양주군 구리면 사로리(돌곽무덤)	좁은 놋단검, 청동비수, 질그릇
3	서울 영등포구(돌 돌림무덤?)	좁은 놋단검, 청동끌
4	경기도 양평군 대심리(집자리)	쇠도끼, 쇠칼, 쇠활촉, 질그릇 등
5	충청남도 아산군 둔포면 둔포리(돌곽무덤?)	좁은 놋단검, 청동비수, 좁은 놋창, 질그릇
6	충청남도 당진군 당진면 시곡리	좁은 놋단검
7	충청남도 서산군 해평면 곽산동	좁은 놋단검, 검자루대가리
8	충청남도 천안	놋과
9	충청남도 연기군 서면 봉암리	좁은 놋단검, 놋과
10	충청남도 대전시 괴정동(돌곽무덤)	좁은 놋단검, 잔줄무늬거울, 방패모양청동기, 원판모양청동기, 청동방울, 청동 말 관자, 돌활촉, 굽은 구슬, 질그릇, 고리 달린 청동기
11	충청남도 부여군 연화리(돌곽무덤)	좁은 놋단검, 잔줄무늬거울, 굽은 구슬
12	충청남도 부여군 양화면 암수리	좁은 놋단검
13	충청남도 규암면 검복리	좁은 놋단검, 검자루대가리
14	전라북도 익산군 팔봉면 용제리(움무덤?)	좁은 놋단검, 놋과, 청동끌, 청동비수, 질그릇조각
15	전라북도 익산군 오금산	좁은 놋단검, 잔줄무늬 거울
16	전라북도 완주군 은상리	좁은 놋단검
17	전라북도 완주군 남봉리	좁은 놋단검
18	전라북도 화순군 도곡면 대곡리(나무곽무덤?)	좁은 놋단검, 잔줄무늬 거울, 청동도끼, 청동비수, 청동팔수형방울, 청동쌍두현방울
19	전라남도 영암군 시종면 신연리	좁은 놋창, 검자루대가리
20	전라남도 영암	좁은 놋단검, 도끼, 끌, 창, 과, 괭이 등의 거푸집
21	전라남도 목포	좁은 놋단검
22	전라남도 고흥군 소록도	잔줄무늬거울, 돌도끼, 돌활촉, 질그릇
23	강원도(남) 양양토성	좁은 놋단검, 잔줄무늬거울
24	강원도(남) 강릉시 농포동(문화층)	쇠붙이

25	경상북도 영덕군 사천리(돌상자무덤)	좁은 놋단검
26	경상북도 상주	좁은 놋단검, 좁은 놋창
27	경상북도 김천 금오산	좁은 놋단검
28	경상북도 김천 대신동	띠걸이
29	경상북도 대구시 비산동(무덤)	좁은 놋단검, 놋창, 놋과, 일산꼭대기, 띠걸이, 기타청동단검부속금구, 철기 등
30	경상북도 대구시 만촌동	좁은 놋단검, 놋과, 검자루부속품 등
31	경상북도 영천군 금호면 어은동(무덤?)	일광경, 변경와문경, 청동띠고리, 청동고리, 청동원추형장식금구, 기타 청동장식금구, 질그릇, 숫돌 등
32	경상북도 경주 평리(무덤?)	좁은 놋단검, 놋창, 놋과
33	경상북도 경주 월성리(문화층)	쇠찌꺼기, 질그릇, 탄화된 밀
34	경상북도 경주 구정리(나무과무덤)	좁은 놋단검, 좁은 놋창, 놋과, 청동방울, 청동쌍두형방울, 쇠칼, 쇠도끼, 쇠낫, 돌도끼, 유리구슬, 천조각 등
35	경상북도 경주 입실리(나무곽무덤?)	좁은 놋단검, 좁은 놋창, 놋과, 잔줄무늬거울, 원판모양청동기, 청동방울, 원통모양청동기, 일산대꼭지, 삿갓모양청동기, 청동고리, 검자루, 쇠검, 쇠도끼, 질그릇 등
36	경상남도 밀양	좁은 놋단검
37	경상남도 동래(조개무지, 큰 규모의 쇠부리터)	독널(옹관묘)
38	경상남도 김해군 양동리	놋창, +모양의 청동검자루대가리, 쇠검, 쇠창, 거울(방격규구경)
39	경상남도 김해군 회현리(조개무지, 독무덤)	좁은 놋단검, 청동비수, 대통구슬, 쇠도끼, 쇠칼, 쇠활촉, 쇠낫, 돈(화천), 유리구슬, 탄화된 쌀 등
40	경상남도 마산(조개무지, 큰 규모의 쇠부리터)	
41	경상남도 웅천(조개무지)	쇠칼, 쇠자귀, 쇠활촉, 쇠낚시 등 철기류
42	제주도 산지항	청동단검부속금구(검코), 거울(내행화문경), 돈(대천오십, 화포, 오수)류 등
43	전라북도 익산군 평장리	좁은 놋단검, 놋창, 놋과, 거울(전한경) 등
44	전라남도 함평군 초포리	구리검, 놋과, 놋창, 놋도끼, 놋끌, 잔줄무늬거울, 굵은구슬, 갈돌 등
45	충청남도 부여군 함송리	좁은놋단검, 동탁, 잔줄무늬거울, 쇠도끼, 쇠끌 등
46	충청남도 부여군 구봉리	좁은놋단검, 놋과, 놋창, 놋끌, 단지, 줄무늬거울 등
47	충청남도 부여군 송국리	비파형단검, 놋끌, 돌검, 돌활촉 등

48	충청남도 의창군 다호리	자루달린검, 동탁, 거울, 유리알, 금잔, 자루달린자귀, 관모양 철제품, 민고리칼 등
49	경상남도 부산시 동상동 조도조개무지	쇠검, 쇠손칼, 쇠낫, 쇠낚시, 활촉 등
50	경상남도 삼천포시 륵도	판모양철제품, 쇠검, 쇠낚시 등
51	경상북도 경주 조양동	말자갈, 활촉, 창, 마탁, 쇠과, 판모양의 도끼, 잔줄무늬거울 등

註) 1. 돌 돌림무덤(위석묘 ; 圍石墓): 벽면을 돌로 쌓은 무덤
　　2. 돌곽무덤: 석관(石棺)-여기서는 상식석관을 지칭함.
　　3. 과: 창(槍)의 일종
　　4. 좁은 놋단검: 세형동검

자료: 조희승, 『일본에서 조선소국의 형성과 발전』, pp.36-38.

　　[그림 5-3]과 [표 5-10]은 기원전 4세기~기원 1세기의 진국을 구성하고 있던 삼한지역 주요 유적과 그 유물이다.

　　[표 5-10]에 제시된 유물은 대마도의 고분에서 출토된 유물과 비교할 때 토기들이 적게 나온 것과 청동기 혹은 철기들이 많이 출토되었다는 것을 제외하고는 매우 유사하다. 그것은 대마도 유물들에 비해 그 시기가 앞서 갔다는 것을 뜻하는 것이다. 당시의 교통사정 등을 감안하거나, 또는 금속제품들의 경우 금속을 추출할 광석이나 제련된 금속을 운반하는 것이 아니라 완성된 도구를 운반해야 했던 점을 감안한다면, 본토인 진국의 금속기들이 시기를 앞서가는 것은 당연한 일이다.

　　본토인 진국의 유물과 같은 양식의 유물들이 대마도에서 발굴되었다는 것은 발전된 이 문화들이 대마도에 사는 주민들에게 전해졌다는 것을 뜻한다. 특히 당시로서는 최신 무기라고 할 수 있는 동검(놋단검)이 같은 분포를 이루고 있다는 것은 주목할 일이다. 만일 대마도에 사는 주민들이 같은 민족이 아니라, 적으로 여기는 배타적인 관계였다면 상상도 못할 일이다. 따라서 이런 유물

들만 보아도 대마도에는 고조선과 진국의 주민들이 살면서 우리의 문화 영역을 형성한 문화주권의 소유자였다는 것은 확실하다.

[표 5-2]부터 [표 5-7]에 나타나 있듯이, 대마도의 상식관에서 출토되는 유물들의 면면을 살펴보면, 단순히 야요이 문화유적이 함께 묻혔다는 사실만 가지고 북규슈나 이끼도와 같이 취급할 문제가 아니라는 것을 알게 된다. 대마도의 유물이 진국과 고조선의 문화와 직결될 뿐만 아니라, 그곳의 주민들이 이주하여 살지 않고는 발굴될 수 없는 유물의 흔적에 의해 아주 중요한 단서를 얻게 된다.

특히, [표 5-5] 풍옥정(豊玉町: 도요타마마치: とよたままち)의 좌보포(佐保浦: 사호노우라: さほのうら) 구로키(クロキ) 유적에서 출토된 말방울(馬鐸: 마탁)을 주목해 볼 필요가 있다. 말 장신구가 출토되었다는 것은 말을 키우던 곳이었거나, 과거에 말을 키우던 곳에서 살던 사람이 말을 데려다가 키웠거나, 또는 말을 데려가지는 않았지만 자신이 아끼던 말 장신구를 가져와 함께 껴묻은 것으로 추측해 볼 수 있다. 이와 같은 추측은 껴묻기를 한 사람이 말(馬)이라는 동물을 안다는 전제가 있어야만 가능하다.

특히, 주목할 점은 말방울이 발견된 고분이 야요이 후기의 고분이라는 것이다. 야요이 후기의 고분이라면 역사학자들이 기원 100년에서 기원 250년 사이의 고분으로 보는 것이다.[28] 그런데 그 시기는 왜에 말이 없었던 시기다.

---

28) 브리태니커 백과사전, '야요이' 검색, www.naver.com(2015. 6. 25.).

3세기에 편찬된 진수의『삼국지 위서 동이전 왜인조』에 보면 왜에는 소와 말이 없다고 나와 있다.29) 왜에 말을 전한 것은 5세기경으로 일본서기 응신 15년기(應神 15年紀)에 백제가 아직기를 시켜 양마 2필을 보낸 기록이 있다.30) 말이 무엇인지도 모르는 왜인이 대마도에 살았다면 말방울을 가지고 있지도 않을 것이며, 설령 우연한 기회에 취득했다고 하더라도 그것의 용도에 대해서 의문을 가질지언정 껴묻기까지 하지는 않았을 것이다.

그러나 진국 사람이라면 전혀 다른 상황이 된다. 전기한 진국의 문화에서 서술한 바와 같이 진국에서는 소와 말을 타거나 부리는 것이 천을 짜듯이 보편적이었다.31) 아울러 같은 고분에서 관옥과 유리옥 같은 보석이 나온 것으로 보아 이것은 틀림없이 부와 권력을 가지고 있던 집안의 고분이라고 짐작된다. 말을 키웠던 집안이라고 추측할 수도 있다. 뿐만 아니라, 말 장신구가 나온 고분이 야요이 후기 고분이라는 점을 감안한다면 1세기경에 마한이 멸망하면서 백제를 피해 대마도로 건너온 마한의 지배세력이라고 추측할 수도 있다.

한편, 유물로 옥이 출토된 고분이 아주 많다는 점도 간과해서는 안 될 일이다. [표 5-7] 엄원정(嚴原町: いづはらまち: 이즈하라마치)의 6기(基)를 제외한 나머지 지방의 고분에서는 골고루 옥이 출토되었는데, 무려 32기의 고분에서 45개의 옥으로 만든 유물이 출토되었다. 그리고 그 시기 역시 야요이 전기부터 고분기까지

---

29) 其地無牛馬虎豹羊鵲.
30) 이병선,『대마도는 한국의 속도였다』(서울: 이회문화사, 2005), pp.434-435.
31) 북한사회과학원역사연구소 편,『조선고대사』(서울: 도서출판 한마당, 1989), p.206.

다양한 시기에 골고루 분포한다. 특히, 야요이 전기 고분에서 옥으로 된 장신구가 출토된다는 것은 야요이 문화가 진국에서 건너온 사람들에 의해 형성되었다는 것을 감안할 때 기원전 3세기 이전에 초기 세력을 이끌고 대마도에 건너온 진국 사람 중에서 부유하고 권력이 있는 가문 사람의 무덤이라고 추측할 수 있다. 그이유는 야요이 전기라면 왜는 죠몬시대를 벗어나기 시작한 시점으로 옥을 가공할 기술이 없었던 것으로 추정된다. 그런데 야요이 전기 고분에서 나온 옥 유물이 구멍 뚫은 옥이다. 옥에 대한 세공술이 뛰어난 곳에서만 가능한 것으로 이미 언급한대로 '삼한 사람들은 비교적 정교하게 다듬어진 구슬들을 한 개 또는 몇 개씩 실에 꿰매어 귀걸이와 목걸이도 하였다.'[32]는 기록과 일치한다. 결국, 옥을 소유했던 사람은 왜에서 건너온 것이 아니라는 결론이 도출되고, 그것은 진국이나 고조선에서 건너 온 사람이라는 점을 감안할 때 당연히 우리 선조라는 결론에 이르게 된다. 결국, 상식관이라는 고분의 특성은 고조선과 진국 사람들이 대마도에서 뿌리를 내리고 살았다는 명백한 사실을 증명해 준다.

뿐만 아니라, 대마도에서 발굴된 고분에서는 여러 지역에서 골고루 김해식토기가 출토되었다. 무려 24곳에서 김해식토기가 출토되었고, 진국과 고조선에서 건너간 사람들이 만든 문명으로 밝혀진 야요이토기가 36곳에서 출토되었다. 게다가 야요이토기가 발달한 형태인 하지키가 31곳에서 출토되었다. '야요이 문화는 한반도 민무늬토기문화(無文土器文化)를 담당한 도래인(渡來人)들

---

32) 상게서, pp.224-225.

이 있어 가능하였다.'³³⁾라는 점에서, 이는 진국과 고조선에서 건너간 우리의 고유문화다.

다음으로 주목할 것은 바로 스에키(須惠器)다. 대마도 고분의 58 곳에서 출토된 스에키는 주로 식기나 제기로 사용된 것으로서, 『니혼쇼키(日本書紀)』에 따르면 '이 토기를 처음 제작한 주인공은 신라에서 건너간 사람들이며, 실물을 보더라도 그 원형을 한반도에서 찾아볼 수 있다.'³⁴⁾라고 하였다. 가야토기는 이를 제작하던 도공이 일본열도에 이주하여 스에키(須惠器)라는 토기를 창출하였다.³⁵⁾

이것은 스에키가 제작된 연대가 4~5세기인 점을 감안한다면 가야가 신라에 복속되면서 그 유민들이 대마도로 건너간 것이라는 사실을 충분히 유추하게 할 수 있는 일이다. 그런 상황을 아는 일본은 신라 혹은 가야토기와 구분하기 위해서 신라식토기가 1 곳에서 발견된 것을 명기하며 김해식토기 역시 별도로 표기하고 있지만, 하지키나 스에키는 결국 신라토기 내지는 가야토기와 다름이 없다.

3) 출토된 매장유물에 대한 일본 학계의 왜곡

대마도 고분에서 발굴된 유물들을 자세히 살펴보면, 그 유물의 대부분이 조선에서 건너온 것임을 확인할 수 있다. 그것도 예상

---

33) 국립문화재연구소, 고고학사전, '야요이 문화' 검색, www.naver.com(2017. 7. 8).
34) 브리태니커 백과사전, '스에키' 검색, www.naver.com(2015. 7. 2.).
35) 한민족문화대백과, '가야토기' 검색, www.naver.com(2015. 7. 2.).

외로 많은 조선의 유물이 발견되었다.

나까도메 히사에는 야요이 문화에 대해 연도 등을 판단하는 중심지를 북규슈로 설정하고, 전기의 것은 대륙계로, 중기와 후기의 것은 조선에서 건너온 유물로 얼버무리려 했다. 그러나 정작 왜의 유물이 없는 것에 대한 이유를 규명할 수 없게 되자, 대마도가 남북으로 쌀을 사들이면서 대마도의 문화는 대륙과 조선, 북규슈 지방의 문화가 혼합되었다는 주장을 덧붙인다. 그러나 그런 주장은 대마도의 토질이 나빠서 식량을 무역으로 구할 수밖에 없다는 사실을 이용하여, 대마도는 북규슈 문화권이지만 식량을 조달하기 위해서 북규슈와 조선을 오가는 바람에 조선과 문화적으로 연계가 되었다는 사실을 애써 주장함으로써, 대마도 매장문화를 왜곡하기 위한 수단에 지나지 않는다.

또한, 그는 야요이 문화의 전기에 해당하는 것은 대륙에서 건너온 것이라고 했다. 그의 주장이 단순히 대륙양식을 뜻하는 것이라면, 이미 언급한 바와 같이 고조선이 대륙의 상당부분을 지배했으므로 당연한 주장이라고 할 수 있다. 그리고 그 양식은 한반도에 있던 진국의 양식과 동일한 것이다. 하지만 굳이 대륙이라는 것을 주장한 것으로 보아서 대륙이라는 그의 주장은 고조선을 지칭하는 것이 아니라, 중국으로부터 전달되었다는 것을 강조하고 싶었던 것 같다. 조선으로부터 전달되었다는 사실을 부인하고 싶은 것이다. 이것의 사실 여부는 야요이 문화 전기시대의 왜와 중국관계에 대해 알아보면 밝힐 수 있다.

야요이 문화의 시기는 일반적으로 기원전 250년경에서 기원 250년경으로 보며, 전기는 기원전 250~100년, 중기는 기원전

100~기원 100년, 후기는 기원 100~250년경으로 보고 있다.[36] 그 런데 대마도에서 출토된 야요이 전기 문화가 대륙에서 온 유물이 라고 했다. 대륙이라면 결국 중국을 칭하는 것인데, 기원전 250년 경에 중국 사람들이 왜와 교류한 흔적이 없다.

중국의 왜에 대한 기록은 기원전 1세기 초에 편찬된 『사기』에 는 없고, 기원후 1세기 후반에 편찬된 『한서』에 비로소 나온다. 그러므로 왜가 매년 중국에 왔다는 『한서』의 기사는 적어도 『사 기』의 편찬 이후인 기원전 100년 이후에 해당한다. 그리고 1세기 후반에 편찬된 『한서』에 등장하는 것으로 보았을 때 야요기 중기 에 해당하는 시기에 있은 일이라고 인정된다.[37] 서로 교류가 없 는데 문화가 이전된다는 것은 있을 수 없는 일이다.

따라서 야요이 전기에 대륙문화가 대마도에서 출토되었다고 한 것은 왜가 살고 있는 규슈를 통해서가 아니라, 우리나라의 고 조선이나 진국을 통해서만 이루어질 수 있었다. 그리고 나까도메 히사에 스스로 중기와 후기는 우리 선조들의 유물로 인정하였으 니, 야요이 문화 전기는 물론 야요이 문화의 모든 시대에 걸쳐서 대마도에 있던 것은 오로지 우리 선조들의 유물 밖에 없는 것이 라는 결론이 나온다. 그가 말하는 대륙이라는 것에 굳이 의미를 두자면 그것은 고조선의 문화를 지칭하는 것 이상의 의미는 없는 것이며, 고조선의 문화는 진국의 문화와 일치한다. 결국, 대마도 에는 우리 선조들인 진국과 고조선 사람들이 살았고, 그 결과는 고분이 우리 고유의 양식으로 나타나는 것은 물론, 유물까지 우

---

36) 브리태니커 사전, '야요이 문화' 검색, www.naver.com(2015. 7. 5.).
37) 북한사회과학원역사연구소 편, 전게서, p.233.

리 것만이 출토되는 것이다.

또한, 나까도메 히사에는『삼국지 위서 동이전』에 실린 글을 인용하여 아래와 같이 기술하고 있다.

조선반도의 남해안 '구야한국(狗邪韓國)'에서 '대마'를 건너 '이끼 (壱岐)'를 경유해 '마쓰우라(松浦)'에 상륙했다고 기록되어 있다. 3세 기경의 이 기사가 문헌으로서는 가장 오래된 자료인데, 이것은 북규 슈, 이끼, 대마, 조선남부를 이은 선상에서, 야요이 시대 계통을 같이 하는 유물이 분포되어 있는 사항이 잘 대응되어 있다.[38]

그러나 이것 역시 북규슈와 조선남부, 대마도, 이끼도를 같은 야요이 문화 영역으로 기술함으로써, 야요이 문화의 중심을 북규 슈로 설정하고, 그에 따라서 대마도에 조선인이 거주했기 때문에 고분은 모두 석관묘라는 사실을 왜곡하여 어떻게든 규슈문화와 연결하기 위한 것이다. 만일 그의 주장대로 대마도가 규슈문화권 에 편성되어 있었다면, 그 유물이 왜의 것은 없고 고조선과 진국 의 것만 있다는 것은[39] 어떻게 설명해야 하는 것인지 의문이다.

그가 주장하는 대로 조선남부에서 대마도와 이끼도를 거쳐서 마쓰우라에 상륙한 뱃길이 맞는 것이고, 문화의 흐름 역시 그 길 을 따라서 이동했다는 것은 인정하는 바이다. 그러나 문화라는 것은 주체가 있고 그 주체에 의해 고급문화가 저급문화로 흐르는

---

38) 나까도메 히사에, 전게서, p.6.
39) 나까도메 히사에는 조선의 유물만 대마도에 있다는 것을 억지로 부정하기 위해 서 초기의 유물을 대륙계라고 했지만 그 역시 고조선과 진국의 유물이라는 사실 은 이미 밝혔다.

것임을 간과해서는 안 된다. 나까도메 히사에는 문화의 흐름을 읽고, 그것이 전달된 방향을 기술하고 있으면서도 굳이 규슈 문화권에 대마도를 편입하려는 잘못을 저지르고 있다. 그가 제시한 문헌처럼, 조선남부로부터 대마도를 거쳐서 이끼도와 규슈로 문화가 전달된 것임을 인정해야 한다.

대마도의 문화가 대마도 자체의 문화가 아니라 조선의 것이 유입되어 온 것이고, 대마도에 살고 있던 조선인이 매개체가 되어, 왜에 비하여 훨씬 일찍 발달한 고조선과 진국의 문화가 대마도를 통해서 이끼도와 북규슈로 이전됐다는 것을 자인해야 한다.

4. 매장문화에 대한 평가(評價)

매장문화를 분석해 본 결과, 기원전 3세기 이전부터 진국 사람들이 대마도에 건너가서 정착해 살던 것이 그 후에 신라와 가야 사람들로 이어지면서 대마도에는 오랜 기간에 걸쳐서 우리 문화가 토착화된 것을 알 수 있었다.

대마도의 상식관이 기원전 3세기부터 시작되어 7세기의 일본 고분시대[40)]까지도 이어지는 것은 우리 민족이 대마도의 토착세력이었음을 증명하는 것이다. 대마도의 매장문화에 관해서는 굳이 고분의 형식인 상식관을 예로 들지 않고, 출토된 유물만 보아도 그 문화가 그곳에 살던 대한민국의 선조들에 의해 조성된 것임을 알 수 있다. 유물이 잘 보존되어 있던 까닭에 대마도 영토문화의 문화주권자가 고조선과 진국에서 건너간 우리 선조임을 명확히 밝힐 수 있었다.

그 지역의 문화주권과 문화주권에 의한 영토권이 어느 집단에게 귀속되는 가를 구분하는데 가장 중요한 요소로 작용하는 영토문화인 매장문화에 의하면, 진국을 비롯한 대한민국의 선조들이 문화주권을 소유하고 있었던 것이다. 따라서 그 문화와 국통을 계승한 대한민국이 대마도의 영토문화에 대한 문화주권을 소유하는 것은 당연함으로, 영토문화론에 의한 대마도의 영토권은 대한민국에 귀속되어야 한다.

---

40) 3세기 후반에서 4세기 초기가 되면 대규모의 전방후원분(前方後圓墳) 등의 고분이 각지에서 출현하였다. 이후 고분이 조영된 7세기까지의 시대를 고분 시대라고 한다.

6장 지명문화(地名文化)로 본
대마도의 영토권

이 장은 대마도에 존재하고 있는 지명에 대해 고찰함으로써 대마도 영토문화의 문화주권자를 가려 영토권자를 규명하고자 하는 장이다.

대마도에 존재하는 지명을 통해 문화주권자를 판별하기 위해서는 무엇보다 먼저 대마도라는 이름이 어떻게, 무슨 의미로, 누구에 의해 명명되었는지 여부가 규명되어야 한다.

지명은 그곳을 개척한 명명자들이 자신들이 뜻하거나 혹은 그곳 지형에 맞는 어의(語義)를 담아 호명하고 그곳에서 자신들의 문화를 누렸기 때문에, 이를 밝힌다면 영토문화의 문화주권자를 가려낼 수도 있다.

대마도의 경우에는 우리나라에서는 대마도(對馬島)라고 쓰고 이를 그대로 읽기 때문에 큰 문제가 없으나, 일본은 대마(對馬)라

고 표기하면서 쓰시마(つしま)라고 읽는다. 이것은 한자를 일본어로 읽을 때 쓰이는 음독(音讀)이나 훈독(訓讀), 그 어느 경우에도 해당되지 않는다.

다시 말하면 일본어에서는 한자 대마(對馬)를 쓰시마(つしま)라고 읽을 근거가 없다. 대마(對馬)를 쓰시마(つしま)라고 읽는 것은 일본어 자체로만 판단하자면 불가능한 것이고 무언가 다른 연유가 있다. 그렇다면 이와 같은 이유는 무엇인지, 그것이 대마도의 영토문화와 어떤 상관성을 갖는지가 대마도의 영토문화 주권자를 판가름하는데 매우 중요한 부분으로 작용될 것이다.

또한, 임나(任那)라는 지명에 대한 견해도 대한민국과 일본이 서로 상반되고 있으므로 그 실체를 밝히는 것도 대마도 영토문화의 문화주권자를 가릴 수 있는 중요한 요소이다.

그밖에도 대마도에 잔존하는 지명 등, 지명을 토대로 대마도 영토문화의 기원과 문화주권자를 판단함으로써 대마도의 영토권자를 규명할 수 있을 것이다.

1. '대마도'라는 지명으로 본 영토권

1) 대마도(對馬島)와 쓰시마(つしま)의 지명에 관한 고찰

대마도에 대한 기록으로는 3세기에 서진의 진수가『삼국지』에
대마국(對馬國)이라고 기록된 것이 그 시원이고『삼국사기』에는
대마도(對馬島)라고 기록되어 있지만[1] 여기에서의 국(國)은 큰 의
미가 없다. 왜냐하면 당시의 국가 형태는 여러 개의 소국들이 가
장 힘 있는 소국을 중심으로 조공무역을 하면서 하나의 국가를
이루고 있었기 때문이다.[2] 따라서 바다 한가운데 있는 소국으로
의 대마국은 대마도라는 섬 이름 이상의 의미는 없다고 보아도
된다. 따라서 대마(對馬)라는 이름에 관해서만 논하기로 한다.

---

1) 이병선,『대마도는 한국의 속도였다』(서울: 이회문화사, 2005), p.433.
2) 그 당시 통치제도는 대개가 소국의 연합이었다. 실제로 마한이 속해 있던 진국
의 통치제도 역시 '소국'들의 연합이다. '마한은 54개의 소국이었으며 진한, 변한
은 각각 12국의 소국을 가지고 있었다. 백제 역시 진국말기 마한의 소국이었다.
마한의 소국은 총 100,000호에 달했고 진한, 변한의 24개 소국은 총 4~5만 호였
다.'고『삼국지 위서 한전』이 전하고 있다. 소국 수뿐만 아니라 주민호수를 보아
도 마한은 삼한 중에서 가장 넓은 지역을 차지하고 있었다. 마한의 54개국은
'원낭국, 모수국, 상외국, 소석색국, 대석색국, 우휴모탁국, 신분활국, 백제국, 소
로불사국, 일화국, 고탄자국, 고리국, 노람국, 월지국, 자리모로국, 소위건국, 고
원국, 막로국, 비리국, 점리비국, 신혼국, 지침국, 구로국, 비미국, 감해비리국,
고포국, 치리국국, 염로국, 아람국, 사로국, 내리비국, 감해국, 만로국, 벽비리국,
구사오단국, 일리국, 불미국, 지반국, 구소국, 첩로국, 모로비리국, 신소도국, 고
랍국, 임소반국, 신운국, 여래비리국, 초산도비리국, 일난국, 구해국, 불운국, 불
사분야국, 원지국, 권마국, 초리국"이며, 진한과 변한의 24국은 "이저국, 불사국,
변진미리미동국, 변진접도국, 근기국, 난미리미동국, 변진고자미동국, 변진고순
시국, 염해국, 변진반로국, 변락노국, 군미국, 변진미오야마국, 여담국, 변진감로
국, 호로국, 주선국, 마연국, 변진구야국, 변진주조마국, 변진안야국, 변진독로
국, 사로국, 우중국'이다(자료: 북한사회과학원역사연구소 편, 전게서, p.190.).

(1) 대마(對馬)의 명칭에 관한 우리나라의 학설

① 마한(馬韓)이라는 역사적인 사실에 의해 붙여졌다는 설

대마라고 명명(命名)된 이유에 대한 설중에서 대마가 마한의 땅이라는 역사와 관련된 설로 대표적인 것은 다음의 두 가지를 들수 있다.

첫 번째 설은 우리나라의 문헌에 실려 있지는 않지만 오래전부터 우리나라 사람들에게 전승되어 온 설로 나까도메 히사에가 자신의 책에 서술한 후 그에 대한 반론을 제기한 설이다.

'대마는 마한과 서로 마주대하고 있는 섬이다. 그래서 마한시대부터 마주할 대(對)자와 마한의 마(馬)자에 섬도(島)자를 붙여서 대마도(對馬島)가 되었다.'[3]는 설이다.

또한, 이 설은 역시 일본사람인 사문의당(沙門義堂: しゃもんぎどう)이 그의 저서『일용공부약집(日用工夫略集)』에 '대마(對馬)는 마한(馬韓)에 대(對)한다는 뜻'이라고 기록하고 있다.[4]

이 설은 마한인들이 대마에 진출했다는 증거가 있고, 그들에 의해 섬이 개척되었으니, 마한을 그리워하며 마한과 마주 대한 섬이라는 의미의 대마(對馬)라는 이름을 붙였다는 데에는 상당한 근거와 논리가 있다. 진국의 역사를 바탕으로 보는 측면에서도 시기적으로 부합한다. 진국이 기원전 4세기경에 생겨나고 기원 1세기경에 마한의 뒤를 이어 백제가 패권을 차지했으니, 야요이

---

3) 나까도메 히사에, 전게서, p.7.
4) 이병선, 전게서, p.432.

전기(기원전 350년 경)의 유물이 출토되는 대마도의 매장문화만 보아도 시기적으로 일치하며 충분히 납득가능하다.

두 번째 설은 김성호의 설이다.

현재의 일본어음으로 대마도는 쓰시마로 발음되어 '마(馬)'음이 소멸되었으나, 당초에는 '마'음이 발음되었음이 분명하다. 그리고 대마라는 지명은 대마도(對馬島)에 한정된 것이 아니라 강서, 철원, 진도, 영광 등에 분포된 대마리(大馬里)의 대마(大馬)는 대마도(對馬島)의 대마(對馬)와 동음이자(同音異字)의 동일지명들이다. 대마의 원음은 다물(多勿)은 ta-mör이다.[5] 『삼국사기』 지리지 등의 한자표기 예에 의하면, 대(大), 대(對), 지(地)가 다(多: ta)로 표기되었고, 물(勿: mör)은 물(水)의 표기로서 수(水), 문(門), 문(文), 미(美), 밀(密), 두(頭), 용(龍, 彌), 마(馬), 물(物), 총(惣) 등이 이에 대한 음역 또는 의역표기로 사용되었다.[6] 마(馬)는 한국어 말(mör)인만큼, 다물계 집단[7]이 지호지간으로 건너다보이는 대마도까지 다물화 시킴에 따라 대마{對馬(다물)(多勿))}의 지명이 성립되었음을 의미한다."[8]

---

5) 김성호, 『비류백제와 일본의 국가기원』(서울: 지문사, 1982), p.155.
6) 상게서, p.49.
7) 김성호는 비류백제가 웅진마한을 점령하여 익산으로 천도하게 만든 시점을 기원 1세기 초기(A.D. 9)로 보는 전제하에 이런 이론을 펼쳤다. 진국의 주도국인 마한이 후기에 익산으로 천도했다는 것은 북한사회과학원역사연구소 편 『조선고대사』의 견해와도 일치하는 면이 있는 것처럼 보일 수도 있다. 그러나 『조선고대사』에서 뜻하는 것은 온조가 세운 백제를 의미하는 것이고 김성호의 이론은 온조의 형인 비류가 세운, 백제라는 가상이름을 가지고 있었던 백제를 의미하는 것이다. 그러나 어떤 백제를 의미하는 가에 대한 문제에 관해서는 이 책의 주제와는 동떨어진 것이므로 여기에서는 대마도와 관계있는 부분에 관해서만 논하기로 한다.

그는 다물(多勿)이 대마로 변환되었다는 설과 관련하여, 자신의 주장을 증명하기 위하여 대마도(對馬島)를 포함한 우리나라의 다물계 지명으로 대수리, 대룡리, 대마리 등 40개를 예로 들어서 지명분포도를 작성하고, 부표를 작성하여 설명을 덧붙이면서[9] 통계적 지명고의 중요성을 강조했다.

"통계적(統計的) 지명고(地名考)는 개별지명고(個別地名考)와는 달리, 하나의 개별지명보다 선별된 지명의 전체적인 분포모형을 더욱 중요시 한다. 이것은 고대의 사회현상이 있는 그대로의 자기 모습이기도 하다. 지명은 고고학적인 유물출토지점보다 양적으로 풍부하고, 또한 언어이고 기록이기 때문에 문헌해석과 직결될 수 있는 장점을 지니고 있다. 이에 따라 한반도 전역에 분포된 방대한 지명이야 말로 고대사 연구에 숨겨져 왔던 귀중한 보고(寶庫)라고 해도 과언이 아닐 것이다. 이것을 자료로 한 통계적 지명고는 이동이 전제된 초기 기록의 복원과 문헌상의 결탁부분으로 되어 있는 가설적(假說的) 도왜집단(渡倭集團)의 이동경로를 추적함에 결정적 수단이 될 것이다."[10]

김성호가 주장한 바와 같이, 비록 한자는 다르게 쓰지만 대마도(大馬島)라는 또 다른 섬이 실제로 진도 앞바다에 있다는 것을 보면, 대마도라는 이름이 대한민국의 전통적인 지명인 다물계 지명에서 유래 되었다는 점에서는 충분히 납득이 가는 설이다. 그

---

8) 김성호, 전게서, p.155.
9) 상게서, pp.51-52.
10) 상게서, p.35.

러나 일본이 현재 마(馬)음을 소멸시키고 쓰시마로 읽는 것으로 본 것이 문제다. 일본이 대마도를 쓰시마라고 읽는 것은 마(馬)음을 소멸시킨 것이 아니라, 섬 도(島)자를 소멸시켜 대마(對馬)라고 적고 쓰시마(つしま)라고 읽는 것이다.

② 말과 연관된 이름이라는 설

대마도의 생긴 모양이 말(馬)과 같거나 또는 그와 밀접한 관계가 있어 대마도로 부른다는 설로써, 이는 크게 네 가지로 나눌 수 있다.

첫째, 대마도 중앙에 있는 아소만 오른쪽의 오자키(尾崎) 끝자락 산봉우리와 왼쪽의 마와리(廻) 끝자락 봉우리가 한반도 남해안에서 바라보면 마치 두 마리 말이 서로 마주보고 있는 것처럼 보이기 때문에 마주대할 대(對)자와 말 마(馬)자에 섬 도(島)자를 붙여서 대마도라고 불렀다.

둘째, 대마도는 중앙부분에 아소만이라는 큰 바다가 있어서 우리나라에서 보면 2개의 큰 섬으로 보인다. 2개의 큰 섬이 두 마리의 말이 서로 마주보고 있는 것처럼 보이기 때문에 마주대할 대(對)자와 말 마(馬)자에 섬 도(島)자를 붙여서 대마도라고 했다.

셋째, 대마도 영산인 시라타케(白嶽: しらたけ) 정상에 흰 바위가 두 개 있는데 마치 두 마리의 백마(白馬)가 마주 대하고 있는 것처럼 보이기 때문에 마주대할 대(對)자와 말 마(馬)자에 섬 도(島)자를 붙여서 대마도가 되었다.

넷째, 고대 한반도 마한에서 부산 절영도(絶影島: 影島)와 함께 종마장(種馬場)으로 활용했기 때문에 말 마자가 들어가는 대마도

(對馬島)가 되었다.[11]

위의 네 가지 설 중 네 번째 것을 제외하고는 모두 한반도에서 대마도를 바라본 모양을 가지고 대마의 이름을 정했다는 설이다.

고대 지명이 지금까지 전해 오는 것을 보면, 지명이 동물의 형상을 닮았다는 이유에서 그 동물의 이름이 붙여진 사례를 쉽게 찾아볼 수 있다. 예를 들어, 제주도에서 용처럼 생긴 바위를 용두암(龍頭岩)이라 부르고, 전남 월출산의 사자모양 산봉우리는 사자봉(獅子峰), 경남 통영에 있는 뱀처럼 생긴 긴 섬을 장사도(長蛇島), 말(馬) 귀(耳)처럼 생긴 전북 진안의 산을 마이산(馬耳山)이라고 했다는 사실이 우리나라의 지명에서도 드러난다.

이는 대마도에서도 마찬가지로, 대마도 이즈하라에 서 있는 거북모양의 바위는 설 립(立)자와 거북 구(龜)자를 써서 데까미(立龜)라고 하고, 바다로 쭉 내민 곶(串)의 모양이 혀 모양처럼 생겼기 때문에 혀 설(舌)자가 들어가는 사타자키(舌埼)가 되었다. 코처럼 길게 튀어나온 곶(串)은 장기비(長埼鼻)라고 하며 나가사키곶이라고 읽는데, 나가사키곶 할 때의 곶과 우리의 간절 곶(串)할 때의 발음이 같다.[12] 우리나라와 대마도에 이렇게 동물의 모양을 따서 이름이 전해지는 것을 본다면, 나름대로 의미가 있는 주장이다.

그러나 대마도에 대한 이와 같은 주장들은 일정 부분 의문의 여지가 있다.

왜에는 말이 5세기경에나 들어갔으므로[13] 왜인들은 알지도 못

---

11) 황백현, 『대마도 통치사』(부산: 도서출판 발해, 2012), pp.26-27.
12) 상게서, p.27.
13) 이병선, 『대마도는 한국의 속도였다』(서울: 이회문화사, 2005), pp.434-435.

하는 말이라는 존재의 모양을 가지고 3세기 이전에 이름을 지었다고 볼 수는 없기 때문이다. 따라서 대마도의 이름을 우리 선조들이 지은 것이 맞는다는 전제하에서는 받아들일 수도 있다. 하지만 뒤에서 논하게 될, 대마도가 쓰시마라고 불린 이유가 우리나라의 두 섬에서 파생됐다는 이론에 말 모양을 더한 것에 지나지 않는 설이라는 한계가 있다.

③ 언어학적 측면에서 살펴본 이론

이병선은 대마도의 '대마'라는 이름을 붙인 이가 5세기에 말이라는 존재를 알게 된 왜인들에 의한 것은 아니며, 이미 말을 키우고 살았던 우리 선조들이 지은 이름으로서 '대마도(對馬島)'는 '가라섬'의 표기라고 주장한다. 그 내용을 요약하면 다음과 같다.[14]

대마도는 차훈(借訓)에 의한 '성읍(城邑)'을 뜻한 kara의 표기로, 대마도를 말하는 한향지도(韓鄕之島) 또는 한도(韓島)의 '한(韓)' 또는 삼한(三韓)의 '한(韓)'(kara)과 같은 어형을 표기한 것으로 생각된다. 대마도의 대(對)는 중세국어의 훈(訓)이 '곫'이다. 그리고 곫의 고대형은 두 음절의 'ㄱᄅ'로 재구(再構)되는데, 대마의 대(對)는 그 이형태(異形態)인 kara의 표기로 생각된다. 대마의 마(馬)는 kərə 혹은 그 이형태인 kara의 표기로, 이는 대와 같은 어형을 표기한 것으로 보인다. 결국, 대와 마는 두 자로써 한도(韓島: kara səm)의 kara(韓)[15]를 중복 표기한 것으로 생각된다.

---

14) 상게서, pp.437-444.
15) 이병선은 한(韓)은 '현행음이 한이지만, 고대음은 kan(일본의 현행음이 kan)으로 kara의 표기에 차용되었다. 즉 이 kan의 운미(韻尾) -n의 외파음화(外破音化: kan-a, -a는 첨입된 모음)에 의하여 한은 kara로 표기된 것이다. (kan〉kan-a〉kara)

그러나 이 설 역시 의미상으로는 삼한의 한을 마주한다는 의미로 받아들일 수도 있고 진국을 형성했던 삼한의 섬인 한도라고 볼 수도 있겠지만, 한도(韓島)를 표기한 것이라면 굳이 대와 마라는 두 자를 중복 표기할 것이 아니라 한(韓: kara)이라는 한 글자를 써서 표기했을 것이라는 이론(異論)을 낳게 한다.

(2) 대마라는 이름이 붙은 이유에 대한 일본 측 견해

대마도가 마한 사람들이 이주하여 개척한 섬으로 마한을 그리워한다는 이름에서 나온 것이라는 설에 대하여 일본의 대표적인 대마도 향토사학자인 나까도메 히사에는 다음과 같이 기술하고 있다.[16]

"대마국(對馬國): 3세기경의 『위지(魏志)』「왜인전(倭人伝)」의 기사가, 대마(對馬)의 사실을 서술한 최초의 기록인데, 거기에서는 대마국(對馬國)이라고 한자로 쓰여 있다. 대마라는 것이 어떤 의미의 문자인지 여러 사람이 의문을 제시했지만, 그것에 관해서 잘 통할 해설이 없어서, 아직 확정된 통설은 없다. 가장 유력한 설은 『위지』의 편자가, 쓰시마(ツシマ)라고 하는 일본어에, 한자의 대마(對馬: ツマ: 쓰마)가 합당하다고 본 것으로, 쓰시마(ツシマ)는 '나루의 섬(津の島)'이라고 하는 의미로 이해되고 있다. 이것은 1717년 경 스야마 도쯔안(陶

일본이 『일본서기』 등의 고대기록에서 한(韓)을 kara로 읽는 이유가 여기에 있다'고 기술하고 있다. 참고로 지금도 일본어의 훈독은 kara이다. 상게서, p.36.

16) 나까도메 히사에, 전게서, pp.7-8.

山訥庵: すやまとつあん)이 저술한『대마기략(對馬記略)』이래, 향토사학자의 대부분이 이 설을 받아들였고, 지금은 중앙의 학계에서도 통용되고 있다.

진(津)이라는 것은, 마쓰우라의 가라쓰(松浦の唐津: まつうらのからつ), 찌꾸젠의 나노쓰(筑前の那の津: ちくぜんのなのつ)에서 보듯이 배가 정박하는 곳이다. 그래서 쓰시마라는 것은 배가 정착하는 섬이라는 것으로 진도(津島)라고 쓰면 바람직한 것이지만,『위지』에 그런 용도로 훈(訓) 표기가 되지 않았다.

8세기에 이르러서『고사기(古事記)』와『일본서기(日本書紀)』가 만들어졌는데, 서기에는 대마(對馬)라고 쓰였다. 이것은 서기의 편자들이 중국의 사서를 잘 읽어서『위지』이래의 음표기(音表記)를 배워서 대마라고 쓴 것이 틀림없다. 그러나『고사기』에는 '진도(津嶋)'를 사용하고 있는데, 이 시기가 되어서, 진도라고 쓰고 쓰시마라고 읽는 훈독(訓読)도 있었던 것이 이해되는 바, 일반적으로 대마라고 하는 음표기가 정착하였다.

이 진도설(津島說)에 대조하여 대마의 지리적 위치 등을 고려할 때, 바다 건너편의 '마한(馬韓)'과 마주하고 있다는 의미로 대마(對馬)라는 글자를 사용한 것이라는 견해의 설이 있다. 이것도 전에부터 설이 있었던 것으로,『대마도지(對馬島誌)』(昭和3年刊: 1928년)의 편자(編者: 日野淸三郞)는 '고대의 삼한 중 대마와 가까이에서 상대하던 것은 진한의 땅이므로, 마한과는 관계가 없다.'고 기술하면서 이것은 그릇된 학설로서 멀리해야 한다고 하였다. 지당한 말씀이다."

대마라는 이름은 마한과는 관계가 없다는 것과 일본이 대마를 쓰시마라고 부르는 이유에 대해서 자세하게 설명하고 있다. 이 서술이 어떤 모순을 가졌는지에 관해서는 특성분석과 한·일 간의 견해 차이를 분석하는 특성비교에서 논하기로 한다.

2) '대마도'라는 지명의 특성분석

현재까지 드러난 문헌에 의한 자료만 가지고는 대마도라는 지명이 어느 시기에 어떤 민족에 의해 명명되었는지 확실하지 않다. 그러나 지금까지 밝혀진 문헌에 의하면 대마도라는 지명을 최초로 기록한 문헌은 우리 선조나 왜(倭)가 기록한 것이 아니라 중국에 의해 기록되었기 때문에, 그 섬의 지명은 객관적으로 대마(對馬)라는 것이 유력하다. 따라서 지금도 섬의 이름에 섬도(島) 자를 더하여 '대마도(對馬島)'라고 쓰고 있는 우리 측에는 아무런 문제가 될 것이 없다. '대마'라는 이름을 '쓰시마'라고 읽는 일본의 경우가 문제되는 것이다.

그렇다면 먼저 일본에서 주장했던 이론에 대한 모순점을 살펴봄으로써 그 결과를 도출하는 방법을 택할 수 있다. 이에 대하여, 나까도메 히사에는 그의 저서를 통해서 일본의 다른 학자들의 의견을 첨부하여 기술했으므로17) 그가 기술한 것의 모순점을 지적하고 바른 의견을 제시한다.

---

17) 나까도메 히사에는 그의 저서 『고대사의 열쇠·대마(古代史の鍵·對馬)』 7쪽에서 스야마 도쯔안이 『대마기략』에서 한자의 대마(對馬)에 쓰마(ツマ)가 가장 적합한 표현이었다는 설을 제기한 이래로, 일본에서는 중앙 학계에서도 일반적으로 통용되고 있다는 것을 밝히면서 자신의 의견을 적었다는 것을 이미 논한 바 있다.

먼저, 앞에서 인용한 나까도메 히사에의 저서에서 '『일본서기』
와 『고사기』의 기록'에 대한 부분이다. 그가 기술한 바와 같이,
『일본서기』에서는 '대마(對馬)'라고 기록됐고, 『고사기』에서는 '진
도(津島: 쓰시마: つしま)'라고 기록했다. 이것은 대마도가 생겨난
과정에 대한 것을 기술하는 데에서 기록된 것들이다.

『고사기』에서는 '옛날 이자나기, 이자나미라는 두 명의 신이 있
었다. 그들은 천신의 명을 받고 일본을 만들기 위해 지상으로 내
려온 신들이었다. 그러나 지상에 땅은 없고 물만 가득 고여 있었
다. 그래서 그들은 혼인하여 아들을 낳듯이 토지를 8개 낳았는데,
그것이 일본이라는 것이다. 그 8개 중 하나가 이자나미가 쓰시마
(津島)를 낳았다고 기록하고 있다.'[18] 여기에 '진도(津島)', 즉 일본
어로 '쓰시마'라는 기록을 남긴 것이다.

『일본서기』에는 '두 신이 결합하여 태어나는 섬들은 모두 8개
인데 그것으로 말미암아 일본을 대팔주국(大八州國)이라는 이름
이 생겨났다는 설명을 한 연후에 대마와 일기도 및 작은 섬들은
바닷물의 거품이 굳어져서 생겨난 것으로 되어 있다'[19] 여기에서
'대마(對馬)'라는 이름이 등장하였다.

그런데 "『고사기』에서는 '진도(津島)'로 나와 있고, 『일본서기』
에는 '대마(對馬)'라는 이름 이외에도 「신대(神代)」에 '한향지도(韓
鄕之島)'라는 표현도 나온다. 이것은 이름과 뜻과 관련된 것으로
서, '쓰시마(津島)'는 '한반도로 가는 배가 머무는 항구와 같은 섬'

---

18) 노성환, "대마도의 영토의식을 통하여 본 한일관계", 「일본학보」, 제8호, 경상대
　　학교 일본문화연구소, 2001. p.105.
19) 상계논문, p.105.

이고, '가라시마(韓鄕之島)'는 '한반도로부터 사람과 문화가 건너올 때 거쳐 오는 섬', 혹은 '한국섬'이라는 의미가 강하다."[20]

그러나 이 문제에 대해서 나까도메 히사에는 앞서 인용한 바와 같이, 『고사기』에서는 '진도(津島)'로 나와 있고, 『일본서기』에는 '대마(對馬)'로 나와 있는 것에 대해 음과 훈 표기의 문제라고 설명했다. 그러나 비슷한 시기에 기술된 두 책에, 단순한 철자상의 문제나 혹은 이명(異名)에 의해 서로 다른 이름으로 기록되었다면 모르지만 같은 섬에 대하여 서로 다른 의미로 해석하여 기록한 것을 음·훈 표기의 문제로 돌릴 일은 아니다.

상대(上代) 일본어는 고사기(古事記: こじき), 일본서기(日本書紀: にほんしょき), 만엽집(万葉集: まんようしゅう) 등에서 나타나는 대로 한자로 표기하되 일본발음을 혼용해서 썼다. 이것을 만요우가나(まんようがな: 万葉仮名)라 불렀으며, 만엽가나에서 히라가나(ひらがな: 平仮名)와 가다가나(かたかな: 片仮名)가 발달했다. 헤이안시대(へいあんじだい: 平安時代)에는 한문 훈독(訓讀), 음독(音讀), 어휘(語彙), 어법(語法) 등에서 발달하면서 만엽가나는 소멸된다.[21]

언어의 소멸과 새로운 것의 쓰임은 몇 년부터라고 단정할 수 없는 것이지만, 『일본서기』가 680년경에 착수되어 720년에 완성되고, 『고사기』가 712년에 헌상되었다는 것, 『만엽집』이 750년경에 집대성되었다는 것, '일본의 히라가나가 공문서에 사용되기

---

20) 하우봉, "전근대시기 한국과 일본의 대마도 인식", 「동북아역사논총」, 제41호, 동북아역사재단, 2013. p.217.
21) 정예실, "일본어의 역사와 문자·표기의 특징에 관한 고찰(日本語の歷史と文字·表記の特徵に關する考察)", 「論文集」, 제주한라대학, 제17호, 1993. pp.442-444.

시작한 것은 8세기부터'[22]라는 것 등의 기록을 보면 현대 일본어인 히라가나와 가다가나문자가 자리 잡았다고 추정되는 시기는 7세기 말경이라고 볼 수 있다. 그러나 이미 그 이전부터 만엽가나(万葉仮名)에서도 한자로 표기하되 일본 발음을 혼용해서 썼으므로 같은 시기의 일본 역사서에 전혀 다른 의미와 발음도 상이한 '쓰시마(津嶋)'와 '대마(對馬)'로 서로 다르게 기록된 것은 단순히 음·훈독의 문제가 아닐 것이다.

물론 일본의 주장처럼 3세기에는 만엽가나조차 활성화되지 못하여 음·훈 표기가 원활하지 못했을 수도 있다. 그러나 일본에 가나문자가 없었다고 하더라도 『삼국지 위서 동이전』에 '대마(對馬)'라는 이름을 옮겨 적은 사람은 중국인이다. 그 당시 대마도가 왜인들이 거주하는 곳이었다고 가정할 때, 왜인들이 문자는 모를지라도 구두상이나마 섬 이름을 알려 주었으므로 중국인들이 그것을 한자로 표현했을 것이다. 즉, 왜인들이 무어라고 불러주든지 간에 그것을 적당하게 표기할 수 있는 한자를 찾기 위해 노력했었다고 보아야 한다. 일본인들의 주장처럼 왜인들이 섬 이름을 '쓰시마'라고 불러 주는데 한자에서 가장 적당한 표기를 찾아 '대마(對馬)'라고 적었다는 것이 타당한지에 대해서는 중국어를 검색해 볼 필요가 있다.

중국어 사전에서 '쓰시마'를 검색하면 '대마(对马)'와 '진도(津島)' 두 단어가 동시에 검색된다. 이것은 중국어 입장에서 보자면,

---

22) 한국어위키백과, '가나문자' 검색, www.naver.com(2015. 6. 8.).

'진도'는 일본어로 '쓰시마'라고 읽으므로 검색될 수도 있지만, '대마'는 후대에 '대마'를 '쓰시마'라 부르면서 정리된 것으로 판단된다.

중국어 사전에서 '津島'를 검색한 결과 발음을 [jīndǎo]로 표기하고 일본에 위치한 '쓰시마'라는 해석과 함께 위도와 경도 표시를 해놓았다. 그리고 '마(馬)'의 검색 결과 [mǎ]로 발음되고 있었다. '대(对)'는 [duì]로 발음되고 있었으며 '대하다', '대응하다', '서로 마주 향하다'의 뜻으로 쓰이고 있었다. 그러나 '대마(对马)'를 검색한 결과, '대마' 자체만은 검색되지 않고 '对马暖流 [duìmǎnuǎnliú] [해양]대마 난류(對馬暖流).'등의 합성어만 검색되었다.

여기서 중요한 문제점을 발견할 수 있다.

'대마 난류'를 '쓰시마 난류'로 읽지 않고 '두이마 난류'로 읽는다는 것에 주목해야 한다. '쓰시마'라는 단어가 '대마도'를 뜻하는 말이 된 것과는 상관없이 '대마(对马)'는 '두이마(duì-mǎ)'라고 읽히고 있다. 따라서 일본학자들이 주장한 바와 같이 한자에서 '쓰시마'의 표현에 가장 합당한 단어가 '대마(对马)'였다는 것이 절대로 아니라는 것을 입증해 준다. '대마'는 '두이마'라고 읽히므로 '쓰시마'라고 알려준 것을 '두이마'라고 기록할 까닭이 없다.

중국어 사전에서 '쓰시'를 검색하자 총 8개의 단어가 검색되었다. 그 예는 '实习 [shíxí]실습하다. 伺隙[sìxì] 틈을 노리다. 世襲 [shìxí] 세습하다. 世系 [shìxì] 가계(家系). 石溪 [shíxī] 석계(石谿). 食醯 [shíxī] 식혜(食醯). 食息 [shíxī] 이자를 받다. 施洗 [shīxǐ] 세례를 베풀다' 등이었다.

다음으로 '쯔시'[23]라고 발음되는 것은 무려 11건이나 있었다. '仔细 [zǐxì] 세심하다, 子细 [zǐxì] 주의하다, 子息 [zǐxī] 자식, 自习 [zìxí] 스스로 공부하다, 孳息 [zīxī] 번식하여 증가하다, 直系 [zhíxì] 직계, 窒息 [zhìxī] 질식하다, 知悉 [zhīxī] 알다, 止息 [zhǐxī] 정지하다, 支系 [zhīxì] 분가, 侄媳 [zhíxí] 질부' 등이다.

또한 '츠시'[24]를 검색한 결과도 1건이 검색되었는데 '翅席 [chìxí] 상어 지느러미 요리가 나오는 고급 연회'였다.

이 단어들의 의미를 보면 일부를 제외하고는 그 시대에도 있음 직한 의미의 단어들이다.

'대마(对马)'라는 이름을 『삼국지 위서』의 편자에게 알려준 사람이 왜인이었고 '쓰시마'라고 알려 주었기 때문에 그것을 음표기를 한 것이라면 중국 사람이 쓰기 편하고 발음이 정확히 부합하는 단어들이 있었음에도, 굳이 두이마(对[duì] 马[mǎ])라고 읽히는 대마(对马)라고 표기했다는 것은 쉽게 납득할 수 없는 부분이다.

필자는 대(对)가 고대 일본어에서는 '다이'로 읽히다가 음운변화에 의해 '쓰이'로 바뀐 것이라고 주장할 것에 대비하여, 중국어 사전에서 '다이'를 검색해 보았다. 그 결과 총 28건으로 '带 [dài] 띠, 戴 [dài] 착용하다. 呆 [dāi] 멍청하다. 代 [dài] 대신하다. 待 [dài] 접대하다. 贷 [dài] 빌리다. 袋 [dài] 자루. 轪 [dài] 수레바퀴. 迨 [dài] 이용하여. 殆 [dài] 거의. 怠 [dài] 게으르다. 逮 [dài] 체포하

---

23) 북한은 대마도를 '쯔시마'라고 부른다. 따라서 혹시 일본어의 'つしま'를 '쯔시마'라고 읽는 것이라고 할 경우를 대비해서 '쯔시'를 검색한 것이다.
24) 일본어의 'つ'발음을 '츠'라고 할 경우를 대비해서 검색한 것이다.

다. 黛 [dài] 짙은 푸른빛의. 逮 [dǎi] 붙잡다. 歹 [dǎi] 나쁘다. 傣 [Dǎi] 태족(傣族). 大 [dài] 크다. 绐 [dài] 속이다. 甙 [dài] 글리코시드(glycoside). 岱 [Dài] '泰山(타이산·태산)'의 별칭. 绐 [dài] 기만하다. 骀 [dài] 방탕할 태, 玳 [dài] 대모거북 대, 埭 [dài] 보(洑). 靆 [dài] 짙은 구름이 해를 가린 모양, 襶 [dài] 襶襶(세상물정[사리]에 어둡다)의 구성자, 呔 [dāi] (주의를 환기시키기 위해 갑자기 내는 큰 소리로) 야! 이봐!, 臜 [dài] 다이아진 (diazine)[25]' 등의 단어가 제시되었다.

이것은 '대마(对玛)'라는 섬의 이름을 알려줄 때 본래의 일본어 발음대로 '다이마(对玛)'라고 호칭했다고 하더라도 중국어로는 '두이마'로 발음 되는 '대마(对玛)'라고 적을 확률이 아주 적다는 것을 증명하는 것이다.

이상에서 중국어와 비교하여 검토한 바에 의하면, 일본의 주장처럼 '쓰시마'라고 알려주었는데, 표현할 한자 중 가장 적합한 것이 중국어로는 '두이마'라고 발음되는 '대마(对玛)'였다는 것은 성립하기 어려운 학설이다.

3) '대마'라는 지명의 특성비교

(1) '대마'를 '쓰시마'라고 읽는 것에 대한 우리 학계의 주장

---

25) 위에 인용한 중국어 사전 검색은 www.naver.com 및 www.daum.net 어학사전 중국어에서 검색한 것(2015. 7. 15.).

대마도를 쓰시마라고 읽는 이유가 우리나라 두 섬에서 비롯되었다는 것은 최남선으로부터 시작하여 김정학도 같은 견해를 보였다.26) 그들이 주장했던 두 섬이라는 지명이 쓰시마로 변천되게 된 과정은 아래의 세 가지로 나누어 정리할 수 있다.

① 한국어와 일본어의 발음과 문자차이에서 오는 현상

황백현은 우리나라 남부지방에서 볼 때, 남쪽·북쪽에 백악산과 어악산이 높이 솟아 있고, 중앙에 아소만이 있어서 수평선보다 낮아 보이기 때문에 두 개의 섬으로 보인다. 그래서 우리나라에서 두 섬이라고 했다.

우리나라에서 두 섬이라고 부르는 것을 'ㅁ' 받침 발음이 불가능한 왜인들은 '두 서무'라고 했다. '두 서무'의 일본식 발음은 '시마(しま)'라고 하므로 '두시마'로 되었다. '두시마'를 완전하게 일본식으로 표기하려 했으나, '두' 자가 없는 일본은 따찌쓰떼또(たちつてと) 중에서 '두' 자와 가장 가까운 음인 쓰(つ)를 사용하여 '쓰시마'로 표기할 수밖에 없었다.

지금도 대마도에 가면 두시마(Tusima)라는 표기를 쓴다. 대표적인 것이 대마도에 하나밖에 없는 대마교통주식회사의 버스가 영어 표기를 Tusima Kotsu라는 상호를 부착하고 운행 중27)이라고 하면서 그 증표의 예까지 들었다.

그러나 이 설은 두 섬이 쓰시마로 변화하는 과정에서 일본어와 우리 언어사이의 차이로 인한 변화에 너무 무리한 추측이 많이

---

26) 이병선, 전게서, p.432.
27) 황백현, 전게서, p.30.

들어갔다는 생각이다. 아울러 과연 그 시절에 일본에 섬을 지칭하는 '시마'라는 단어가 없어서, 우리의 언어인 '섬'이 복잡한 과정을 거쳐서 '시마'로 변해서 섬을 뜻하는 단어가 되는지에 대해서도 생각해 볼 여지를 남기는 설이다.

② 백제 무령왕릉 묘지석에서 나온 사마왕(斯麻王)에 의한 설

"백제 무령왕릉의 묘지(墓誌)에서의 사마왕이 『일본서기 무열기』의 도왕(嶋王)과 일치함을 보아서 알 수 있다. 여기서 『수서(隋書)』, 『북사(北史)』의 '도사마(都斯麻)'의 '사마(斯麻)'와 무령왕릉의 '사마왕(斯麻王)'의 '사마(斯麻)'가 일치함에 유의할 일이다. 이와 같이 도사마(都斯麻)의 '도(島)'를 표기한 것임을 보아서, 이 '도사마(都斯麻)'는 '진도(津島: tsu-sima: つしま)'와 같은 표기임을 알 수 있다."[28]

이것은 백제 무령왕이 섬에서 태어났다는 것[29]과 무령왕의 이름이 사마라는 것과 도(都)의 일본 발음은 쓰(つ)이고, 사(斯)가 시(し), 마(麻)는 마(ま)가 되어 '도사마(都斯麻)'가 '쓰시마'가 된다는 것에서 착안한 것이다.

---

28) 이병선, 전게서, p.430.
29) 무령왕의 본명은 부여사마(扶餘斯麻)로 일본어로는 뵤시마(ブョしま)로 『일본서기』에 의하면, 개로왕이 임신한 후궁(실제로는 곤지의 애첩)을 그의 동생 곤지에게 주어 일본으로 가게 했다고 한다. 461년 규슈 쓰쿠시(筑紫)의 각라도(各羅島)에 도달할 즈음 갑자기 산기를 느껴 사내아이를 출산하였는데 이가 백제 무령왕이라고 한다. 무령왕릉 지석에 의하면, 그가 섬에서 태어났다 하여 곤지는 그의 이름을 사마(일본어로 시마)라고 지었다고 한다; 한국어 위키백과, '무령왕' 검색, www.naver.com(2015. 6. 12.).

그러나 이 설은 글자 그대로 해석해 보아도 무령왕이 대마도에서 태어났기 때문에 이름을 '쓰시마'에서 기인한 '시마'라고 지었다는 의미로 볼 수 있다. 따라서 대마도가 쓰시마라고 불린 것과 무령왕의 이름과의 관계를 굳이 따진다면 무령왕이 쓰시마에서 태어났기 때문에 그의 이름을 시마라고 부른 것 이상의 의미는 없다고 본다.

③ 언어학적 측면에서 살펴본 이론

대마(對馬)를 tsu-sima로 부르게 된 것은 대마가 원래 차훈(借訓)에 의한 표기였는데, 이를 차음(借音)으로 읽은 것에서 비롯된 것이다. 일본에서 대(對)를 taj(다이)로 읽는 한편 tsuj(쓰이)로도 읽는다. 두 개가 상대, 혹은 짝을 이루는 것을 tsuj(對)라고 한다. 오늘날 tsu-sima(對馬)의 tsu(對)는 taj(對)에서 변이한 것으로 대마도는 아래와 같이 음운상의 변화의 과정을 밟은 것임을 알 수 있다.

tajma(對馬)-sima(島)〉tujma-sima〉tsuj-sima〉tsu-sima(對馬)

위 어형변화에서 tujma-sima에서 제2음절의 ma는 끝음절의 ma와 겹치기 때문에 생략(tujma-sima〉tsuj-sima)된 것으로 생각된다. 한편, 대마(對馬)를 tsu-sima로 읽는 것은, 대마를 음독한 tsuima가 sima(島)와 심리적으로 결합하여 tsuj-sima〉tsu-sima(쓰시마)로 변이한 것으로도 볼 수 있다.[30]

---

30) 이병선, 전게서, pp.444-446.

이 설 역시 tajma-sima였던 것이 tujma-sima가 되었다가 tsuj-sima 를 거쳐 tsu-sima로 변했다는 논지는 너무 비약한 것이라고 생각된다. 만일 이 설대로라면 일본인들이 자신들의 언어로 표기 가능한 다이마시마(對馬島)라고 읽지 굳이 복잡한 변화를 거치지 않았을 것이라고 본다.

언어학적인 이유로는 김계원의 설도 있다. 그의 설은 앞에서 예를 들었던 황백현의 이론과 일맥상통하는 점도 있을 수 있지만, 그보다는 언어학적인 측면이 강하다.

'두 섬'의 두(tu)가 쓰(tsu)로 변한 것에 관해서는 'tu'라는 거센 터짐소리인 혀끝소리가 'tsu'라는 입천장소리소리로 바뀐 것, 즉 구개음화(口蓋音化)화 된 것으로 보았다. 그리고 섬을 의미하는 시마의 영자 표기를 shima로 보면서 shi와 ma로 분리해서 분석했다.

'시마'의 '시'는, '서'에서 '시'가 된 것인데 'shi'라고 발음이 바뀐 이유는 일본사람들이 'ㅓ', 'ㅕ', 'ㅡ' 모음을 발음하기 힘든 까닭에 '섬'이 '시엄'으로 바뀌는 바람에 그 첫소리를 따서 'shi'가 된 것이다. 그리고 'ma'는 우리의 '엄' 또는 'ㅁ'으로 우리말에 있어서는 여는 소리마디(개방음절: 開放音節)이거나 닫는 소리마디(폐쇄음절: 閉鎖音節)이거나 제한이 없지만 일본은 반드시 여는 소리마디를 요구함으로 'ㅁ'이 그 뒤에다 홀소리를 덧붙여 입 여는 소리로 바꾸어 버리는 것이다. 그래서 '마'가 되어 '시마'가 된 것이다.

'쓰시마'는 본래 '두 섬'이라는 우리말이고, 대마도가 본래 우리 땅인데 오랜 세월을 두고 빌붙어 살아오던 일본에 의해 쫓겨나고 땅 이름마저 잃어버리게 되었다[31]는 것이다.

이 설 역시 음운 변화에 의해서 충분히 그렇게 될 수도 있는 것이기는 하다.

지금까지 살펴본 바에 의하면 '대마'는 우리 마한 백성들이 붙인 이름임에는 틀림이 없지만, '대마'가 '쓰시마'로 불리는 이유에 대해서 '두 섬'이라는 말에서 섬을 뜻하는 일본어 시마(しま: 島)라는 단어가 나왔다는 것은 지나친 주장이라는 생각이다. 설령 문자가 없었다고 하더라도 그들에게도 언어는 있었다. 그리고 일본은 섬으로 이뤄진 나라다. 대마도가 아니라고 하더라도 섬을 지칭하는 언어는 있었을 것이다. 황백현의 설에 대해서 이미 지적한 바와 같이, 대마도를 부르는 이름으로 인해서 섬을 지칭하는 '시마'라는 말까지 우리가 만들어 주었다는 것은 논리의 비약이라는 견해다.

(2) '대마'를 '쓰시마'로 읽는 것에 대한 일본 학계의 주장

쓰시마가 두 섬에서 유래되었다는 설에 대해 나까도메 히사에는 다음과 같은 반론을 제시한다.[32]

"두섬(二つの島): 조선 김정학의 '두 섬'이라는 조선어 설이 있다. 직접, 대마의 사항을 문제 삼은 것은 없지만, '백제무령왕릉'의 논고

---

31) 김계원, "대마도(Tsushima)의 본이름 살피기", 「한글」, 제139호, 한글학회, pp.493-500.
32) 나까도메 히사에, 전게서, p.9.

중에서, 참고로 대마의 사항을 언급한 것이 있다. 그것은 무령왕릉의 묘지(墓誌)에서 사마왕(斯麻王: 시마왕: シマオウ)이라고 적히고, 『일본서기 무열기(武烈紀)』에 도왕(嶋王=시마왕)이 있는지라, 일본어의 島(シマ: 시마)는 한국어의 sêm(島)에서 나왔으며, 덧붙여서 대마(對馬: ツシマ)는 한국어의 tu-sêm(두 개의 섬)에서 나왔다고 저술하고 있다(『한국의 고고학』부편 『백제무령왕릉의 출토유물』). 내가 소년 시절에 조선의 남해안에서 대마를 본적이 있다. 그때 대마가 남북 두 개의 섬으로 보였던 것을 기억한다. 대마는 아소만(浅海湾)에서 도요다마손(豊玉村: とよたまそん)일대의 산이 낮아서, 멀리서 볼 때는 섬의 중앙부가 수평선 밑에 가라앉아서, 정말로 조선어의 두 섬(tu-sêm)이다. 내 경우에는 김씨의 설에 대단한 충격을 받았다. 그러나 지금 조선에서는 대마(對馬)를 대마도(ティマトウ)로 읽고 있다. 그것은 대마도(對馬島)로 쓴 한자에 대한 음독으로, 일본어의 쓰이마(ツィマ)와 대응하여 비슷하다. 조선에서도 옛날부터 대마(對馬)라고 한자로 표기하여 온 것이다."

나까도메 히사에는 이 글을 통해 우리나라는 '대마도(對馬島)'를 음독하여 '대마도'라고 읽는다고 하면서, 자신들도 대마(對馬)를 음독하면 '쓰이마(ツィマ)'가 되니, 서로 음독을 한다는 측면에서 비슷한 것이라고 했다.

그러나 그것은 절대로 비슷한 것이 아니다.

만일 대마도의 명칭을 자신들이 처음부터 대마라고 명명한 것이라서 『삼국지 위서 동이전』에 대마국이라고 쓴 것이라면, 국은 큰 의미가 없다는 것을 전제로, 진작 '쓰이마'라고 읽던지, 아니면 대마

도라고 쓰고 '다이마시마', 혹은 '쓰이마시마'라고 읽었어야 했다. 이미 밝힌바와 같이 우리나라에서는 '대마도'라고 읽는 것이 어법에 맞는 것이지만 일본어에는 '대마(對馬)'를 '쓰시마'라고 읽을 근거가 없음을 잊어서는 안 된다. 그리고 이런 주장을 펼친 나까도메 히사에 자신이, 이어서 기술되는 자신의 글에, '대마(對馬)'라고 써 놓고 '쓰마(ツマ)'라고 토를 달았다는 것을 주지할 필요가 있다.[33]

또한, 우리도 옛날부터 한자로 대마(對馬)라고 표기해 온 것이라고 하면서 은근슬쩍 넘어가려고 하고 있다. 그러나 우리는 고대 소국의 의미로 대마국(對馬國)이라 불렸던 것을 섬의 의미인 대마도(對馬島)라고 표현하고 있지 대마라고 표현하지 않는다. 일본에서 자신들이 대마(對馬)라고 쓰고 쓰시마(つしま)라고 읽기 때문에, 섬의 의미인 섬도(島)의 일본어 시마(しま)를 대마와 겹쳐서 대마도(對馬島)라고 쓸 경우 시마가 두 번 겹쳐 '쓰시마시마' 혹은 '쓰시마도우'라고 읽어야 하는 것을 방지하기 위해서 대마라고 표현하고 있을 뿐이다.

풍계 현정이 남긴 기록에 의하면, 1817년 해남 대둔사의 천불상을 만들어 11월 18일 경주 장진포를 출발해서 (부산)동래에 들렀다가 25일 동래에서 출발하여 풍랑을 만난 배가 동래로 돌아가지 못하고 바람에 따라 가는데 잠깐 사이에 몇 개의 푸른 산이 서북쪽으로 지나가자, 뱃사람이 '저것은 대마도입니다.'[34]라고 했다는 것이다. 이렇듯이 영토나 혹은 정치적인 이유로 대마도가 그 소속을 달리하는 것에는 아무 관심도 없는 뱃사공까지 그동안

---

33) 이 문제는 이어지는 일본학계의 주장에서 논하기로 한다.
34) 풍계 현정, 전게서, pp.37-39.

자신이 알고 지내던 그대로 대마도라고 한 것이다. 우리나라에서
는 '대마도'를 '대마국' 혹은 '대마도'라고 쓴 적은 있어도 단순히
'대마'라고 쓴 적은 아직 발견되지 않고 있다.

(3) 대마라는 지명에 대한 일본학계의 주장

전술한 바와 같이 일본 학자들은 대마가 마한을 마주한다는 의
미의 설에 대해 '고대 삼한 중 대마와 가까이 하던 것은 진한이므
로, 마한과는 관계없다'고 주장했다.

그러나 이것은 역사와 문화를 올바르게 이해하지 못한 채 대마
도가 자신들의 영토라는 이론을 펴기에 급급한 국수주의적인 이
론에 지나지 않을 뿐이다.

우선 '고대의 삼한 중 대마와 가까이에서 상대하던 것은 진한
의 땅'이라는 설이 얼마나 잘못된 것인지에 대해 살펴보자.

진국을 굳이 삼한으로 나누어 이야기를 하자면 대마도에 가까
이 있던 땅은 진한이 아니라 변한이다. 『조선고대사』에서 적혀있
는 진국의 영역에 대한 부분을 요약하면 다음과 같다.[35]

진국(辰國)을 이루고 있던 삼한의 지역은 동, 서, 남 세면이 바
다로 둘러싸여 있었다. 진국은 북쪽으로 고조선과 이웃한 나라로
북변은 패하였다. 백제가 소국이었을 때의 일로 그 당시 백제의
영역은 '북쪽은 패하에 이르고 남쪽은 웅천으로 막히었으며 서쪽

---

35) 북한사회과학원역사연구소 편, 전게서, p.180-184.

은 큰 바다에 닿고 동쪽은 주양으로 끝났다'고 한다. 백제소국의 북변이 마한의 북변과 일치하므로 마한의 북변은 패하였고 패하는 예성강이다. 결국, 마한은 북으로 예성강까지가 그 영역으로서 고조선이 멸망하기 전인 B.C. 2세기에는 고조선과 접해 있었고, 마한의 동쪽에 진한이 있었다. 훗날 백제가 마한 지역을 차지하고 신라가 진한지역을 통합하였다는 역사적인 과정을 고려해 보더라도 진한이 마한의 동쪽에 있었다는 것은 의심할 바 없다. 또 『후한서 한전』에 의하면 변한은 〈진한의 남쪽〉에 있었으며, 봉건국가 가야가 이 변한에서 나왔다고 되어있다. 삼한 서로의 접경지역은 명백치는 않으나 마한은 대체로 오늘날의 경기도, 충청남북도, 전라남북도 지역, 진한은 경상북도를 중심으로 강원도의 남부와 경상남도의 북부지역, 변한은 낙동강 하류 서쪽을 중심으로 하여 경상남북도 일부 지역을 각각 차지하고 있었다.

이와 같은 역사적인 삼한의 위치에 관한 사실도 모르는 채 『대마도지(對馬島誌)』 편자(編者: 日野淸三郎)는 대마도가 진한과 가까우므로 마한의 영토로서 마한과 마주한다는 뜻으로 대마라고 썼다는 것을 일축해 버리고, 나까도메 히사에 역시 그 설을 그대로 이어받아 적은 것이다.

대마도가 마한과 위치가 멀어도 마한이라는 이름에서 섬 이름이 유래할 근거는 그 당시 진국의 통치체제에서 찾아볼 수 있다. 진국의 통치체제는 진왕인 마한왕에 의해 삼국 모두가 통치를 받는 국가였다.

진국의 최고 통치자는 진왕(辰王)이었다. 『후한서 열전 한』에 기록된 바와 같이, 진왕은 오직 마한 출신의 귀족들만 될 수 있었으며 진한, 변한의 귀족들은 진왕으로 될 수 없었다. 따라서 진왕을 마한왕이라고도 불렀다. 진왕 밑에는 한왕(韓王)들이 있었다. 진왕이 마한왕이었기 때문에 마한에는 따로 한왕이 없고 진한과 변한에만 있었다. 진국에서 마한은 진왕의 직할국이었고 진한과 변한은 속국이었다.

진왕과 한왕들 밑에는 소국의 통치자들이 있었다. 소국의 통치자들은 소국의 규모에 따라서 부르는 이름이 달랐다. 소국의 통치자들은 자기 관할지역에서 벌어지는 중요한 일을 진왕 또는 한왕들에게 보고했다. 또한, 마한의 소국들과 진한과 변한의 왕들은 소국들로부터 공납을 걷어 진왕에게 정기적으로 공납했다. 그것은 진왕 앞에 지닌 소국 통치자들의 의무였다. 진왕은 소국들을 군사단위로 편성하고 병역의무를 지게 하였으며, 변방소국들의 경우에는 그들 자체의 군사력에 의거하여 나라의 국경을 지키게 하였다. 군대의 무장은 기본 모습이 고조선 후기, 특히 기원전 3~1세기의 우리나라 서북지방의 무장과 같으나, 쇠로 만든 무기의 보급이 좀 늦고 그 종류가 많지 못하며 마지막 시기에는 그 형태에서도 약간의 차이가 생겼으나 이것은 진국 지방의 특색에서 기인된 것이다.

진왕은 한왕들을 통하여 간접적으로(마한의 경우에는 자신이 직접) 지방행정 단위인 소국들을 정치, 경제, 군사 등 여러 분야에서 지배, 통제한 것이다.[36)]

결국, 마한이 진국을 통제하고 진국의 진한과 변한은 자신들이 담당한 변방을 지키면서 함께 협력해 나갔으며, 자신들끼리는 내왕도 자유로웠던 것이다. 따라서 대마도와 가까운 곳에서 출발하여 대마도로 향해 대마도를 개척하는 일은 당연히 마한의 몫이었을 것이다. 또한 지나친 추측이라고 할지는 모르지만 앞서 기술한 진국의 역사에서 살펴보았듯이 마한의 뒤를 이은 것이 백제다. 백제(百濟)라는 나라이름 자체가 '백가(百家)가 제해(濟海)함에서 유래된 해상국가(海上國家)'를 뜻한다.[37] 당연히 마한이 바다로 나가서 대해를 개척했다는 것에는 의심할 여지가 없고, 따라서 진국 시대에 대마도의 이름이 생긴 것이라면 마한의 이름에 비정(比定)하는 이름을 지었다는 것은 의심할 여지가 없다.

또한, 앞서 기술한 바와 같이 나까도메 히사에는 음독과 훈독의 표기가 잘 되지 않았다는 것인데, 이것은 단순히 음독이나 훈독을 가지고 이야기 할 단계가 아니다. 나까도메 히사에의 주장이 억지라는 것을 쉽게 알 수 있는 것은, 정작 자신의 저서에 '쓰시마(ツシマ)라고 하는 일본어에, 한자의 대마(對馬: ツマ)가 합당하다고 본 것'이라고 하면서 자신이 쓴 책에 [그림 6-1]처럼 '쓰마(ツマ)'라고 토를 달아 놓았다.

대(對)는 '다이(たい)' 혹은 '쓰이(つい)'라고 읽는데, 대마가 쓰시마에 가장 적당한 한자라서 그렇게 썼다는 것도 억지주장이지만, 그가 책에 토를 달아놓은 것처럼 '대(對)'를 '쓰(つ)'라고 읽는 일본

---

36) 상게서, p.195-201.
37) 김성호, 『비류백제와 일본의 국가기원』(서울: 지문사, 1982), p.252.

어는 없다. 또한, '쓰시마(つし
ま)'라고 할 때의 '시(し)'는 어
디로 가고 가장 적당한 것이
라고 하면서 '쓰(つ)'라고 표기
해 놓은 것인지 실로 납득할
수 없는 주장이다.

그뿐만이 아니다. 당장 이
설을 가치 없다고 한『대마도
지(對馬島誌)』의 편자(編者: 日
野淸三郎) 역시 자신의 저서를
『대마지(對馬誌)』라고 제목을
붙이지 않고『대마도지』라고
했음으로 '대마도'를 '대마'라
한 것이 아니라 '대마도'라고
했으며, 나까도메 히사에 자

[그림 6-1] 나까도메 히사에의 책 사진
자료: 나까도메 히사에,『古代史の鍵·對馬』,
p.7.에서 필자가 직접 촬영

신도『신대마도지(新對馬島誌)』라는 책을 집필하여 대마도를 온전
히 부르고 있다. 뿐만 아니라, 소화(昭和)15년인 1940년 나가사끼
현(長崎縣: ながさきけん)의 대마도교육회(對馬敎育會)에서 펴낸 책
을 보아도『(개정)대마도지((改訂)對馬島誌)』라고 했으니, '대마'를
'쓰시마'의 적당한 표현이라고 한다면 제목이 '대마도'라는 단어
를 포함한 이 책들에 있는 '대마도'는 '쓰시마시마(つしましま)'라
고 읽을 것인지, 아니면 쓰시마도우(つしまとう)라고 읽은 것인지
의문이다.

게다가 나까도메 히사에는 자신의 저서에서 대마도를 '대마'라

고 부른다는 것을 강조하기 위해서, 그의 책에 '이끼도' 역시 '이 끼(壹岐)'라는 표현만 적음으로써 일본어에서는 섬 도(島)자를 쓰지 않는 것으로 위장하려고 했다. 그러나 실제로 일본어판 위키백과 사전을 찾아보면, 이끼도(壹岐島: いきのしま)라고 정확하게 기술되고 있다.[38]

이미 논지한 바와 같이 당시에는 소국(小國)들이 모여 나라를 이룬 까닭에 이끼도에도 국(國)을 붙여 이끼국(壹岐國)이라고 했다. 그리고 훗날에 이끼도라고 부른 것이다. 마찬가지로 대마도 역시 대마국이라 불렸던 것을 일본 학계에서도 인정하는 바이니 대마도 역시 대마라는 두 자만을 따로 떼어 씀으로써 섬 이름을 기형으로 만들 것이 아니라, '대마도(對馬島)'라고 써야 한다.

결국 그가 자신의 저서에 '대마'라고 한 것이나, 일본인들이 '대마'라고 써 놓고 '쓰시마'라고 읽는 것은, 필요에 의해 섬 도(島)자를 버리고 억지로 쓰시마라는 발음에 맞추어 넣기 위해 '대마'를 고집하는 것에 불과한 것이며, 그나마도 일본어의 발음과는 전혀 맞지 않는다는 점에 대해서는 그들도 인정할 수밖에 없다.

---

38) 壹岐島: 壹岐島(いきのしま)は、九州北方の玄界灘にある南北17km・東西14kmの島である。九州と対馬の中間に位置する。周囲には23の属島(有人島4・無人島19)が存在し、まとめて壹岐諸島と呼ぶ。ただし、俗にこの属島をも含めて壹岐島と呼び、壹岐島を壹岐本島と呼ぶこともある。官公庁の定義では「壹岐島」と呼ぶ場合、周囲の属島は含めない。現在は長崎県壹岐市の1市体制で、長崎県では島内に壹岐振興局(旧・壹岐支庁、壹岐地方局)を置いている。また、全域が壹岐対馬国定公園に指定されている。
일본어 위키백과(https://ja.wikipedia.org/wiki), '壹岐島' 검색(2015. 6. 29).

(4) 대마라는 지명과 대한민국 영토권과의 관계

지금까지 여러 가지 문헌을 조사하고 실험적 가설에 의해 조사한 바로는 대마도라는 이름은 마한을 마주하고 있다는 지리적인 위치로 인하여 대마도를 개척한 마한 사람들에 의해 명명되었다는 것이 가장 근접한 해답이다.

진국을 통치하던 마한이 건국되고, 백제에 의해서 패권을 잃기까지의 기원전 4세기에서 기원 1세기라는 시기가 대마도에서 나온 고분의 유물과 시기적으로도 맞는다. 기원전 350년경으로 추정되는 야요기 전기에 마한을 비롯한 진국의 유물들이 출토된다는 것이 가장 확실하게 뒷받침 해주는 증거이기도 하다.

게다가 마한은 초기부터 바다를 개척하는 힘의 역량이 컸기 때문에, 자신들의 영토에서 눈에 보이는 대마도를 개척하지 않을 수 없었을 것이다. 단순히 눈에 보이는 이유가 아니더라도 해류에 의존할 경우 부산에서 대마도는 한나절이 채 걸리지 않는다고 했다. 훗날 백제가 마한의 패권을 쟁취했다고 하니 결국 마한은 백제의 선조들이다. 전술한 바와 같이 백제(百濟)라는 나라 이름이 '백가(百家)가 제해(濟海)함에서 유래된 해상국가(海上國家)'를 뜻한다고 했다. 선조인 마한인들에게서 물려받은 전통이다. 마한은 바다를 개척하는 힘을 가진 사람들이니 당연히 대마도를 개척했을 것이다.

굳이 역사적이거나 증명된 사실만을 예로 들 것이 아니라, 지리학적이나 지형학적인 측면에서 생각해도 마찬가지다.

대마도를 처음 개척하던 시대에 바다를 건너 새로운 육지를 개척한다는 것이 쉬운 일이 아니라는 것은 충분히 짐작 가는 바이다. 항해장비와 항해기법이라고 해 봐야 노를 잘 젓고 바람을 잘 이용하는 것이 고작이었을 시절에 쪽배를 타고 새로운 육지를 발견한다는 것은 엄청난 모험이었을 것이다. 그러나 육안으로 보이는 섬이라면 굳이 모험을 하지 않고도 개척이 가능하다. 부산에서 대마도는 불과 100여리가 조금 넘는 49.5km다. 맑은 날이면 육안으로도 보인다. 맑은 날 해풍과 해류에 의지하면 한나절도 채 안 걸리는 거리에 보이는 육지를 찾아가는 일은 쉽게 할 수 있는 일이었다고 짐작할 수 있다.

섬을 개척한 후에는 섬의 이름이 필요한 것은 당연한 일이다. 따라서 자신들의 나라인 마한의 이름을 빌어 마한을 대하고 있는 섬이라는 의미로 대마도라고 했다는 것은 쉽게 추측할 수 있다. 설령 마한 사람이 아니라 진한이나 변한 사람들이 개척하여 상부에 보고했다고 하더라도, 진국의 역사에서 살펴본 바와 같이 진국은 마한왕의 통제를 받고 있던 정치체제였음으로 새로운 땅이 개척되면 당연히 진국의 왕을 겸하고 있는 마한왕에게 보고되었을 것이고, 마한왕은 그 이름을 자신의 나라 이름을 이용해서 짓기를 원했을 것이다. 따라서 대마는 마한을 마주한다는 뜻으로 붙인 이름이 확실하다고 판단된다.

'대마'와 '쓰시마'라는 이름은 같은 곳을 지칭하는 지명임에는 틀림이 없지만, 의미나 역사적인 차원에서는 엄연히 다른 이름이다. 대마는 처음부터 그 땅을 개척하고 그 안에 문화의 꽃을 피운 우리 마한을 비롯한 진국 사람들에 의해 지어진 이름이라는 것이 확실하다.

그러나 쓰시마는 앞서 인용한 하우봉의 주장처럼 '한반도로 가는 배가 머무는 항구' 즉, 항구를 의미하는 진도(津島: つしま: 쓰시마)라는 의미가 더 크다. 그것은 당시 왜인들이 볼 때는 자신들의 영토도 아니고 지금처럼 왕래가 잦은 것도 아니기 때문에 이름 따위에는 관심도 없었을 뿐만 아니라, 일본열도에서 뱃길을 잘못 들었거나 대마도와 교역하기 위해서 배를 정박하거나 혹은 한반도에 가다가 필요에 의해 들리는 항구섬이라는 의미로 그렇게 불렀던 것이다. 실제로 그 시대에 얼마나 많은 왜인들의 배가 대마도에 들어왔는지에 대한 기록은 없지만, 그 존재를 인식하고 관심을 갖기 시작한 것은 적어도『삼국지 위서 동이전』이 편찬된 3세기 이후라는 견해다. 3세기만 해도 일본은 아직 고대국가의 태동도 시작되지 않아 대외적인 상황에 신경을 쓸 겨를이 없었던 나라다.

역사적으로 연구한 바에 따르면 4세기 초에 긴키내(近畿內)의 야마토를 중심으로 통일국가가 생겼다. 이후 야마토 정권은 기타규슈 시(北九州)를 포함해 점차 지배권을 넓히기 시작했다. 5세기에는 일본 대부분을 지배하였다. 이때부터 세습제를 확립해 국호를 야마토로 하고, 현재 일본 천황의 전신인 오키미(大王)가 군림하였다. 오키미 밑에는 귀족계급이 형성되어 성(姓)을 부여받고 광대한 토지와 백성을 소유하였다. 6세기부터는 일본 내에서 절대적으로 우세한 위치를 점했다. 7세기 쇼토쿠 태자는 한국과 중국의 제도, 문물 등을 수입하여 국내의 제반 체제를 혁신하고 아스카 문화를 꽃피었다.[39]

이런 일본 역사를 보아도 일본이 대마도에 대하여 영토라는 관심을 가진 것은 확실히 『삼국지 위서 동이전』이 편찬된 3세기 이후였다.

따라서 『일본서기』의 저자가 '대마'라고 기록한 것은 『삼국지 위서 동이전』의 기록을 그냥 따랐을 뿐이라는 일본의 주장도 맞는 말이다. 그리고 『고사기』에서 '쓰시마'라고 적은 것 역시 자신들이 부르던 그대로 적은 것이기에 아무런 잘못됨이 없는 것이다.

실제로 필자가 현재 일본인들은 진도(津島)와 대마(對馬), 대마도(對馬島), 대마도지(對馬島誌)를 어떻게 읽는가를 알아보기 위해서 일본인들을 상대로 설문조사를 하였다. 학력이나 직업 등을 묻지 않고 무작위로 일본인 36명에게 질문한 것이다.[40] 물론 조사 인원도 작고 그들이 대마도와 어떤 연관이 있는지에 대해서도 조사해 보지 않고 설문을 해 본 것이므로 객관성이 부족하다고 할 수도 있다. 하지만 그들이 대마도에 관한 한자를 어떻게 읽는가에 대한 단순한 조사이므로 발표를 해도 큰 무리는 없다는 생각이다.

질문내용은 '아래의 한자를 어떻게 읽습니까? 히라가나 혹은 가다가나로 써주세요(下の漢子をどうやって讀みますか. ひらがなまたはカタカナで書いて下さい.).'였다. 그리고 1. 진도(津島), 2. 대마(對馬), 3.

---

39) 위키백과, '야마토시대' 검색, www.naver.com(2015. 7. 20.).
40) 이 질문은 한국에 있는 일본인을 통하여 한국과 일본에 있는 그의 지인들에게 설문지를 사진 찍어서 SNS(카카오톡)으로 보내고 그 답을 구한 것으로 2015. 7. 29~30 양일에 걸쳐서 작업을 한 것이다. 따라서 설문에 학력이나 직업 등 신상에 관한 것은 없었지만, 설문조사를 주관해준 사람이 건네준 정보에 의하면, 고졸 이상의 학력에 직장인들로 30~40대 사람들이었다.

대마도(對馬島), 4. 대마도지(對馬島誌)라고 차례대로 써넣었다.

[표 6-1] 일본인들의 질문에 대한 대답 현황

질문한 한자	일본인들이 대답한 읽는 법		
	쓰시마	다이마	모름(?)
津島	34명		2명
對馬	28명	4명	4명

질문한 한자	쓰시마도우	쓰시마시마	대마도	쓰시마	다이마시마	다이마도우	모름(?)
對馬島	13명	6명	2명	3명	1명	1명	10명

질문한 한자	쓰시마도우시	쓰시마시마시	대마도시	쓰시마시	다이마시마시	다이마도우시	모름(?)
對馬島誌	14명	5명	2명	3명	1명	1명	10명

　36명에게 질문한 결과, 그 중 2명은 질문에 답할 의사가 없는지 아니면 정말 몰라서인지 네 개의 질문 모든 질문에 ?표를 하였다. 따라서 그 두 명은 표에는 기록하되 결과 분석에서는 제외하기로 했다.

　그 두 사람을 제외하고 나면 진도(津島)라는 질문에는 모두가 쓰시마(つしま)라고 읽었으나, 대마(對馬)에 관해서는 28명이 쓰시마(つしま)라고 읽은 반면에 4명은 다이마(たいま)라고 읽고 두 명은 모른다고 했다.

　반면에 대마도(對馬島)라는 질문에는 쓰시마라고 답한 사람이 3명이었지만, 대마도라고 답한 사람도 2명이 있었다. 물론, 가장 많은 답이 쓰시마도우(つしまとう)로 대마는 쓰시마로 읽고 섬도(島)자는 음독 그대로 발음하여 '쓰시마도우'라고 읽은 것이다. 다음은 6명이 섬 도(島)자의 훈을 따라서 쓰시마시마(つしまじま)라

고 읽었다. 그리고 이외로 10명은 답을 하지 못했다. 그들에게는 이미 대마에서 쓰시마라고 답했는데 또 시마(島)를 겹쳐 물으니 마땅한 대답이 없었던 것 같다.

또한, 대마도지(對馬島誌)라는 질문에는 대마도를 쓰시마시마라고 답했던 사람 중 한사람이 쓰시마도우시라고 답했을 뿐, 나머지는 자신이 대마도를 읽은 것에 시(し: 誌)를 덧붙였다.

이것만 보아도 일본인들에게는 대마가 쓰시마가 아니라, 진도가 쓰시마인 것이다. 다만 쓰시마라는 지명에 대해 한자로는 대마 두 자로 교육을 받았기에 그나마 대마를 쓰시마라고 읽는 것이 가능했던 것이다.

또한 일제가 우리나라를 강점하고 있던 1943년에는 진도신사사사무소(津島神社社事務所)가 『진도총서(津島叢書)』라는 제목으로 진도(津島: 쓰시마)라는 이름을 사용하여 책을 발행한 사실이 있다.

아울러 필자가 대마도의 이름에 관해 관심을 갖고 연구하기 전에 대마도에 갔을 때는 미처 느끼지 못하였지만, 이런 사실을 알고 대마도를 두 차례 탐방하였을 때[41]는 진도(津島)라는 단어가 들어간 상호 및 수산조합을 볼 수 있었다. 아직도 대마도에 진도라는 지명의 수산조합까지 존재하고 있다는 것은 일본인들의 섬 이름에 대한 의식 속에는 훗날 교육에 의한 '대마'라는 의식과 함께 자신들의 역사서에서 전하는 대로 본래 '쓰시마'로 읽히는 '진도'라는 의식이 크게 잔존하고 있다는 것을 알 수 있다.

---

41) 경일대학교 대학원 부동산지적학 전공 원우회원들이 2013년부터 '대마도 영토에 관한 지적세미나'를 개최하기 위해 매년 1차례 대마도를 방문해서 세미나를 개최하는데 그때 일행들이 함께 확인한 사실이다.

2. 임나(任那)라는 지명으로 본 영토권

1) 지명문화에 의한 임나(任那)의 위치 비정(比定)

(1) 임나의 개요

임나는 상고시대에 경상북도 고령(高靈) 지방에 있었던 부족국가이다. 임나가야(任那伽倻)의 줄임말로, 신라에서는 금관가야(金官伽倻) 다음에 6가야의 맹주국(盟主國)이었다고 하여 대가야라고 불렀다. 그 본명은 미마나(彌摩那) 또는, 임나인데, 일본의『일본서기(日本書紀)』에 미마나일본부(任那日本府) 등으로 기록된 것을 근거로, 일본 학계가 일본의 가야 지배설을 주장하여 오랫동안 논란의 대상이 되어 왔다.[42] 특히, 임나(任那)가 일본어로 읽을 때 미마나(みまな)라고 발음되는 것이 결국 일본이 임나일본부를 두었다고 주장하는 근거 중 하나가 되기도 한다.

일본의 주장은 가야에 일본부를 설치해서 지배했다고 주장하는 것이다. 그 근거로 드는 것이『일본서기(日本書紀) 신공기(神功紀)』49년(369년)에 기록된 '신공황후가 황전별(荒田別)·녹아별(鹿我別) 등을 보내 백제 장수들과 함께 신라를 치고, 이어 가야지역의 7국을 평정했다.'는 기록이다. 아울러 광개토경평안호태황(廣開土境平安好太王) 능비 비문에 실려 있는 신묘년(辛卯年: 391년) 기

---

42) 두산백과사전, '임나' 검색, http://www.doopedia.co.kr(2015. 7. 17.).

사인 '倭以辛卯年來渡海破百殘□□□羅以爲臣民(□는 훼손된 문자)'를 '왜가 바다를 건너와서 백제와 신라 등을 격파하고 신민으로 삼았다.'고 해석함으로써『일본서기』의 기록과 함께 임나일본부를 정설화하는 근거로 삼았다.[43]

그에 대해 북한의 김석형은, '『일본서기』에 나오는 일본관련 사건은 실제 한반도의 여러 나라와 한반도에서 야마토 조정사이에 벌어진 일이 아니다. 그것은 한반도에서 일본열도로 건너간 이주민들에 의해 각지에 세워진 이른바 삼한과 삼국의 분국(分國)들과 야마토 조정사이에 일본열도 안에서 벌어진 사건이다. 임나일본부라는 것은 일본열도 내의 가야계 분국인 임나국에 설치한 것이지, 한반도 남부에 설치한 것이 아니다.'[44]라고 주장했다.

김석형의 논지와는 그 주체국이 가야가 아니라 고구려·백제·신라 3국이고 임나가 일본열도가 아니라 대마도이며 대마도를 기반으로 일본열도를 통치했다는 차이점이 있지만, 이런 논지를 뒷받침할 만한 기록은『환단고기 태백일사 고구려국 본기』에서도 찾아볼 수 있다.

임나는 본래 대마도의 서북경계였다. 북은 바다로 막히고 치소가 있었는데 국미성이라 한다. 동서에 각각 마을이 있다. 때문에 어떤 자는 조공하고 어떤 자는 반한다. 때문에 임나는 이때부터 대마도를

---

43) 신용우·이범관, "왜곡된 일본 역사교과서의 임나에 관한 고찰", 「대한부동산학회지」, 제31권 제2호, 사단법인 대한부동산학회, 2013, p.155.
44) 이희근, 「월간중앙」, 2001년 3월호.

다 뜻하는 말이 되었다. 예부터 규슈와 대마도는 삼한이 나누었던 땅으로 본래 왜인들이 살던 땅이 아니었다. 임나가 또 갈려서 삼가라가 되었다. 소위가라란 가장 중심이 되는 읍의 이름이다. 이때부터 삼한은 서로 싸우고 세월이 오래 되도록 적대감을 풀지 못했다. 좌호가라는 신라에 속하고, 인위가라는 고구려에 속하고, 계지가라는 백제에 속함은 바로 그것을 말한다. 영락 10년 3가라 모두 고구려에 속하게 되었다. 이때부터 바다와 육지의 여러 왜인들이 모두 임나에 통제되었으니 열두 나라로 나누어 통치하면서 연정이라고 했다. 그러나 고구려에 속하여 열제의 명하는 것이 아니면 스스로 마음대로 하지 못하였다.[45]

이에 따르면 대마도는 곧 임나이다. 그러나 아직 우리나라에서 『환단고기』를 정식으로 역사서로 인정하지 않는다는 데에서 이 기록에 대해서는 이견이 따를 수 있다.

(2) 지명에 의한 임나의 위치규명

이병선이 지명에 의한 임나에 대해 주장한 것을 간추려 보면 다음과 같다.[46]

---

45) 계연수, 임승국 역, 『환단고기』(서울: 정신세계사, 2009), p.292; 현재 우리나라 사학계에서는 『환단고기』의 내용자체에 신화적인 요소가 강하다는 이유로 이를 공식 역사서로 인정하지 않지만, 『환단고기』에서 다루고 있는 많은 내용들이 오늘날 역사적 사실로 실증되고 있다는 부분을 참작해 하루빨리 역사서로 인정해야 할 필요가 있다.
46) 이병선, 전게서, pp.60-66.

『일본서기』숭신 65년기의, 임나국의 사신이 처음으로 조공한 기사에서, 임나국의 위치를 설명한 '任那者去筑紫國二千餘里 北阻海 以在鷄林之西南(임나자거축자국이천여리 북조해 이재계림지서남)' 의 기사가 있다. 이는 '임나는 축자국을 거(去: 갈거)하기 이천여 리인데, 북에 바다로 막혀 있으며 계림(경주)의 서남에 있다.'로 풀이된다. 그런데 일본사가들은 '북조해(北阻海)'를 축자국의 북에 바다로 막혀있다고 해석하여, 임나가 육가야에 있었다고 하였다. 그러나 이것은 억지 해석이다. '북(北)'은 축자국의 '북'이 아닌 임나의 '북'으로 해석해야 한다. 그 이유는 이 문장에서 주어는 '임나자'이기 때문이다.

『일본서기』임나기사에서 그 내용의 방향이나 환경을 보아서, 임나를 대마도로 보지 않을 수 없는 것이 있다. 신공 49년기 목라근자(木羅斤資)가 비자(比自)·남가라(南加羅)·녹국(淥國)·안라(安羅)·다라(多羅)·탁순(卓淳)·가라(加羅)를 치고 '군병을 서쪽으로 돌려서' 남만 침미다례(南蠻 枕彌多禮), 즉 제주도를 쳤다는 기사가 있다. 그런데 이러한 지명들이 한지(韓地)에 있었다면, '군병을 서쪽으로 돌려서'라고 하지 않았을 것이다. 제주도는 대마도의 서쪽에 있으므로, 위 지명들은 대마도에 있었던 지명으로 보지 않을 수 없다.

임나 지명 중에서 가라·안라와 동계지명을 한지에서도 볼 수 있다. 그러나 미좌지(美佐祗: 미자키), 포나우라(布那宇羅: 후나우라), 사지(斯岐: 시키)의 지명들은 대마도에서만 볼 수 있는 것들이다.

『증정대마도지(增訂對馬島誌)』에 임나 지명에 대해 '지다유(志多留)라는 지명은 고대 임나에 있었다고 한다.', '지다하(志多賀)라는 지명은 고대 임나에 있었다고 한다.'라는 기록이 있다. 그런데 지다유(志多留)·지다하(志多賀) 지명이 현재 대마도에서 불려지고 있다.

이것은 역사적인 기록을 토대로 고대 지명을 분석한 것으로 임나의 위치에 대하여 상당한 신빙성이 있는 근거를 제시한 것임에 틀림이 없다.

2) 임나의 특성분석

전술한 바와 같이 '임나'라는 지명을 살펴보면 임나는 엄연히 대마도에 존재했었다는 것을 알 수 있다. 그럼에도 불구하고 일본은 4세기 중엽부터 6세기 중엽(369년~562년)에 이르기까지 약 200년간 일본이 임나일본부라는 통치기관을 두어 한반도 남부를 식민지로 경영했다고 주장한다. 그러나 그 당시 고구려는 영토에 관한 한 더 이상 논할 필요가 없는 광개토경평안호태황(재위: 374년~412년)이 집권하던 시기다. 그런데 광개토경평안호태황의 능비에 이른바 신묘년(辛卯年) 기사에, '왜가 백제와 신라를 격파하고 신민으로 삼았다.'는 기록이 있다고 주장한다. 고구려가 백제와 신라를 신민으로 삼으면서 위협해 오는 왜에 대한 반응이 없었다는 것이다.

그러나 이것은 광개토경평안호태황비를 발견한 후 석회로 지우는 석회도말(石灰涂抹) 등의 변조(變造)행위를 해가면서 해석을 왜곡했기 때문이다. 신묘년 기사의 주체는 고구려로, 고구려가 바다를 건너 왜를 격파한 것이다.[47] 그리고 이 시기 신라는 내물왕(재위: 356~402년)의 집권으로 국력이 융성하던 때다. 그 예로 내물왕은 364년 4월에 왜병의 큰 무리가 쳐들어오자 초우인(草偶人: 풀로 만든 허수아비) 수천을 만들어 옷을 입히고 무기를 들려 토함산(吐舍山) 기슭에 벌여 세우고, 병사 1,000명을 따로 부현(斧峴) 동쪽에 매복시켰다가 왜병을 전멸시킨 것을 들 수 있다. 373년에는 백제의 독산성주(禿山城主)가 남녀 300명을 이끌고 투항하자 이들을 받아들여 6부(部)에 분거(分居)하고, 이들을 돌려보내라는 백제왕의 요청을 일축하였던 왕이다.[48] 일본이 신라 영역에 해당하는 곳에 임나일본부를 둔다는 것은 불가능했던 일이다.

결국, 임나일본부설은 일본이 조선을 침략하고, 그 지배를 정당화하기 위해 왜곡한 식민사관 중 하나인 타율성이론의 대표적 산물로서 일제가 조선을 강제 병합하는 것을 정당화하기 위해 만들어낸 남선경영론(南鮮經營論)과 같은 맥락으로 볼 수 있다. 즉, 일본은 우리나라의 역사가 태고부터 외세의 간섭과 영향을 받아 타율적으로 발전했다고 주장하면서 임나일본부설을 제기한 것이며,[49] 결국 '임나'라는 지명은 엄연히 대마도에 존재했던 지명임에도 불구하고, 일본이 우리나라를 강점하기 위해 우리나라 남부지방으로 왜곡하려고 했던 것일 뿐이다.

3) 임나의 특성비교

지금까지 연구한 바에 의하면, 임나에 관한 일본의 주장은 헛

---

47) 박진석, 『호태왕비와 고대조일 관계연구』(연길: 연변대출판사, 1993), pp.170-197.
48) 두산백과사전, '내물왕' 검색, http://www.doopedia.co.kr(2015. 7. 20).
49) 신용우·이범관, 전게논문, p.161.

된 것임이 증명될 수 있다. 이런 설을 뒷받침해 줄 수 있는 확실한 근거가 앞 장에서 지명을 통해서 살펴본 증거들이다. 일본이 소위 임나일본부를 두었다고 하는 고구려·백제·신라·가야에 해당하는 지명에 의해, 임나에 비정하는 지명들이 과거에 대마도에 많이 있었고, 그 지명들은 지금까지 존속하고 있다. 또한『일본서기』에 나오는 '임나'에 관련된 지명들이나 우리나라와 관련된 지명들이 대마도에 실존하는 지명들이라는 것이 밝혀졌다.

일본은 '임나일본부'라는 것을 조작하여 임나가 대마도에 있었던 사실을 감추고, 남선경영론을 내세워 한일강제병합을 합당화시키려고 하였다. 또한, 임나가 대마도라면, 대마도가 우리 문화를 누리며 살던 우리 영토임이 드러나게 되므로 그런 사실을 왜곡하기 위해서 '임나' 자체를 왜곡했다.

일본의 이와 같은 역사적인 왜곡 행위를 증명하는 유력한 이론 중 하나가, 일본이 '임나일본부'를 개척했다는 시기가 '일본'이라는 국호를 사용하는 고대국가를 성립하기 이전이라는 것이다.

박진석의 주장에 의하면『삼국사기』문무왕 10년(670년)조에도 일본을 '왜국'이라 불렀다. 그리고 670년부터 809년까지의 140년 사이에『삼국사기』가 일본국호와 관련되는 것을 기록한 것이 도합 14번인데 그 가운데 '왜' 또는 '왜국'이라고 쓴 것이 4차례이고 '일본' 혹은 '일본국'이라고 쓴 것이 10차례이다. 따라서 일본이 왜로 불리다가 일본이라는 국호를 사용한 것은 670년경으로 보고 있다.

그런데 다음의 [표 6-2]에서 보듯이『일본서기』에 따르면 기원 533~544년 사이에 이미 '임나일본부', '일본부경'과 같은 행정기구와 관리명칭이 무려 28차례 나타나고 있다. 이것은 일본역사상에서 실제 맨 처음으로 '일본'이라는 명칭이 출현한 시기보다 130여년이 더 빠른 것으로 확실한 모순이다. 국내에 일본이라는 명칭이 생겨나기 전에 국외에 일본이라는 이름을 단 임나일본부가 나타났다는 것은 도리에 맞지 않기 때문이다. 그렇기 때문에 '임나일본부'는 『일본서기』에 초기 천왕들의 칭호 가운데 나오는 '일본'과 더불어 모두 후세사람들이 만들어 낸 위작(僞作)[50]이라는 것이다.

[표 6-2] '임나일본부' 등에 관한 『일본서기』의 기재정황통계표

통치기구 혹은 관리명칭	연대						합계
	긴메이 2년 (533)	4년 (535)	5년 (536)	6년 (537)	9년 (540)	13년 (544)	
임나일본부 (任那日本府)	2						2
안라일본부 (安羅日本府)	2						2
일본부(日本府)	1	1	10		2		14
인본부경(日本府卿)	1						1
일본부집사(日本府執事)		1	1				2
일본부신(日本府臣)			2	1		1	4
일본신(日本臣)			1				1
일본대신(日本大臣)			1				1
일본부지대신 (日本府之大臣)			1				1
합계	6	2	16	1	2	1	28

자료: 박진석, 『호태왕비와 고대조일 관계연구』, p.262.

---

50) 박진석, 『호태왕비와 고대조일 관계연구』(연변: 연변대 출판사, 1993), pp.261-262; 그러나 일본의 주장은 대화(大化)원년(645)라고 한다. 어쨌든 7세기 중·후반이다.

박진석의 이러한 주장은 일본이 '임나일본부'를 만들어 내기 위해서 일본이라는 나라를 건국하기 이전에 일본이라는 국호를 사용했다는 어처구니없는 주장을 폄으로써 역사를 왜곡하고 있다는 사실을 생생하게 증명해 주고 있다. 또한, 임나일본부라는 것이 우리나라 남쪽에 있었다는 것은 전혀 가치가 없는 주장이라는 것을 증명해 주는 학설이기도 하다.

3. 기타 지명으로 본 영토권

1) 신라인(新羅人)이 살면서 남긴 신라 지명(新羅地名)

한(韓)나라에서 이주한 신라인들은 본국의 국명과 관련된 이름을 가장 많이 남겼다. 이즈하라항구의 이즈하라병원 아래 신라산이라는 뜻인 시라키야마(白木山)가 있고, 그 아래 신라 신사라는 의미의 사라키신사(白木神社)가 지금도 있으며, 건너 마을이 신라마을이라는 의미의 시라코(白子)마을이다. 대마도 이즈하라(嚴原) 아즈만(阿須灣)의 연안을 따라 동쪽으로 나아가면 마가리(曲: まがり)라는 집락촌(集落村)이 있다. 지금도 대마도에는 해녀들이 살고 있는 마을이 있다. 앞동산에 작은 성(城)이 있고 제사를 모시는 백기신사(白崎紳士)가 있다. 백기(白崎)는 시라키(しらき: 新羅崎)로서 신라성신사(新羅城紳士)이다.

이즈하라 아즈만의 고우라(小浦) 집단촌락에는 신라인들이 살았다. 또한, 고우라에는 시로키가와타(シロキガワタ)라는 곳이 있다. 이것은 신라인이 경작했던 밭을 의미한다. 시로키(シロキ)는 신라이고 '가(ガ)'는 조사로써 '~의(ノ)'이며 와타(ワタ)는 밭(田)이라는 뜻이다.

서라벌(ソラバル: 소라바루)은 이즈하라 쯔쯔(豆酘)에 있는 지명이다. 현재는 '소로바루(ソロバル)'라고 읽는다. 고대 한국 사람들이 거주했던 지명의 속명(俗名)이다.[51]

---

51) 황백현, 전게서, pp.50-54.

이상과 같이 신라와 관련된 지명들이 지금까지 많이 남아 있다는 것은 진국으로부터 국통을 이어받고 지리적으로 대마도와 가까운 신라의 진출이 그만큼 많았다는 것을 의미할 수도 있다. 특히, 신라가 백제를 멸망시킨 후에는 대마도로 진출하고 싶어 하는 백제 사람들과의 마찰도 없이, 백제 사람들의 몫까지 더하여 대마도로 진출했던 것 때문이라는 것은 얼마든지 유추가 가능한 일이다.

2) 대마도의 신라 지명의 특성분석

임나의 위치를 비정하기 위해서 지명을 살펴 볼 때에도, 대마도에는 우리나라 고대 국가들과 연관된 지명이 상당히 많았다. 그런데 그 중 유독 신라에 대한 지명이 많이 남아 있는 것은 고대 국가 중에서 신라가 가장 오랜 세월동안 이름을 유지했던 것과 연관되었다고 볼 수 있다.

전술한 신라 이름에서 유래한 지명에서 보듯이, 신라인들이 살던 지명문화의 흔적이 남아 있다. 만일 이것이 한두 곳에 존재하는 것이라면 그것은 우연이라거나 혹은 긴 시간을 머물다가 떠난 신라인들이 남긴 단순한 흔적이라고 할 수 있다. 그러나 이것은 단순히 신라인들만의 것이 아니다. 이미 임나에 대한 지명을 논할 때 고대 3국은 물론 가야의 지명까지 언급되었다. 그것은 확실하게 우리 선조들이 대마도에 살면서 자신들이 살고 있는 고장에 대한 지명을, 자신들이 떠나온 지방의 이름을 그리워하며, 명명했다는 것을 증명한다.

4. 지명문화에 대한 평가(評價)

지금까지 기술한 모든 내용을 종합하면, '대마(對馬)'라는 지명은 고조선과 동일한 문화를 공유하던 진국의 백성들인 우리 선조들이 대마도(對馬島)를 개척하면서 마한에 마주하고 있다는 뜻으로 명명한 것이고, '대마'라는 지명을 『삼국지 위서 동이전』의 편자에게 알려 준 사람 역시 우리 선조들이다. 만일 왜인들이 '쓰시마'라고 알려 주었다면 굳이 '대마'라고 쓰지 않고도 얼마든지 표현할 글자가 있었다. 최소한 그들이 훗날 『수서(隋書)』, 『북사(北史)』에 적었듯이 '쓰시마'라고 읽히는 '도사마(都斯麻)'라고라도 적었을 것이다. 또한 왜인들이 '대마(對馬)'를 '다이마'라고 알려 주었다고 해도, 그 역시 얼마든지 적을 글자가 있었기에, 중국인들에게는 굳이 '두이마'로 발음되는 '대마(對馬)'라고 적을 이유가 없었다.

따라서 '대마(對馬)'라는 이름은 우리 선조들에 의해서 명명되어 이미 불리고 있던 이름을, 대마도에 살고 있던 우리 선조들이 『삼국지 위서 동이전』의 편자에게 '대마(對馬)'라고 분명하게 알려 준 것이다. 반면에 왜인들은 자신들의 영토가 아닌 까닭에 관심 가질 이유가 없어서, 그저 배가 잠시 정박했다가 간다는 의미로 '쓰시마(津島)'라고 불렀던 것이다.

'대마도'라는 이름이 그런 역사적인 사실에서 연유한 것임으로, 근래에 와서 일본이 '대마'라고 쓰고 '쓰시마'라고 부르는 것은 자신들이 통치할 근거가 없는 영토를 무단으로 통치하기 위한 수단에 불과하다. 만일 대마도가 일본이 개척하고 그들의 문화가 꽃피웠던 곳이라면 '진도(津島)'라고 쓰고 '쓰시마'라고 부르는 것이 당연한 지명이다. 그러나 현실은 '대마'라고 쓰고 '쓰시마'라고 읽는다. 일본의 국어 어법에 전혀 맞지 않음으로 일본의 주장이 억지라는 것을 단적으로 증명한다.

결국 대마도의 지명인 '대마'는 마한을 대한다는 뜻으로, 그 섬을 개척한 우리 선조들에 의해 명명된 우리의 지명문화다.

또한 '임나'에 나타나는 지명 역시 우리 고구려를 비롯한 신라와 백제 그리고 가야 제국들이 대마도에 진출하면서 각자 자신들의 나라 이름을 대마도에 옮긴 것이다. 그 결과 가장 오랫동안 존속한 신라의 지명이 유독 많이 잔존하고 있다.

대마도에 있는 지명은 어느 하나가 독자적으로 잔존하지 않는다. '대마'라는 지명과 '임나'에 관한 지명을 앞에서 논지한 매장문화와 연결해 볼 때, 대마도의 영토문화에 관해서는 대한민국의 선조들이 단순히 거쳐 간 것이 아니라, 대마도에 우리 문화가 깊이 뿌리내리고 있었다는 것을 증거 하는 지명들이다.

대마도의 지명인 '대마'와 임나를 비롯한 대마도 각처에 존재하는 지명들이 대한민국의 선조들에 의해 명명된 지명이므로 대마도의 지명에 관한 영토문화의 문화주권은 대한민국의 선조들이 가지고 있었다. 따라서 지금은 그 문화와 역사를 계승한 대한민국이 가지고 있는 것이다. 대마도 지명문화에 관한 영토문화의 문화주권이 대한민국의 것이므로 영토문화론에 의해 대마도의 영토권은 대한민국에 귀속되어야 한다.

7장 지적문화(地籍文化)로 본 대마도의 영토권

이 장은 대마도의 지적문화에 관해 연구하는 장이다.

본래 지적은 개인이 소유한 토지의 필지 중심으로 갖춰진 기록이라 볼 수 있지만, 그 관리 사무는 국가(지배권자)이다. 그러므로 대마도의 규범문화로서의 지적문화의 변천 및 주요 특성을 살펴봄으로서 대마도가 언제 일본으로 귀속되었는지 등에 대한 사실 관계를 파악할 수 있다.

대마도의 지적 변천 중 가장 중요한 것은 판적봉환(版籍奉還)으로, 일본이 메이지 유신으로 인해서 왕정복고를 할 때 일본의 모든 번들이 판적을 왕에게 바치는 문화였다. 결국, 판적봉환이야말로 대마도의 국적을 바꾼 직접적인 계기가 된 사건이므로 대마도 판적봉환에 관하여 검토하기로 한다.

1. 판적봉환(版籍奉還)

1) 판적봉환의 개념과 주요 내용

사전에서는 판적봉환(はんせきほうかん: 한세키호칸)을 1869년 7월 25일, 일본의 메이지 시대 초기에 행해진 조치로, 다이묘(大名: 일본의 영주)들이 천황에게 자신들의 '영지(領地)'와 '영민(領民)', 즉 '판적(版籍)'을 반환하였던 일이라고 정의한다.[1]

일본은 메이지 유신을 통해 근대 정치체제로의 전환을 도모하면서 '대정봉환'과 '왕정복고'라는 과정을 거쳐 중앙 집권적 왕정을 형성하였다. 그러나 실질적으로 영토와 백성들이 왕권으로 귀속되지 못하고, 에도막부정권 하에서 번(藩)의 실질적인 주인이자 통치자로 군림해온 다이묘(大名)들에게 속해 있는 상황에서의 왕정복고는 아무런 의미가 없는 것이었다.[2] 이와 같은 문제들을 타개하기 위한 것이 바로 판적봉환이다. 즉, 형식적인 왕정복고가 아니라, 권력과 재정을 번주(藩主)로부터 빼앗아 천황이 독자적으로 장악할 수 있도록 만든 것이 판적봉환이다.

판적봉환은 1869년 1월 20일에 조슈번 출신의 기도 다카요시, 사쓰마번의 오오쿠보 도시미치, 도사번 출신의 이타카키 다이스케의 획책으로 사쓰마, 조슈, 도사, 히젠의 번주(藩主)들이 영토(領土)와 영민(領民)을 새로 수립된 메이지 정부에 바치겠다는 상소

---

1) 한국어 위키백과, '판적봉환' 검색, https://ko.wikipedia.org(2014. 10. 13.).
2) 왕정복고를 했으면서도 군사적 통수권으로 대표되는 실질적인 권력과 재정을 충당하는 조세제도를 적용하기 위한 영토에서 아무런 실권을 잡지 못한다면 정책을 추진할 수 없었기 때문이다.

문을 올리고, 이 상소에 동조하는 다른 번들이 잇따라 같은 상소를 올린 것을 조정에서 허락하는 칙령을 발표하는 방법으로 이루어졌다.[3]

판적봉환은 에도막부 말기의 국내문제와 외세의 문호 개방 압력에 의해 일어나는 총체적인 문제를 해결하고, 일본의 근대화를 이룩하기 위해 정치체제를 왕정 하의 중앙집권체제로 만든 메이지 유신과 시대적 배경이나 진행과정이 동일하다. 일부에서는 판적봉환을 메이지 유신의 결과물[4]로 보는 견해도 있지만, 판적봉환이 아니었다면 왕정복고는 의미를 갖지 못하고 메이지 유신은 성공하지 못했을 것이다. 따라서 메이지 유신의 마지막 단계가 판적봉환이며, 판적봉환으로 인해 메이지 유신은 성공을 거두고 일본은 왕정복고로 인한 근대화를 이룩할 수 있는 계기를 마련하게 된다.

2) 판적봉환의 시대적 배경

(1) 에도막부정권의 구성과 통치

일본의 에도막부는 도쿠가와 가문이 쇼군(將軍)으로 재임하며

---

3) 즉, 기존까지 막부정권하에서 번의 실질적 통치자인 다이묘(大名)들에게 귀속되어 있던 땅과 백성을 그들 스스로 일본 천황에게 자발적으로 바치겠다고 나선 것을 천황이 거둬들이는 형식을 취한 것이다.

4) 메이지 유신을 대정봉환의 1867년으로 보는 학자와, 중앙관제의 모습을 갖추고 의정정치의 강령으로 '정체서'가 공포된 1868년으로 보는 학자와, 폐번치현이나 세이난 전쟁의 종료 시점으로 보는 견해가 있다는 것도 밝혀 둔다.

일본열도를 장악하고 왕은 수도인 교토(京都)에서 제사장격인 존재로 있던 시대다. 1603년 3월 24일 도쿠가와 이에야스(德川家康)가 쇼군으로 임명되어 에도에 막부를 연 시기부터 1867년 10월 24일 쇼군 도쿠가와 요시노부(德川慶喜)가 사임을 한 시기까지 265년간을 지속하였다. 하지만, 요시노부의 쇼군 사임은 그 당시 대정봉환 등의 요인으로 인해서 어쩔 수 없던 일일 뿐, 정권에서 물러난 것이라기보다는 왕을 중심으로 한 조정과 쇼군이 중심이 되는 막부가 함께 나라를 이끌어간다는 공무합체(公武合體)에 의한 섭정을 계획한 것이라고 할 수도 있다. 따라서 실질적인 에도 막부의 종막은 1868년 10월 메이지 천황이 에도를 도쿄(東京)라 칭하고 이곳을 수도로 정하여 메이지시대를 개막한 때로 보아야 할 것이다.

어쨌든 왕이라는 절대 권력자도 아니면서 엄연히 왕에게 임명을 받는 장군의 입장으로 265년이라는 긴 세월동안 에도 가문에 의해 독재적으로 막부가 존속할 수 있었던 가장 큰 이유는 철저하게 가신 위주로 구성되었던 막부와 영지를 정리해서 일본 전역의 60%에 달하는 경제력을 거머쥔 덕분이었다.

도쿠가와 막부의 초창기 1대에서 3대까지의 이에야스, 히레타타, 이에미쓰 삼대에 걸친 영토정리에 따라 장군은 420만 석에 달하는 직속영지를 확보했다. 이것은 전국의 2,600만 석에 비하면 권력유지에 충분한 것이었고 더더욱 직계가 소유한 260만 석을 합치면 전국의 25%를 점유하고 있었다. 후다이다이묘와 신번이 소유한 930만 석을 합하면 도쿠가와 가문과 그 수하가 차지한 것은 전국의 60%에 달해 권력기반으로 삼기에는 충분한 것이었

다. 한편, 도자마다이묘들은 980만 석, 왕실은 10만 석 정도가 할당되었다.[5]

에도막부는 처음 구성할 때부터 도쿠가와 가문의 혈족으로 오와리(尾長), 기이(紀伊), 미도(水戶) 등 세 번을 친번(親藩)으로 두고 그 아래에 세습적 영주로서 이전부터 도쿠가와 가문의 가신이었던 자 및 그 가문 격식에 준한 자들로 구성되는 176가(家)의 후다이다이묘(譜代大名)와 도쿠가와 가문이 일본을 통일하게 된 전투인 1600년의 세끼가하라전투(関ヶ原の戦) 후에 가신이 된 자들로 구성된 86家의 도자마다이묘(外樣大名)로 구성되었다.

이 구성의 특징적인 것은 철저한 막부 방어를 위해 왕실과 조정에는 쇼시다이(所司代)라는 감찰기관을 두어 왕과 제후들이 막부에 도전할 수 있는 기회를 박탈함과 동시에 에도와 교토 주변, 그리고 두 곳을 연결하는 도오카이도(東海都)의 요충지에 영지와 성을 쌓아 방비태세를 갖추고 도자마다이묘들은 그 세력을 약화시키기 위해 각지에 배치하는 동시에 먼 곳에는 큰 번을 몇 곳밖에 두지 않았다.

또한, 막부의 고관은 후다이다이묘 중에서만 임명되고 고자마다이묘는 막부의 행정에는 참여하지 못했다. 그러나 막부의 행정에는 참여하지 못하면서도 번정에서는 독자적인 자치권을 행사하는 고자마다이묘 중에는 부유한 영주들이 있었는데, 그 대표적인 것이 사쓰마(薩摩: 77만 석), 조슈(長州: 37만 석), 히젠(肥前: 36만 석)번 등으로, 결국 이들이 메이지 유신의 주역이 된다.[6]

또한, 각 영주들의 반란을 막기 위해서 1635년부터는 도자마다 이묘에게, 그리고 1642년부터는 후다이다이묘들에게도 '산킨고오타이(參勤交代)제'를 도입했다. 이 제도는 다이묘들이 한 해는 자신의 번에서 일을 보고 한 해는 에도에서 공무를 보는 것으로서 다이묘가 자신의 영지로 돌아가는 해에는 그 장자를 인질로 두게 하는 제도였다. 결국, 번주는 에도와 번에 두 살림을 하는 경우로서 보통 영주들의 수입 중 반은 에도에서 체류하는 자신이나 가족을 위해서 쓰게 되고 왕복 경비로만도 5~7%를 사용하였다고 한다. 이 제도는 단순한 의미에서는 막부에 대한 반란을 예방하자는 것이었지만, 다이묘들의 체류와 이동에 의한 경제적 유발효과가 막강한 것으로, 영주들이 자신의 수입인 미곡을 현금화시켜야 한다는 점까지 고려하면 교통, 숙박업, 공업, 무역, 상업, 서비스업 등의 발달에 엄청난 기여를 한 것은 물론, 훗날 경제체제의 변혁을 가져와서 메이지 유신의 원동력으로 작용하는 촉매 역할을 하게 된다.

(2) 막부 말기 외세의 충격과 일본 국내의 사회적 변화

에도막부는 튼튼한 조직과 경제력을 바탕으로 비교적 안정된 정치를 해나갔다. 그동안 서양에서는 프랑스 혁명(1789년)과 영국의 산업혁명(1760~1830년)의 성공에 힘입어 근대국가로의 눈부신 발전에 성공한 유럽의 각국이 아시아를 자원 구매시장과 판매시

---

6) 신혜란, "탈 냉전시대 일본의 국제적 역할의 정원에 대한 일고찰", 석사학위청구 논문, 가톨릭대학교 국제대학원, 2000, p.17.

장으로 여기고 그 거점을 확보하기 위해 아시아 진출을 꾀하기 시작함으로써 일본이라고 예외일 수는 없었다. 물론, 일본은 그 전에도 17세기 초부터 간헐적으로 서양의 여러 나라가 접근해 왔고, 특히 1792년에는 락스만을 사절로 한 러시아의 원정대가 통상요구를 했었다. 그때에는 막부가 쇄국정책을 펴고 있을 때라 락스만의 요구는 받아들여지지 않았다. 하지만, 이미 그때 일본의 정책을 근본적으로 바꿔 농촌을 기반으로 한 봉건적 자연경제를 내용으로 하던 것을 변혁하고 '재능을 겸비한 호걸이 나와 도서국(島嶼國)에 적합한 천문, 지리, 해양에 능하게 하여 일본의 상선으로서 국내의 상품을 운송 교역할 수 있도록 해야 한다.'는 주장이 나왔다. 이와 같은 주장은 막부제 그 자체가 국력강화나 팽창책에 장해가 됨으로 일본의 전통적 군주인 천황의 친정 하에 정치를 재편해야 한다고 요구한 존황운동(尊皇運動)의 시작으로 볼 수 있다.[7]

일본 막부 말 최대의 외세 충격은 1853년 미국의 페리 선장이 이끄는 소위 흑선함대의 개방 요구였다. 이 요구에 대해 막부는 외국인의 추방을 주장하는 보수파와 요구를 수용하여 문호를 개방하자는 현실파로 분열하여 정치적 해결책을 찾지 못하고 장군의 천황에 대한 조문(照間)과 지방 다이묘들에 대한 협의요청 등의 이례를 보였다. 이것은 이제까지의 관례를 깨트리고 막부가 정하던 국론을 각 번과 함께 정하는 것으로, 각 번의 막부에 대한 정책 건의의 길이 열린 것이며, 막부의 지배체제의 붕괴에 대한 중대한

---

7) 김제경, 전게논문, p.678.

징표를 표시한 것이다. 이런 과정을 거쳐 막부는 미국과 1854년 3월에 화친조약을 체결하고, 그해 8월에는 영국, 12월에는 러시아, 1855년 12월에는 네덜란드와도 화친조약을 맺게 되었다.

외국과 조약을 맺게 되자 막부는 외국과의 관계를 전담할 외국무역취조괘(外國貿易取調掛)를 설치하는 한편, 국방강화를 위한 군제개혁, 조선소 설치, 무기제조에도 힘을 기울였다. 그러자 막부의 개혁을 본받아 사쓰마, 조슈, 사가, 미도 번들도 비슷한 개혁을 단행하였고, 이 개혁이 지방의 번들이 막부에 도전할 수 있는 힘을 길러 주었다는 점에서 매우 중요한 것이다.[8]

그러나 당시 일본의 사정이 외세의 충격만 견디면 될 상황이 아니었다. 외세의 충격을 맞는 동안 국내 사정도 엄청난 변화를 가져왔다. 지속되는 봉건제도의 병폐[9]로 인해서 농민들은 점점 힘들어져 가는 데 상업과 화폐의 발달로 인해서 상인들은 점점 부를 축적하였다. 빈곤이 심화되는 현상은 비단 농민들의 문제만은 아니었다. 무사 역시 마찬가지였다. 에도에 격년으로 근무하는 다이묘들의 과다한 경비가 시간이 갈수록 번의 재정을 압박했고, 그에 따라 평화로운 시대를 보내는 무사 계급은 급여가 차감되는 등 경제적 어려움을 겪게 되었다. 경제적 어려움에 직면한 번들은 새로운 체제를 원하게 되었고, 그런 와중에 외세의 충격에 의해 막부로부터 개혁이 시작된 것이다.

---

8) 신혜란, 전게논문, p.22
9) 당시 경제로 대표되는 전국의 미곡 생산의 60%를 가신이 독점하고 출발한 막부에 대해 당연히 예견된 결과라고 할 수 있다.

(3) 막부의 개혁 실패와 공무합체파(公武合體派)

급변하는 외세의 충격과 동요하는 국내 사정의 악화에다가 아편전쟁에서 중국이 패한 충격을 받은 막부는 서양포술을 받아들이고 군제 및 정치, 경제 사회의 혁신을 이룩하여 내우외환을 해결하기 위해 텐포우개혁을 실시한다. 그러나 텐포우개혁은 농민들에게 사치를 금지하는 억압적인 법령과 화폐를 다시 주조해서 어용금을 높이는 등, 경제 흐름과는 반대되는 정책으로 인해서 성공할 수 없었다. 더더욱 낮은 세금을 내는 막부의 땅을 높은 세금을 내는 사령으로 바꾸어 막부의 재정을 보강하고, 에도와 오사카 주변 약 40km이내의 땅을 막부의 땅으로 만드는 대신 그 대체 토지를 타지방에서 담당하게 하여 에도와 오사카 주변의 해안경비를 강화하려 했지만, 이것은 해당 영주들의 즉각적인 반발을 사서 실행도 해 보지 못했다. 결국, 1845년 3월 텐포우개혁의 주무자였던 미즈노의 로우쥬우[10] 사임과 함께 텐포우개혁은 실패하고 말았다.

미즈노의 뒤를 이은 로우쥬우 아베 마사히로는 미국의 일본 개항요구 국서를 1853년 각 번에게 의견을 물으며 막부독재를 종식시킬 뜻을 내비치면서, 인재를 등용하고 군제개혁을 착수하며 서양식교육을 확립하는 등의 개혁을 이룬다. 이것은 각 번들에게도 영향을 미쳐 사쓰마번은 서양식 대형선박을 건조하고 용광로를

---

10) 老中(ろうじゅう): 에도막부에서 장군에게 직속되어 정무를 총괄하고 다이묘를 감독하던 직책.

건설하는가 하면, 조슈번에서는 명륜관이라는 서양학연구소가 생기는 등 각 번들도 비슷한 방식의 개혁을 했으니 이를 안세이 개혁이라고 한다.

그러나 이런 노력과는 별개로 내정은 극도로 불안했다. 특히, 제13대 장군인 이에사다가 후손이 없어서 세자를 책봉하는 문제로 정국은 혼란하기 그지없었다. 장군이 후손이 없자 친번 중의 하나인 미도번의 도쿠가와 요시노부를 세자로 앉히려는 개혁파 중심의 히도쓰바시파와 도쿠가와 요시토미를 세자로 앉히려는 남기파로 나뉘어 서로 천황의 동조를 얻으려고 작업을 폈다. 이 것은 이제까지 정치적으로 고립되어온 천황을 정치에 개입시키는 꼴이 되고 말았다. 세자는 요시토미로 결정되었지만 이 사건을 계기로 천황은 정치에 개입을 하게 된다.

다이로[11] 이이 나오스케가 1858년 7월 29일 해리스 통상조약에 먼저 서명하고 교토에 나중에 보고한 사건을 계기로 천황이 진노하는가 하면, 8월 8일에는 막부와 미도번에 밀칙을 내려 국가 중대사는 공무합체(公武合體)의 원칙에 의해 조정과 막부의 합의제로 결정해야 한다는 등, 조정이 정치 간섭을 할 것이라는 적극적인 표현을 하기도 했다.

이 일을 계기로 공무합체가 이루어지는 분위기로 가자 조슈번의 나가이 고구라는 자신의 번을 중앙무대로 진출시켜 입지를 강화하려는 목적에서 공무합체와 개국무역론을 주장하는 '항해원략책(航海遠略策)'이라는 정책을 헌정했다. 이 정책에 많은 이들이

---

11) 大老(たいろう): 에도막부시대, 쇼군(將軍: しょうぐん)을 보좌하던 최고 행정관.

동조하고 장군 이에모치도 그 일의 추진을 조슈번에 명하고 사쓰마번 역시 동조하는 명분의 깃발을 들었다. 그러나 그 당시 조슈번에서는 공무합체가 아니라, 존황양이로 이미 기울어 천황을 자파측에 끌어들여 주도권을 장악하려고 했다.

이에 대항하여 주도권을 잡으려던 사쓰마번은 막부친위대인 아이즈한번과 동맹을 맺고 조정의 공무합체파를 움직여 1863년 8월 18일 소위 8·18 정변이라고 일컫는, 조슈번을 교토로부터 축출하는 작전에 성공한다. 이로써 존황양이파가 사라지고 공무합체파가 전면에 나서는 것 같았다. 사쓰마번의 개혁 목표는 막부독재를 대폭적으로 수정하고 조정세력을 가미하는 공무합체의 방식을 취하면서 조정을 배경으로 막부에 대하여 막정개혁을 단행하는 것이었다.

사쓰마번의 히사미쓰가 8·18 정변 정변을 계기로 입경하게 된 것은 결국 도자마다이묘들의 입장에서 본다면 중앙에 진출하여 자주적인 정치활동을 할 수 있는 계기가 된 것이다. 그들이 그렇게 하여도 막부 권력의 힘으로서는 어쩔 수 없는 입장이었다. 따라서 모든 번들은 막부에서 해방된 소독립국 같았으며, 그 결과 막부와 신번, 도자마번, 후다이번의 관계는 변화되었다.

(4) 존황양이파(尊皇攘夷派)의 대두

공무합체의 도입으로 중앙에서는 조정과 막부의 관계에 진전이 있었지만, 저변에서는 개혁파로 대변되는 존황양이파가 활발하게 움직이고 있었다.

토사번에서는 개항에 반대하는 사무라이들이 스스로 무사직을 버리고 양민이 되는가 하면, 조슈번에서는 무장반란을 일으켜 기도 다카요시가 권력을 장악하고 철저한 반 막부세력으로 성장하여 천황을 옹립하자는 주장을 펴고 있었다. 자신이 공무합체의 영을 내렸음에도 불구하고 막부를 타도하려는 자들에 대해 격분하고 있던 고메이 천황이, 1863년 조슈번이 교토로부터 축출된 것에 대해 불만을 가진 조슈번의 일부 세력이, 1864년에 왕실을 습격한 사건을 계기로 조슈번 정벌 명령을 막부에 내린다. 그러나 이 전쟁은 번들의 중재에 의해 조슈번이 죄에 대한 형벌을 받기로 함으로써 3명의 조슈번 가노(家老)들이 할복하는 것으로 막을 내리지만 조슈번에게는 막부를 타도해야 한다는 토막파의 성립을 촉진하는 결과를 낳았다. 또 겉으로 보기에는 끝난 것 같았지만 화의를 하는 대신에 조슈번 번주 부자를 에도로 소환하고 조정에서 조슈세력과 결탁한 고관들을 벌하는 문제가 미해결됨으로써 막부의 권위가 떨어진다고 생각된 막부는 1865년 제2차 조슈토벌을 감행하려 하지만, 어떤 번도 협력하지 않았고 심지어는 사쓰마번까지도 오히려 방해를 하는 입장에 섰다.

그러자 막부가 프랑스의 지원을 받아 조슈번과 사쓰마번을 굴복시키려고 한다. 그런 사실을 감지한 조슈번의 이토 히로부미와 사쓰마번주가 나가사키에 무기를 구입하러 갔다가 황가(皇家)에서 일하는 토사번 사람 사카모토 료오마의 소개로 만나 의사를 소통한 후, 교토에서 다시 사카모토 료오마의 중개로 기도 다카요시와 사이고 다카모리, 오오쿠보 토시미치 등 양번의 대표자들이 만나 사쓰마-조슈 동맹을 맺는다.

이 동맹은 존황양이를 탈피하고 막부를 대신해서 국정의 헤게모니를 쥐고 동시에 외국세력과도 협력하면서 국내의 통일을 기도할 방향을 설정한 것으로 차기정권의 주체적 세력을 목표로 한 것이다. 존황양이를 부르짖던 당시 최고의 세력을 가진 두 번이 동맹을 맺음으로써 존황양이파가 대두되기는 했지만, 정작 그들이 대두될 때에는 존황양이의 이념은 사라졌다.

사실 존황양이론이라는 것은 그들이 만들어낸 이론이 아니다. 존황론은 그들이 이념으로 만들기 전에 미도번의 번주인 도쿠가와 나리아끼에 의해 제창되었던 이론이다. 미도번은 막부의 친번이라는 위치 때문에 통제에서 벗어나 막부의 개혁을 주장하는 데에도 유리한 입장이었다. 그런 배경 하에 나리아끼의 존황론은 '막부가 황실을 존중하면 제후들이 막부를 존중하고 제후가 막부를 존중하면 대신들이 제후들을 존중함으로써 상하가 화합하며 명분을 잡는데도 엄하게 할 수 있다.'는 이론이다.

주자학에 심취했던 나리아끼가 막부 말기의 위기의식에서 무사정신의 기강을 바로 잡고, 장군가의 절제와 자가비판을 통한 국가체제의 재건을 위해 주장한 이론이다.[12) 그 이론에 쿠데타의 주체자들이 마침 밀려오는 서양세력의 충격을 더하여 만들어낸 이념일 뿐이다.

결국, 그들이 존황양이를 부르짖었던 이유는 마침 들이 닥친

---

12) 김제경, 전게논문, p.676.

외세에 대한 국민적 불안감을 해소하기 위해 서양오랑캐를 배척하자는 것과 주곡인 미곡생산의 60%를 차지하는 막강한 가신정권으로 출발한 막부정권이 그 모순을 드러내면서, 새로운 지배체제를 열망하는 국민적 부응에 편승하기 위해서, 민족적이고 역사적으로 이어오던 천황정치에 대한 국민적 정서를 최대한 끌어들이기 위한 방편 중 하나였던 것이다

3) 판적봉환의 진행과정

(1) 대정봉환(大政奉還)

대정봉환은 '1867년 10월 14일 에도 바쿠후(江戶幕府)의 쇼군(將軍) 도쿠가와 요시노부(德川慶喜)가 통치권을 조정에 반납한 일'[13] 이다. 그러나 대정봉환이 일어난 배경과 그 진행과정 및 결과는 간단하게 정의할 수 없다. 대정봉환은 막부가 몰락하고 메이지 유신이라는 왕정복고를 위한 최초의 사건으로 그 과정 및 결과가 매우 복잡하게 얽혀있기 때문이다.

그 당시 장군은 제14대 장군인 도쿠가와 이에모치가 제2차 조슈 정벌[14] 원정 중인 1866년 7월에 오사카에서 사망하여 도쿠가

---

13) 브리태니커 사전, '대정봉환' 검색, www.daum.net(2014. 11. 18.).

14) 1863년 조슈번이 교토로부터 축출된 것에 대해 불만을 가진 조슈번의 일부 세력이, 1864년에 왕실을 습격한 사건을 계기로 조슈번 정벌명령을 막부에 내린다. 그러나 이 전쟁은 번들의 중재에 의해 조슈번이 죄에 대한 형벌을 받기로 함으로써 3명의 조슈번 가노(家老)들이 할복하는 것으로 막을 내리지만 조슈번에게는 막부를 타도해야 한다는 토막파의 성립을 촉진하는 결과를 낳았다. 또 겉으로 보기에는 끝난 것 같았지만 화의를 하는 대신에 조슈번 번주 부자를 에도로

와 요시노부가 임시로 장군직을 맡고 있었다. 또한, 천황은 고메이 천황이 1867년 1월 30일에 죽고 나이 어린 메이지 천황이 왕위에 올라 있었다. 이런 상황에서 막부에는 긴박히 처리할 일이 있었다. 그중 하나는 효고(兵庫)의 개항문제였고, 또 다른 하나는 조슈 원정의 실패를 끝장내는 일이었다. 그런 문제를 논의하기 위해서 요시노부는 사쓰마, 에이첸, 도사, 우와지마번 등의 대표들을 모아 회의를 소집하고 난국을 타개해 나가려고 했으나, 의견의 일치를 보지 못해 회의는 결렬된다.

회의가 결렬되자 도사번의 야마노우치 토요시게는 일찌감치 돌아와 천황에게 정치권력을 바치는 대정봉환을 계획한다. 즉, 도사번의 사정상 사쓰마-조슈와 함께 막부를 토벌하는 데에는 함께 행동할 수 없고 번 연합적인 신체제로 대세를 기울여 보려고 한 것이다. 그는 1867년 10월 29일 도사번주 후쿠오 카타카찌카와 함께 로우쥬우 이타쿠라 카쓰키요와 회견하고 '황국 수백년의 국체를 일변시켜 지성으로 만국에 접하여 왕정복고의 업을 건설할 필요성'을 강조한 대정봉환 건백서를 제출한다.[15]

장군 요시노부 측에서는 이 건백서의 제출을 계기로 대세가 어느 곳으로 기운 것인지를 파악하고 그에 따라 행동하기 위해 12월 13일 막부관리와 교토에 머무르고 있는 번의 중역들을 소집하여 의견을 묻고 봉환(奉還)의 결의를 붙여 조정에 제출했다. 요시노부의 상소 내용은 국정의 일원화를 위해 정권을 조정에 바친다

소환하고 조정에서 조슈세력과 결탁한 고관들을 벌하는 문제가 미해결됨으로써 막부의 권위가 떨어진다고 생각된 막부는 1865년 제2차 조슈토벌을 감행한다.
15) 김제경, 전게논문, p.728.

는 것 뿐 이후의 정권운용이나 도쿠가와 가문의 영지처리 문제에 대해서는 아무런 언급이 없었다.

상소를 받은 조정은 15일에 수리하고 칙허를 내린다. 그러나 이것은 엄밀히 말하면 빈껍데기에 불과한 정치권력만 반환하는 것일 뿐이었다. 영토에 대해 아무런 말이 없다는 것은 영주로서의 권력은 그대로 유지하여 군사통수권과 영토보유는 그대로 유지하겠다는 것이었다. 결국, 요시노부는 장군직에서도 사임을 했지만, 그것은 실질적인 권력을 가지고 천황을 섭정하려는 것이라는 의구심마저 자아내게 했다.

(2) 왕정복고(王政復古)

장군 요시노부가 대정봉환을 하고 장군직을 사임하였음에도 불구하고, 조정에서는 그 진의를 파악하지 못하고 막연하게 대의에 따라서 한다고 할 뿐이었다. 그러나 그 의도가 막부를 토벌하려는 사쓰마-조슈 양번과 이와쿠라 토모미 등을 비롯한 조정내의 왕정복고 파에게는 대의에 따른다는 조정의 발표가 용인 될 수가 없는 일이었다. 결국, 사쓰마번이 선봉에 서고 조슈번이 합세하는 무력 쿠데타 결행까지 준비를 완료하고, 11월 하순에는 사쓰마번의 병사들이 입경을 하였다. 조슈번 병사들은 셋쓰 서관에 대기하면서 모든 준비를 마친 뒤였다. 결국, 12월 9일 어린 메이지 천황은 요시노부의 장군직 사임을 허가하고 앞으로는 섭정(攝政), 막부(幕府) 등을 철폐하며 조정이 정권을 맞겠다고 선언하였다.

조정이 정권을 맞으면서 총재(總裁), 의정(議定), 참여(參與) 등의 삼직을 신설할 것을 천명하였다. 그러나 천황이 이렇게 선언한다고 해서 정권이 쉽게 바뀌는 것은 절대 아니다. 대정봉환 이후 왕정복고로 인하여 권력을 쥔 신정부와 구세력 간의 무력 전쟁이 1년이라는 세월동안 벌어졌다. 결국, 내전은 신정부가 승리해서 1868년 4월 11일 막부의 본거지인 에도성은 동정군(東征軍)이 무혈로 접수하게 된다. 그리고 공의정치의 강령으로 미국의 삼권분립을 모방한 행정, 사법 양권을 분리하고 입법권을 가진 의정관을 설립한다는 "정체서(政体書)"가 공포된다. 그리고 8월 27일에는 교토의 궁에서 메이지 천황 즉위식을 하고, 10월에 에도를 도쿄로 개명하여 수도로 정함으로써 왕정복고를 이룩한다.

(3) 판적봉환(版籍奉還)

기도 타카요시는 1868년 내전에서 승기를 잡자 이와쿠라 토모미에게 판적봉환 건의서를 제출한 바 있다. 다시 말해, 판적봉환은 쿠데타를 주도한 자들에게는 미리 계획되어졌던 것이었다. 결국, 대정봉환을 계기로 사전에 계획되었던 것을 왕정복고 과정에서 겪어야 하는 기득권 세력과의 갈등과 마찰로 인해 내전까지 치루고 난 후에 실행한 것이 판적봉환이다. 따라서 판적봉환이 표면상으로는 밑으로부터 출원한 형식을 밟았지만, 실제는 쿠데타 주도 세력인 사쓰마-조슈번의 공작에 의한 것이었다.16)

---

16) 상게논문, p.733.

이와 같은 내용을 실증하는 사례로서 판적봉환에 대한 중앙정부의 대비가 전혀 없었다는 점을 들 수 있다. 처음에는 판적봉환의 주체가 되었던 사쓰마번과 조슈번을 비롯한 도사번과 히젠번의 4개 번이 1869년 1월 20일 판적을 봉환하겠다는 봉답서를 올림으로써 시작되었다. 이어서 나머지 제번들도 같은 형태로 판적봉환의 상소를 올렸으나, 조정은 정부의 도쿄 이전을 기다린다는 명목으로 5월 16일이 되어서야 '총재(總裁)', '의정(議定)', '삼여(參與)'의 삼직회의에서 기본방침을 결정하고, '우에쓰보메(上局)'[17]에 상정하여 '공의소'[18]에 봉건이냐 군현이냐의 문제, 즉 번제도의 존치여부에 관한 의안을 마련하였다. 그러나 명확한 결론을 짓지 못한 채 불확실한 상태로 남겨두게 되었다.

이와 같은 과정을 거쳐 조정은 판적봉환의 상소를 1869년 7월에야 청허(聽許)한다.

아울러 판적봉환이 모든 번의 자율에 의해 이뤄진 것이 아니라는 증거도 찾아볼 수 있는데, 사쓰마-조슈번이 쿠데타로 정권의 주도권을 잡고 판적봉환을 하던 내전 후의 험악한 분위기 속에서 사쓰마-조슈번을 따라서 상소를 한 번은 262개의 번이었고, 14개의 번은 끝까지 판적봉환을 거부하다가 강제적으로 판적봉환 명령을 받는다.

---

17) 오늘날 상원에 해당하는 기관을 말한다.
18) 오늘날 하원에 해당하는 기관을 말한다.

(4) 폐번치현(廃藩置県)

폐번치현의 사전적 의미는 '메이지 유신 시기인 1871년 8월 29일에, 이전까지 지방 통치를 담당하였던 번을 폐지하고, 지방통치기관을 중앙정부가 통제하는 부(府)와 현(縣)으로 일원화한 행정개혁이다.' 판적봉환과 함께 274명의 다이묘가 자신들의 구영지의 지사로 임명이 된다. 실질적으로 다이묘라는 이름하에 자신의 영주와 영민을 소유하던 제후들은 일개 현의 지사로써 중앙정부의 지방행정관으로 변신하게 된 것이다.

봉건제도의 청산 과정에서 겪어야 하는 일이라고는 하지만, 기존 사족(士族)들의 권력에 대한 상실감으로 인한 반대와 판적봉환의 후유증으로 농민들의 조세와 수탈에 대한 폭거저항은 어쩔 수 없었다. 이미 중앙집권화된 정부는 일거에 행정구역을 개편해 권력과 영지를 잃은 상실감에 빠진 구번주들에 대한 조치를 취하지 않을 수 없었다. 결국, 사쓰마-조슈 동맹의 주역인 기도 다카요시와 사이고 다카모리를 비롯한 7명은 기도 다카요시의 집에 모여 비밀리에 폐번치현의 행정구역 개편안을 만들고 천황의 황명으로 공포함으로써 폐번치현을 완성했다.[19]

폐번치현이라는 것은 이름 그대로 이제까지의 번을 없애고 새로운 행정구역인 현을 만들어서 그 행정관을 중앙에서 임명하는 것으로 기존의 276개의 번은 없어지고 총 72개의 현이 새로 지방행정구역으로 생겨난 것이다. 그러나 폐번치현 역시 단순한 중앙

---

19) 한국어 위키백과, '폐번치현' 검색, http://ko.wikipedia.org(2014. 11. 20.).

정부의 개혁이 아니다. 판적봉환을 시작할 때 이미 논의되고 있던 일이다.

메이지 유신을 일으킨 쿠데타의 주역들은 판적봉환의 후유증을 예견하였다. 이제까지 전통적으로 영주로 지내던 번주가 중앙집권 하에서 그 번을 다스리는 지사로 머물 경우에는 중앙정부의 통치가 쉽지 않을 것임을 잘 알고 있던 까닭이다. 그로 인해서 행정구역의 개편으로 인한 새로운 관리의 임명이 불가피하다는 것을 알았고, 다만 그 실행을 판적봉환이 끝나고 했을 뿐이다.

2. 대마도 판적봉환의 특성분석(特性分析)

1) 막부시대의 대마도의 지위와 대마도주 인장

(1) 막부 삼근교대제(參勤交代制)와 대마번주

막부시절에는 도자마다이묘는 물론 후다이다이묘까지 삼근교대제[20]에 임해야 했다. 그것은 다른 번들이 막부에 대항하는 것을 사전에 방지하기 위한 조처였다. 그리고 그 제도는 아무리 작은 섬이라고 할지라도 적용되는 규정이었다. 물론, 일본이라는 나라가 열도로 이뤄졌기 때문에 당연한 일이다.

그런데 대마도는 그 삼근교대제에 포함되어 있지 않았다. 이것은 대마도가 판적봉환 이전에는 그들의 관할이 아니라는 것이다. 게다가 일본은 1대 대마번주가 소 요시토시(宗義智)(재위 1588년~1615년)로 그 재위기간이 도쿠가와막부가 시작되는 1603년이라고 한다. 그러나 그는 1대 대마도주 종중상(宗重尙)으로부터 19대에 해당하는 대마도주로 이미 1588년부터 대마도주로 재위하고 있었다. 그런데 이미 1588년부터 재위하고 있던 도주를 자신들이 1603년부터 다이묘가 지배하는 영지를 만들었으니 대마번주 역시 1대는 1603년에 시작해야 한다는 억지다.[21]

---

20) 1603년 도쿠가와 이에야스가 쇼군으로 임명되며 시작된 에도막부가 영주인 다이묘들이 한 해는 자신의 번에서 일을 보고 한 해는 에도에서 공무를 보는 것으로서 다이묘가 자신의 영지로 돌아가는 해에는 그 장자를 인질로 두게 하는 제도.

21) 신용우·김태식, 전게논문, p.114.

(2) 대마도주의 인장(印章)

대마도주가 삼근교대제에 해당되지 않았다는 것은 에도막부가 대마도를 자신들의 번 중 하나로 보지 않았다는 증거다. 그러나 그에 못지않게 대마도가 막부시대에 조선의 지배를 받았다는 증거는 또 있다.

33대 대마도주, 즉 일본이 15대 대마번주라고 하는 종의화(宗義和: 1841~1862년 재임)가 대마도주에서 물러나고 종의달(宗義達)이 대마도주로 취임하자 조선으로부터 도서[圖書: 인장(印章)]을 받기 위해 사신을 파견한다. 그것이 1864년 7월 8일의 일로 일본의 대정봉환을 불과 3년 남겨 놓은 시점의 일이다.[22]

만일 대마도가 일본 막부 휘하의 번이었다면 1853년 페리제독의 흑선사건 이후 존황양이를 내세우는 개혁파와 막부의 봉건제를 지지하는 보수파의 대립에 의해 혼란하기만 한 일본정국을 무시하고 조선으로 인장을 받으러 사신을 파견했을 지가 의문이다. 또한, 대마도가 판적봉환을 한 이후에도 외무성의 지시를 무시하고 조선에 문서를 보낼 때 구인을 계속 사용한다.[23]

뿐만 아니라, 판적봉환 후 7년이 지난 1876년에야 관인을 반납한다. 이런 사실만 보아도 판적봉환 이전에는 대마도가 막부가 아니라, 조선에 귀속되어 있었던 것이라는 판단을 할 수 있다.

---

22) 김흥수, "한일관계의 근대적 개편과 대마도", 박사학위청구논문, 서울대학교대학원, 2007, p.25.
23) 상게논문, pp.134-135.

2) 대마도가 판적봉환을 할 수 밖에 없었던 이유

대마도가 판적봉환을 할 수밖에 없었던 이유는 여러 가지가 있다. 그 중 하나가 대마도의 식량사정이 나쁘다는 점이다. 대마도는 섬 전체의 89%가 산지인 까닭에 자체 생산되는 곡물로는 2개월여의 식량밖에 쓸 수가 없다.[24] 당시 전적으로 조선과 일본과의 교역에 의지하던 대마도로서는 조선의 쇄국정책으로 인한 교역량의 감소로 인해서 재정이 악화된 것은 아주 심각한 상황이었다. 따라서 일본에 원조를 요청하지 않을 수 없었고, 1863년에는 실제로 수당미 3만 석을 받아낸다.[25]

또한, 대마도는 자신들의 안전에도 신경을 써야 했다. 그 대표적인 것이 바로 1861년 러시아 군함 포사드니크호의 반년에 걸친 대마도 체류사건이다. 미국 페리 함장의 흑선 이래로 서양 각국이 일본과 통교를 했는데, 이때 러시아 역시 일본과 통교를 하고 이어서 눈독을 들인 곳은 대마도다. 대마도야 말로 일본과 조선은 물론 청나라의 관문이라고 해도 과언이 아니라는 판단이었다.

중국해역 함대사령관 리카초프는 해군대장 콘스탄틴에게 보낸 서한에서 대마도는 조선에서 25마일 떨어진 곳으로 아주 우수한 항구로서 저탄소를 만들 수 있고, 중국해양으로 진출하는 초병 같은 곳으로 영국이 먼저 점령하기 전에 일부를 점령하거나 조차해야 한다고 주장했었다.

---

24) 노성환, "대마도의 영토의식을 통하여 본 한일관계", 「일본학보」, 제8호, 경상대학교 일본문화연구소, 2001, p.101.
25) 김홍수, 전게논문, pp.53-54.

1861년 2월 3일 대마도 아소만의 오사키 포구에 선체수리를 빌미로 군함 포사드니크호가 정박했다. 그들은 정박한 후에 장교숙소와 막사 병원까지 건축하는 등 대마도에 대한 본격적인 안주를 위한 시설을 했지만, 조선은 이런 일에는 신경도 쓰지 않았다. 오히려 그 문제에 뛰어든 것은 러시아를 견제하기 위한 영국이었다.

영국이 막부와 대마도 문제를 협상하려 하자 일본 역시 당시 영국이 개항을 원하는 효고(兵庫) 대신 대마도를 개항하겠다고 하면서 자신들의 영토를 지키기 위해 대마도를 희생시키려고 했다.

그러자 대마도민들은 격분해서 대마도를 서양오랑캐들의 땅을 만들 수 없으니 만일 대마도를 서양에게 내줄 것 같으면 규슈에 10만 석의 대토를 달라고 요구하기도 한다.[26] 어쨌든 대마도가 위기에 처했을 때 누구도 대마도를 구해주지 않았다. 러시아가 영국과의 조약에 의해 영국이 압박을 가해오자 스스로 퇴항했다. 그러나 여기에서 주지해야 할 사실이 있다.

당시 영국이 일본과 대마도 문제를 협의할 때 대마도를 개항하면 초량의 왜관도 자연히 개항되는 것으로 알았다는 것이다. 그것은 당시 영국이 아시아의 정세에 밝지 못한 까닭으로 이미 일본과는 국교가 수립중이기 때문에 막부에 접근해서 협의를 하려고 했던 것이고, 일본은 그 기회에 자신들의 영토를 보호하기 위해 대마도를 내주려고 했던 것이다.

일본은 그들 스스로 대마도를 자신들의 영토 대신에 내주려고 했으면서도 대마도에는 판적봉환을 강요했다. 그 당시 대마도 재

---

26) 상게논문, pp.29-45.

x

정은 극도로 악화되어 오사카에서 빚을 내는 것으로 겨우 연명하는 수준이었다. 만일 그것마저 단절되면 봉기가 일어날 정도였다.[27)

그런 상황임에도 불구하고 조선에서는 교역조건을 오히려 더 까다롭게 하는 등 아무런 실익을 주지 못했다. 오사카에서 빚을 낼 수 없다면 모두가 굶어 죽을 판국의 절박한 상황에서, 대마도주는 작지만 원조라도 해주고 빚이라도 내주는 일본을 택했다.

사실상의 지배계층인 도주는 자신들의 국방을 지켜주거나 경제적인 도움도 주지 않는 조선보다는 일본을 택하는 것이 실익이라는 판단이 들었을 수도 있다. 만일 조선에서 대마도에 조금이라도 이익을 주거나 같은 백성이라는 생각에 육지에 사는 백성들처럼 대해 주었다면, 아무리 강요를 받았다지만 대마도는 판적봉환을 하지 않았을 수도 있었을 것이다.

그러나 대마도의 판적봉환은 국가대 국가의 조약이 이루어져야 하는 근대국가에서 일개 관리에 지나지 않는 도주가 민중봉기를 막아 자신의 권력을 지키기 위한 행위에 지나지 않는 것이므로 의미가 없다. 자세한 이유는 특성비교에서 설명할 것이다.

---

27) 상게논문, p.72.

3. 대마도 판적봉환의 특성비교(特性比較)

1) 대마도 봉답서의 본질

(1) 봉답서의 핵심 내용

판적봉환 당시 일본의 제영주들은 소위 '봉답서(奉答書: ほうとうしょ)'라고 하는 것을 상소로 올림으로써 판적봉환을 결의했다. 그 내용은 아래와 같다.[28]

"신등의 거소는 큰 천자의 땅이요 신등이 거두는 것은 곧 천자의 민이라, 어찌 사유하겠사옵니까. 이에 삼가 그 판적을 거두어 이를 올리니, 원컨대, 조정은 그 마땅한 바대로 처리하여, 줄 것은 주고 빼앗을 것은 빼앗아 무릇 예 「번」의 봉사를 칙령을 내려 다시 정해야 할 것입니다.(후략)"

이는 자신들이 가진 모든 영지와 백성들은 왕의 것이니 가졌다가 다시 주든지 말든지 처분만 기다린다는 것이다. 그러나 제34대 마지막 도주인 종의달은 판적봉환을 하기 1년여 전에 다음과 같은 내용의 봉답서를 쓴다.[29]

---

28) 김제경, "일본의 정치적 근대화와 「명치유신」", 「동아대학교 동아총론」 제16집, 동아대학교, 1979, p.733.
29) 황백현, 『대마도에 남아있는 한국문화재』(부산: 도서출판 발해투어, 2010), p.8.

"이번 서류(書契)부터는 조선에서 만들어준 관인(官印: 圖書)을 사용하지 않고, 대신 우리 조정에서 새로 만들어주는 관인을 사용함으로써 옛날부터 조선의 신하로 살아온 잘못된 점을 뉘우치겠습니다. 수백 년간 조선으로부터 받은 국가적인 경멸(輕蔑)과 모욕(侮辱)으로 점철된 잘못을 바로 잡아 오늘부터 오로지 우리나라의 국체와 국위를 바로 세우는데 최선을 다하고자 합니다.

명치 원년 10월 8일 종 대마 수(宗 對馬 守)"

이 봉답서를 보면 그동안 대마도가 누구의 지배를 받은 누구의 영토인지 알 수 있다. 옛날부터 조선의 신하로 살아왔으며, 수백 년간을 조선 정부에서 내려준 인장을 사용했다고 한다. 거기에다가 지금부터는 일본이 주는 인장을 사용하겠다고 했으니 판적봉환 전까지는 명백한 조선지배하의 조선 영토였음을 스스로 밝힌 것이다.

그럼에도 불구하고, 종의달이 어쩔 수 없이 판적봉환을 하게 된 것은 앞서 말한 바와 같이 대마도의 재정이 극도로 악화되었다는 점이다. 자신이 도주 자리를 잃을지도 모르는 것은 물론, 대마도민들은 당장 굶어죽을 판이었다. 그래서 종의달은 일본에 원조요청을 했고 그 결과 1868년에 '천하평정 후에 상당한 조치를 해 준다.'는 약속[30]을 받고 이런 봉답서를 쓴 것이다.

어쨌든 이 봉답서에서 보여주듯이 대마도는 판적봉환으로 인해서 그동안 속해 있던 조선과의 관계를 끊었다는 것은 명백한 사실이다.

---

30) 김흥수, "한일관계의 근대적 개편과 대마도", 박사학위논문, 서울대학교 대학원, 2007, pp.120-121.

(2) 대마도 판적봉환의 시점

판적봉환 당시 최초로 봉답서를 올린 4개의 번이 상소를 올린 날이 1869년 1월 20일이다. 대마도가 판적봉환을 한 것은 1869년 6월 19일이다.

대마도주는 1869년 4월 8일에 도쿄에 도착하고, 6월 19일에는 판적봉환과 함께 대마번주는 이즈하라번 지사에 취임하고 대마도의 후츄(府中)는 이즈하라(嚴原)로 개칭되었다. 이 소식은 7월 29일 히라다 타메노죠가 도쿄에서 귀번하면서 알려졌다. 이어 8월 25일에는 지사의 실명을 소 요시아키(宗義達)에서 소 시게마사(宗重正)으로 개명하였다. 물론, 이 사실들은 조선에 비밀로 부쳐졌다.[31]

그러나 이것은 대마도가 판적봉환을 하기 전에 일본으로부터 커다란 회유를 받았기 때문에 제출한 것이다. 물론, 앞에 인용한 1868년 10월 8일의 봉답서를 쓸 때에도 '천하평정 후 상당한 조처'를 확약 받았지만 판적봉환을 하기 직전인 1869년 5월 13일 '금후에도 조일외교는 대마도에 일임한다.'는 약조를 받은 것이다.[32]

당시 대마도를 제외하고 조선과 직접 외교권을 갖고 싶어 하던 일본정부의 이런 제안에 대마도는 기아에 빠질 것이라는 불안에

---

31) 상게논문, p.120.
32) 일본어 위키백과, '대마도의 판적봉환(對馬の版籍奉還)' 검색 후 판적봉환(版籍奉還)과 오오시마도노죠우大島 友之允: おおしま とものじょう) 참조, 야후재팬 (http://www.yahoo.co.jp/) (2015. 8. 1.)
원문: 今後も日朝交渉は対馬藩に委ねられることとなった。

서 벗어나기 위해서[33] 어쩔 수 없이 판적봉환을 한 것이다. 그것을 증명이라도 하듯이 판적봉환이 끝나자 일본은 대마도가 연 32,000여 석의 미곡을 수확할 수 있는 관할지를 부여해 준다.[34] 대마도의 식량의 2/3가 조선으로부터 제공되던 것이었는데, 조선의 당시 상황으로는 그런 보장을 받을 수 없으니 일본의 회유에 판적봉환을 감행한 것이다.

그리고 판적봉환을 비롯한 일체의 사실을 조선에는 비밀로 했다. 대마도가 판적봉환에 의해서 일본의 실효 지배를 받게 된 일정을 정리하면, 1868년 1월 3일 메이지유신에 성공한 일본은 에도막부시대의 봉건번제도(封建藩制度)를 청산하고 왕정복고체제를 통한 중앙집권체제를 확립했다.

막부시대 조선에서 관인을 받아 사용했던 대마주(對馬州)를 서기 1869년 6월 19일 판적봉환을 통해서 부중(府中)을 이즈하라(嚴原)로 개칭하고, 대마주(對馬州) 태수(太守) 종의달을 이즈하라번(嚴原藩) 지사(知事)에 임명했다. 이어서 서기 1871년 폐번치현을 실시하면서 8월 7일 이즈하라번(嚴原藩)을 이즈하라현(嚴原縣)으로 승격시켰다가, 9월 4일자로 이마리현(伊万里縣)에 편입시켰고, 서기 1872년 이마리현을 사가현(佐賀縣)으로 개편했으며, 8월 17일 나가사키현(長崎縣)에 배속시킴으로써 행정체제개편을 완성했다. 이 과정에서 대마도는 일본에 귀속되었다.[35]

이 과정에서 한 가지 주목할 점은, 일본은 1872년 8월 17일 대

33) 김용훈 "근대 격변기의 대마도 영토권", 「白山學報」, 제89호, 백산학회, 2011. p.191.
34) 김홍수, 전게논문, pp.121-122.
35) 황백현, 『대마도 통치사』(부산: 도서출판 발해, 2012), pp.126-127.

마도를 나가사키현(長崎縣)에 배속시키는 행정조치를 마무리 하고도 1876년에야 조선에 그 사실을 알린다는[36) 것이다.

당시 대마도가 조선의 외교 창구로서 일본외교를 전담했다는 사실을 상기하면 조선에는 왜 비밀로 했는지 이해할 수 있는 일이다. 조선은 대마도를 자신들의 영토라 여기고 일본과의 외교적 창구 역할을 대마도에 전담시키고 있는데, 대마도가 일본에 판적봉환을 했다면 조선이 대마도를 더 이상 일본과의 외교 전담창구로 인정하지 않을 것은 빤한 일이다. 당시 이미 근대화를 통해서 조선 정벌을 계획하고 있던 일본이었기에, 일시적이나마 대마도의 판적봉환으로 인한 조선과의 외교적 단절을 가져오지 않기 위해서 비밀로 했던 것이다.

봉답서 뿐만 아니라, 대마도 판적봉환이 정상적으로 이루어졌다고 볼 수 있는 것이 하나도 없다. 게다가 조선에 비밀로 했다는 것 역시 대마도 판적봉환이 석연치 않게 이뤄졌다는 것을 알 수 있는 일이다. 만일 대마도가 그 당시 일본영토였다면 판적봉환을 한 사실을 굳이 조선에 비밀로 할 까닭이 없었다.

---

36) 고종 13권, 13년(1876 병자 / 청 광서(光緒) 2년) 5월 3일(계사) 1번째 기사. 일본에서 종전에 대마도주가 쓰던 도서를 돌려보내다. 의정부(議政府)에서 아뢰기를, "동래 부사(東萊府使) 홍우창(洪祐昌)이 임역(任譯)의 수본(手本)으로 인하여 말하기를, '왜관(倭館)에 머물러 있는 일본 사람이 모리야마 시게루〔森山茂〕가 보낸 편지를 보여주면서 이어 말하기를, '지금은 대마도주(對馬島主)의 직책을 파하고 사신을 보내던 규례도 폐지되었으니 종전에 사용하던 도서(圖書)를 즉시 거두어 돌려준 뒤에 문건을 만들어 주십시오.'라고 하였습니다. 이것은 본 부에서 마음대로 허락할 수 없으니 묘당(廟堂)으로 하여금 품처(稟處)하게 하소서.' 라고 하였습니다. 저들의 관제(官制)가 변경되었기 때문에 이 도서를 돌려주는 것이니 허락을 아낄 필요는 없습니다. 요청한 대로 시행하라는 내용으로 동래부(東萊府)로 하여금 문건을 만들어 답해서 보내게 하되, 3과(顆)의 도서는 우선 거두어서 그대로 두라는 뜻으로 분부하는 것이 어떻겠습니까?"하니, 윤허하였다.

2) 대마도 판적봉환이 무효인 이유

대마도가 일본에 귀속된 것, 즉 대마도의 지적이 일본으로 편입된 것에 대하여 우리나라 학자들의 견해는 크게 8세기 이후, 임진왜란 이후, 판적봉환 이후라는 세 가지로 나눌 수 있었다.

그러나 대마도가 일본으로 귀속된 것은 분명 1818년 후의 일이다. 따라서 8세기 이후, 혹은 임진왜란 이후라는 두 가지 설보다는 1869년의 판적봉환 이후라는 설이 가장 타당하고 본다. 왜냐하면 1818년에도 대마도 백성들은 자신들이 조선인이라고 하면서 대마도가 조선 땅임을 천명한 증거가 『일본표해록』에 있다. 그리고 그때부터 판적봉환까지는 대마도에 대해서 이렇다 할 역사적 사건이나 기록이 없었으므로 판적봉환 이후가 타당하다는 것이다.

1817년 풍계 현정이 풍랑을 만나 일본에 표류했다가 대마도에서 45일을 머물면서[37] 기록한 『일본표해록』에 아래와 같이 적혀있다.[38]

"대마도 사람들은 대부분 조선어가 능하였다. 우리를 보러 온 사람들 대부분이 '우리도 조선인이다.'라고 하였다. 평소의 언어는 조선어와 일본어였으며, 한 번도 일본을 본국이라 말한 적이 없었다. 대체로 일본과 다르며 일본의 순신(純臣)이 아니었다. 우리나라에 도착한 후

---

37) 풍계 현정이 일본에 표류해서 본국에 머무는 동안 설이 지나서 대마도에는 1818년에 45일간 머물게 된 것이다.
38) 풍계 현정, 전게서, pp.67~68.

에 동래사람들의 말을 들어보니, 대마도는 본래 우리 땅이며 그 사람들도 우리나라의 자손이라고 하였다. 그렇기 때문에 대마도 사람들이 와서 '나도 조선사람'이라고 말했던 것이다."

이 기록은 문헌이나 역사적인 것도 아니며, 영토 주권을 밝히는 영토학자나 사학자, 혹은 고고학자의 기록도 아니다. 경주의 옥돌로 불상 천 개를 만들어서 배 두 척에 나누어 싣고 전라도 해남 대둔사로 운반하기 위해서 가던 중에, 풍랑으로 인해서 그곳에서 45일을 머물다가 온 승려의 기록이므로 신빙성에는 의문이 없을 것이다.

그런데 그곳에 살고 있는 백성들이 조선어가 능하고, 스스로 조선 사람이라고 했다면 그것은 조선의 문화가 살아있고 그 안에 조선인이 살고 있었다는 증거다. 이미 인용한 바와 같이 '스스로 조선인이라고 하면서, 한 번도 일본을 본국이라고 말한 적이 없다'는 증언은 아주 의미가 깊은 것이다.

또한, 순종 2년(1908)의 『증보동국문헌비고』에서는 대마도에 대해 '지금은 비록 일본의 폭력으로 그들의 땅에 강제로 편제되었으나 본래는 우리나라 동래에 속했던 까닭에 이에 대한 기록들이 우리 고사(故事)에 많이 있어 아울러 기록한다.'고 하며 '섬 안의 남자들의 언어와 부녀자들의 의복이 조선과 같았다. 대마도인들이 왜를 칭할 때는 반드시 일본이라고 하였고, 일본인들도 그들을 일본 왜와는 크게 차별하여 대우하였음으로 대마도민 자체가 일본에 예속된 왜로 자처하지 않았다.'고 기록되어 있다.[39]

『증보동국문헌비고』는 풍계 현정이 대마도에서 겪고 와서 적은『일본표해록』에 비해 무려 90여년 후인 1908년, 즉 한일강제병합을 2년 남기고 적은 기록이다. 그러나 두 가지 기록의 내용이 너무나도 일치한다. 또한, 대한제국에 대한 한일강제병합을 2년 남긴 시점으로, 이미 일본에 의해 외교권 등을 강제로 빼앗긴 상태임에도 불구하고, 대마도가 일본의 폭력으로 그들의 땅에 강제로 편제되었다는 것을 밝히면서 대마도의 백성들은 조선인임을 자부하고 있다고 기록했다.

이런 기록들을 볼 때, 비록 1869년 판적봉환에 의해 대마도의 지적이 일본으로 바뀌었다고 할지라도 그 안에 사는 백성들은 스스로를 조선 사람이라고 자부했다는 것을 알 수 있다. 또한, 그들의 의복 등이 조선의 문화라는 것에도 이견이 없다.

대마도가 언제 일본으로 편입되었는가에 대한 국내 학자들의 의견이 분분하지만, 일단 가장 먼저 편입되었다고 보는 8세기 이후나, 임진왜란 이후 혹은 막부시대부터라고 보는 학자들도, 당시에는 대마도가 일본에 완전하게 귀속된 것이 아니라, 일본과 조선에 양속관계를 가지고 있었다고 한다. 그리고 양속관계를 갖게 된 이유는 대마도가 스스로 생존하기 위한 방법 중 하나였다고 한다. 설령 그들의 주장이 맞더라도, 그들이 주장하는 시점에 대마도가 일본으로 완전하게 귀속된 것은 아니라는 의미다.

그렇다면, 지금 이 시점에서 영토권이 누구에게 있는가를 규명

---

39) 김화홍, 『대마도는 한국땅』(서울: 지와사랑, 2005), p.184.

하기 위해서는, 영토문화론의 특성에서 밝힌 대로 대마도를 가장 먼저 선점하여 개척하고 그 안에 문화를 심은 민족이 누구인가를 규명하는 것이 중요하다. 대마도를 먼저 차지해서 그 땅의 주인으로 등록한 사람이 주인이라는 것은 더 말할 나위가 없다.

설령, 중간에 자신들이 살아남기 위해서 조선과 일본에 양속관계를 맺었었다고 할지라도 처음 그 땅에 문화의 씨앗을 뿌리고 살던 이들이 주인이라는 것은 변하지 않는 진리다. 양속관계를 맺었다면, 양속관계 이전의 주인이 누구인가가 실제 주인을 규명하는 잣대가 된다. 그곳에 영토문화를 심은 문화의 주인이 문화주권을 가짐으로써, 영토문화론에 의한 영토권을 갖는다는 의미다.

지금까지 기술한 여러 가지 정황으로 볼 때, 대마도는 판적봉환에 의해서 일제에 강제 편입되었다고 할 수 있다. 그러나 도주의 일방적인 결정에 의해서 정치적으로는 일본에 귀속되었다고 할지라도, 그 안에 살고 있는 백성들은 스스로 조선인이라고 칭했다. 결국 도주의 일방적인 행위는 문화의 주인인 백성들과는 무관한 것으로 무효라는 것이다.

고대국가에서는 소위 촌장 혹은 추장이라고 불리는 소국의 지배 계층이 지지하는 나라를 바꾸면, 자동으로 그가 지배하는 범위는 새로운 나라로 편입되었다. 그것은 지배계층이 지배하고 있는 소국의 이익과 안위를 위한 일일 수도 있고, 지배계층의 개인적인 이익과 안위를 위해서 일수도 있다. 하지만 어느 경우가 되었든 간에 그 영역에 살고 있는 백성들은 알지도 못한 채, 졸지에 자신들의 소국이 속해 있는 나라명이 바뀌고 국경이 바뀐다. 그러나 그렇게 인위적으로 소속이 바뀐다고 해서 문화의 주권이 바뀌는 것은 아니다. 소속된 나라가 새롭게 바뀔지라도, 실질적인 문화의 주권자는 그 안에서 자신들의 문화를 누리며 살고 있는 백성들이기 때문이다.

지배계층의 판단에 의해서 일시적으로 소속이 바뀌는 것은 지리적인 국경에 의한 영토의 개념이 바뀌는 것이다. 하지만 실질적인 영토의 주인이 바뀌는 것은 아니다. 그 영토의 문화에 의한 영토권은 그 땅에 뿌리내린 영토문화를 누리며 살고 있는 문화주권을 가진 백성들이기 때문이다.

특히 고대국가에서는 영토의 개념이 현대처럼 좌표에 의한 선의 개념이 아니었다.

자신들의 문화를 누리며 살고 있는 곳을 영토로 삼고, 서로 다른 문화와의 사이에서 생기는 공간은 누구의 영토로도 단정 짓지 않고 완충지대 역할을 하는 무주지(無主地)인 공지(空地)로 남기기도 했다. 예를 들자면 우리나라의 고조선과 중국의 진·연·한나라의 경계는 오늘날의 산해관 부근에 있는 갈석산 서쪽의 난하다. 그러나 『사기』에 의하면 진나라 시절에 난하 동쪽에 공지를 두었다는 기록이 있다. 이 기록 때문에 북한의 일부 학자들은 난하와 대릉하 사이를 공지로 보고, 고조선의 경계를 대릉하로 보기도 한다.[40]

뿐만 아니라, 문화권이 서로 같을지라도 일정한 거리를 둔 소국 간에는 각각의 지배계층이 지지하는 세력이 서로 달라서, 서

---

40) 북한사회과학원역사연구소 편, 전게서, pp.103~110.

로 다른 국가에 종속되어 소속을 달리 하는 경우도 허다했다. 우리나라 역사의 삼국시대를 생각해 보면 쉽게 이해할 수 있는 일이다.

그러나 그것은 국가의 틀이 완성되지 못했던 고대국가에서 통용되던 이야기다.

대마도의 판적봉환이 이루어지던 1869년이면 이미 근대국가의 틀이 완전히 성립되고 난 후의 일이다. 통상이나 외교 등에 관한 일들은 물론 국가 간의 영토의 경계 역시 국가대 국가의 조약에 의해서 결정되던 시기다. 만일 조선과 일본이 어떤 이유에서든지 대마도의 판적을 일본에 양도 혹은 매매하는 조약을 체결했다면 그것은 대마도의 국적이 바뀔 수 있다.

그러나 대마도가 판적봉환에 의해 일본으로 귀속된 것은 단지 대마도에서만 지배계층에 해당하는 조선의 일개 관리인 도주가 조선의 의사와는 상관하지 않고 일본의 강압적인 회유정책을 이겨내지 못하고 소속을 바꾼 경우에 해당한다. 이것은 근대국가에서는 성립될 수 없는 행위다. 대마도주가 판적봉환을 시행한 봉답서에서 보듯이 수백 년간 조선으로부터 도주로 임명받아 조선이 만들어 준 관인을 사용하던 대마도의 일개 관리인 도주가 일본에 판적을 봉환했다고 그 영토의 국적이 바뀌던 시대가 아니다. 그러므로 1869년 일본에 의해 강행된 대마도의 판적봉환은 무효다. 그것은 마치 한일강제병합 당시에 매국노들이 조약문서에 도장을 찍은 것처럼, 단지 조선의 일개 관리에 지나지 않는 도주가 자신의 이익을 위한 매국행위를 저지른 것에 불과함으로 국가대 국가의 차원에서 볼 때는 엄연한 불법이다. 따라서 조국

광복과 함께 대마도 역시 수복되었어야 한다.

특히 도주가 판적봉환으로 일본을 택해 지리적인 국경에 의한 소속이 바뀌었지만, 그 안에 살고 있는 문화주권자인 백성들은 대마도 영토문화의 주인인 조선의 백성으로 살아가고 있었다.

지금처럼 대마도 주민들이 조선 사람이 아니라 일본사람임을 자처하게 된 것은 일제가 대한제국을 강제 병합한 후인 1932~1933년경이다.

1932~1933년에 대마도의 개발을 둘러싸고 논란이 벌어졌을 때 당시 혁신계 후지쓰마라는 사세보(させぼ: 佐世保) 출신 의원이 돌연 '대마도를 나가사키현에서 조선총독부의 행정구역으로 이관하자.'는 제안을 했기 때문이다. 그의 생각은 '대마도에서 하카다에 가서 또 그곳에서 나가사키까지 오는 것은 불합리하고 또 지사를 비롯한 현청의 관리들이 대마도에 출장 가는 것도 불편하다. 따라서 종종 현청의 대마도에 대한 시책이 뒷전으로 밀려나는 일도 발생한다. 그럴 바에야 나가사키현보다 큰 조선총독부의 소관으로 옮기는 것이 예산도 많이 확보할 수 있어 좋다'는 것이었다. 대마도가 일본에서 멀고 조선에서 가깝다는 이유가 가장 큰 이유였다.

여기에서 대마도인들이 크게 반발하고 나섰다. 그런데 그 이유가 옛날같이 경제적인 것에 있지 않았다. 그들은 '일본영토 대마도를 식민지 취급하는 것을 허용할 수 없다.'며 민족적 차별에서 그 이유를 찾았다. 그들도 조선인에 대한 민족차별의식으로 인해서 조선인이 당하는 불이익을 알고 있었던 것이다. 불과 얼마 전까지만 하더라도 그들은 일본과 한국의 틈바구니 속에서 살아남기 위해서 조선에게 머리를 숙이고 영토와 백성을 바쳤던 때와는 너무나도 차이가 나는 것이었다.[41]

그러나 이 사건은 대마도의 문화는 물론 지적과도 별개의 문제다. 왜냐하면, 이 사건은 우리가 일본에게 강점당하고 있던 시대에 벌어진 일이다. 그 시기에는 대마도인들 뿐만 아니라 우리 민족의 상당수에 해당하는 사람들이 일본으로부터 광복을 되찾는다는 것은 쉬운 일이 아니라고 생각했다. 그런 사실은 많은 지식인들을 비롯한 지도층 인사들이 친일 행각을 한 것을 보면 알 수 있다. 하물며, 우리나라 중에서는 지리적으로 일본과 가장 가까이에 있으면서 양국의 틈바구니에서 시달리던 대마도 주민들은 우리나라가 독립이 될 것이라는 기대보다는 식민지 백성으로 천대받기 싫었던 이유가 더 크게 작용했던 것이다.

따라서 이런 경우는 특수한 사정에 직면한 대마도 주민들이 어쩔 수 없는 선택을 한 것이라고 보아야 한다. 강압적이고 절박한 상황에서 살아남기 위해서 어쩔 수 없이 선택한 것은 훗날 그 상황이 해제되고 나면 다시 선택권을 주는 것이 관례다.

---

41) 노성환, "대마도의 영토의식을 통하여 본 한일관계", 「일본학보」, 제8호, 경상대학교 일본문화연구소, 2001, pp.117~118.

4. 대마도 판적봉환에 대한 평가(評價)

대마도가 비록 조선 말기에 국력이 피폐한 상황에서, 미처 신경을 쓰지 못하는 동안 판적봉환으로 부당하게 일본에 귀속되었지만, 판적봉환 그 자체가 무효였다. 1908년 발간된 『증보동국문헌비고』에 의하면 일본의 폭력으로 그들의 땅에 강제로 편제 된 것을 인지하고도 1905년 을사늑약에 의해서 외교권 등을 빼앗긴 상태이므로 국권이 약해 돌려받지 못한 것뿐이다. 그러나 판적봉환 이후에도 그곳의 문화는 조선의 것이었고, 주민들의 의식은 조선 사람임을 자처하고 있었다. 다만 일제강점기에 식민지 백성으로 취급받기 싫어서 주민들이 어쩔 수 없는 선택을 하여 일본 시민이 되기를 원했던 것은 사실이다. 그렇다고 그곳에 심겨있는 문화가 바뀌는 것도 아니고 문화주권이 이양되는 것도 아니다. 설령 일시적인 지배체제 하에서 어쩔 수 없는 선택을 했다고 하더라도 그곳의 문화가 일시에 사라지거나 바뀌는 것이 아니기 때문이다. 더더욱 일제강점기는 일본에 의해 우리 문화와 역사가 말살되었고, 그 시기에 일어난 모든 행위에 관해서는 한일병합이라는 일제의 위법적인 범죄로 인하여 기인된 사건들이므로 일제강점기 이전으로 돌아가서 판단해야 한다는 것이 국제적으로 통용되고 있는 원칙이다.

문화의 주인인 백성들은 물론 조선의 조정조차 알지도 못하는 사이에 조선의 일개 관리인 도주에 의해서 이루어진 매국행위에 지나지 않는 판적봉환이 원천적으로 무효인 것은 당연한 일이다. 또한, 일제강점기 하에서 일어났던 대마도 주민들의 일본에 대한 선택 역시 대한민국의 광복과 함께 무효다. 그런 까닭에 광복과 함께 대한민국 정부는 수차례 대마도의 반환을 공식적으로 요구했던 것이다.

　따라서 일제강점기에 대마도 주민들이 일본 시민이 되기를 자처한 사건이 있었다고 할지라도, 대마도 영토문화의 문화주권은 물론 대마도의 지적이 조선의 것이었으므로, 조선의 주권과 국통을 이어받은 대한민국에 승계되는 것이다. 대마도의 영토권을 판가름하는 지적이 엄연히 대한민국 소유이므로, 대마도의 지적은 대한민국에 귀환되어야 한다.

8장 지도문화와 잔존하는 문화로 본 대마도의 영토권

　이 장은 고대 이후로 근세까지 제작되어, 현재까지 전래되고 있는 대마도의 지도에 대해 살펴봄과 동시에, 고대로부터 전래되어 대마도에 잔존하고 있는 종교문화, 특히 불교문화와 토속신앙 및 잔존하고 있는 성씨, 언어나 풍습은 물론 문자 등에 관하여 살펴보는 장이다.

　지도는 제작 당시에 대마도가 어느 나라 영토에 귀속되고 있었는지를 알 수 있는 귀중한 문화유산이다. 또한 잔존하는 종교, 성씨, 언어, 문자 등의 문화 역시 영토문화의 문화주권자를 규명하여 문화영토론에 의한 영토권을 규명하기 위해서는 중요한 자료라고 할 수 있다.

1. 지도문화(地圖文化)로 본 대마도의 영토권

1) 대마도 지도문화의 사례(事例)

(1) 우리나라에서 제작한 대마도 지도

① 대동여지도

우리나라에서 제작한 지도라고 하면 대마도 문제를 떠나서라도 최초의 근대지도로 인정받고 있는 대동여지도를 꼽을 수 있다.

대동여지도는 우리나라 보물 제850호로, 일반적으로 호칭되는 목판본의 『대동여지도』 22첩(帖)은 조선 후기의 지리학자 김정호가 1861년에 편찬·간행하고, 1864년에 재간한 22첩의 병풍식(또는 절첩식) 전국 지도첩이다.[1]

1861년이면 판적봉환이 일어나기 불과 8년 전이고, 재간한 64년은 불과 5년 전이다. 그때까지 대마도가 우리 영토였다는 것을 잘 보여주는 지도다.

[그림 8-1] 대동여지도
자료: 국립 중앙 도서관 소장

---

1) 한국민족문화대백과사전, www.naver.com에서 검색(2014. 7. 15.).

대동여지도 외에도 1530년 『신증동국여지승람』에 실려 있는 '팔도총도', 성신여자대학교 박물관에 소장되고 있는 '조선전도' 및 19세기 후반에 그려진 것으로 알려진 '해좌전도' 등에도 대마도가 확실하게 우리 영토로 명시되어 있다.

② 조선전도

[그림 8-2] 조선전도
자료: 절두산 순교 박물관 소장(사본)

조선전도는 김대건(金大建, 안드레아, 1821~1846년) 신부가 1845년 1월부터 4월까지 부제(副祭)로 서울에 머물면서 선교사를 위해 제작한 우리나라 행정지도다.

'조선전도(朝鮮全圖)'의 모본은 서울의 관부에 보관된 정상기(鄭尙驥, 1678~1752년)의 『동국지도(東國地圖)』로 추정된다. 한자로 표기된 소수의 지명을 제외하면 대부분의 산천, 도시 등이 로마자로 표기되어 있다는 점에서 프랑스 선교사들의 조선입국을 돕기 위해 제작한 지도임을 알 수 있다.

이 지도는 1846년 심부름꾼을 몰래 변문(邊門)에 보내어 대기하던 메스트르(Maistre, 요셉, 1808~1857년) 신부와 최양업(崔良業, 토마스, 1821~1861년) 부제에게 전달되었다. 이후 상해의 프랑스 총

영사 몽티니(Montigny)의 손을 거쳐 1855년 프랑스 왕립도서관에 기증되었으며, 1855년 프랑스 지리학회지를 통해 유럽에 소개되었다.

이 지도에는 만주의 봉황성(鳳凰城)에서 의주 변문에 이르기까지의 육로와 한강 하구를 중심으로 서해안 일대의 해로(海路)를 자세히 그렸으며, 섬들과 각 지방의 감영(監營), 병영(兵營), 수영(水營) 등 주요 행정, 군사 중심지가 표시되어 있다. 또한, 동해의 울릉도 옆에 우산(于山)으로 표기된 독도(獨島)가 있고, 간도(間島)로 추정되는 압록강·두만강 북부의 일정지역이 별도의 경계선 안에 포함되어 있으며, 대마도가 포함되어 있다는 점 등에서 제작자의 철저한 영토의식을 잘 보여준다.[2]

이 지도가 1845년에 제작되었음에도 불구하고 대마도를 우리 영토로 표기하고 있다는 것은 분명히 그 대까지는 우리 영토였다는 것을 의미한다. 앞에서 인용한『일본표해록』의 저자로 승려인 풍계 현정처럼 김대건 신부 역시 영토학자나 사학자가 아니라 순수하게 신앙을 전파하는 성직자의 한 사람이다. 개인의 사리사욕이나 국가의 이익 또는 자신의 학설을 주장하기 위해서 지도를 제작한 것이 아니다. 단순히 그 시대의 영토 현황을 그대로 표현했을 뿐이다. 그런 지도에서조차 1845년까지 대마도가 우리 영토로 표현되었다는 것은 대마도가 1869년의 판적봉환 이전에는 확실한 우리 영토였다는 것을 뒷받침하는 것이다.

---

2) 한국민족문화대백과사전, '조선전도' 검색, www.naver.com(2015. 7. 20.).

(2) 일본에서 그린 대마도 지도

우리나라에서 그린 대마도 지도가 우리 영토로 표기된 것이 일방적인 주장이라고 할 수도 있다. 그러나 일본에서도 최고 권위자의 승인을 받은 지도에 대마도가 우리 영토로 명시된 지도들이 있다는 것이 중요한 것이다.

① 임진왜란에 있어서 '일본군지도(日本軍地圖)'

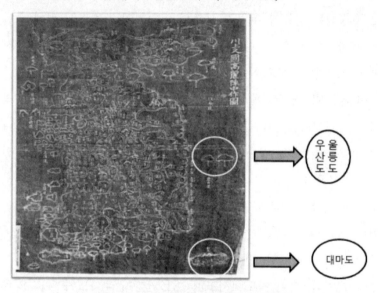

[그림 8-3] 임진왜란 당시 일본군 작전지도
자료: 김문길, "동북아에 있어서 대마도 영토 연구", 「일본문화학보」, 제45집, p.258.

[그림 8-3]은 임진왜란 당시 왜군 작전사령부의 역할을 한 카와가미 히사쿠니(川上久國)가 그린 일본군작전지도다.

이 작전계획 지도에 대마도, 독도, 울릉도를 표기한 것을 보면

임진왜란 당시에도 대마도가 분명한 조선영토임을 알 수 있다.[3]

그것은 이미 논지한 바와 같이 임진왜란 초기에 대마도 주민들이 일본군들을 상대로 항전했었다는 사실만으로도 충분한 설명이 될 수 있지만, 이러한 지도가 있다는 것은 또 하나의 확실한 증거를 확보할 수 있는 것이다.

② 대마여지도(對馬与地図)

이 지도는 1756년 6월에 에도(江戸) 막부의 공인을 받아 완성한 것이다. 그 당시 일본은 네덜란드 문화를 수용하고 외국문물을 받아들이기 위하여 세계지도와 일본 지도를 많이 그리던 시대다.

이 지도에 쓰여 있는 글을 우리는 '대마도의 부, 향, 군 모든 법칙은 조선국 부산에 준한 것으로 본다. 거리는 470리이다(원문: 釜赤朝鮮國地之例准則府縣郡令之四七裁).'[4]라고 되어 있다. 문제는 일본 지도학자들

[그림 8-4] 대마여지도

자료: 김문길, "동북아에 있어서 대마도 영토 연구", 「일본문화학보」, 제45집, p.254.

---

3) 김문길, "동북아에 있어서 대마도 영토 연구", 「일본문화학보」 제45집, 한국일본문화학회, 2010, p.258.
4) 상게논문, p.254.

은 부(釜)를 익(益)으로 읽고, 470을 4품(四品)으로 읽고 있다. 일본 학자들의 해석대로 부를 익으로 읽는다면 점점 조선행정에 따른 다는 것이고, 대마도는 4품(四品: 4품의 관직 혹은 4등급 부속 섬)이 된다는 것이다.5)

일본학자들이 대마도가 과거 조선의 영토였다는 사실을 부인 하고 싶어서 대마도의 행정조직이 부산에 준한다는 것을 점점 조 선행정에 따른다는 것으로 해석하지만, 그것은 결국 부산이 조선 의 영토이고 조선의 행정을 따르는 것이니 그저 트집을 잡기 위 한 말장난에 지나지 않는 것이다. 일본학자들이 원문을 무시하여 자기들 마음대로 읽고 해석하여도 어차피 조선의 행정에 따르는 것은 마찬가지다. 결국 에도막부 시대에 그려진 이 지도는 판적 봉환 이전에는 에도막부 역시 대마도가 조선의 영토라고 인식했 던 사실을 스스로 인정하는 것이다.

③ 조선팔도지도(朝鮮八道之図)

18세기 일본 지리학자 하야시시헤이(林子平)가 그린 조선팔도 지도의 경남부산지역에 일본어로 '對馬 持ちし: 대마 오모찌시'라 고 되어 있다. '대마 오모찌시'는 '대마는 조선이 가지고 있다.'라 는 의미도 되고 부산에 왜관을 두다보니 왜관은 대마도를 가지고 있다는 의미로도 해석된다. 따라서 대마도는 부산이 가지고 있으 며, 옛날부터 조선이 통치했다는 것으로 해석할 수 있다. 대마도 는 옛날부터 조선이 통치했다.6)

---

5) 필자와의 통화 및 e-mail에 의한 김문길의 추가 설명(2016. 7. 7.).
6) 상게논문, p.259.

[그림 8-5] 조선팔도 지도
자료: 김문길, "동북아에 있어서 대마도 영토
연구", 「일본문화학보」, 제45집, p.259.

이 지도의 제작연대가 18세기이므로 판적봉환 이전에는 대마
도가 조선의 영토였음을 보여주는 지도 중의 하나다.

(3) 중국에서 그린 대마도 지도

중국에서 제작된 가장 대표적인 대마도 지도는 조선팔도총도
를 들 수 있다. 『조선부(朝鮮賦)』는 1448년 중국 사신 동월이 중국
황제의 명을 받고 조선에 와서 보고 들은 것을 저술한 고서적이
다. 이 서적에는 조선사회의 사회, 문화, 지리가 상세하게 적혀
있으며, 독도와 대마도가 조선영토로 표기되어 있다.

이 서적을 토대로 우리나라에서는 1697년(숙종 23)에 필사본을
만들었고, 일본도 1717년에 필사본을 편찬하여 조선의 사회와 지

리를 알기 위해 도쿠가와(德川) 막부가 백성들에게 조선의 풍토를 가르칠 때 좋은 교재로 활용하였다. 이 책이 세계적으로 인기가 있어서 사고전서(四庫全書)7)에 이 책을 넣어 출간하였다.

일본에서 출간한 『조선부』에도 대마도는 우리 영토로 되어 있다. 이 서적 3쪽에 '조선팔도총도'라는 지도가 있는데 울릉도, 우산도, 대마도를 우리 영토로 그려 넣고 있다.8)

이것은 중국은 물론 에도막부 역시 대마도가 우리 영토라고 인정했다는 사실을 보여주는 중요한 근거가 된다.

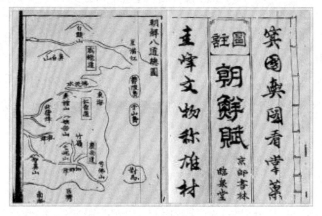

[그림 8-6] 동월의 조선팔도총도

자료: 김문길, "동북아에 있어서 대마도 영토 연구", 「일본문화학보」, 제45집, p.256.

---

7) 사고전서란 중국 청(淸)나라 때 편집된 총서로 수록된 책은 3,458종, 7만 9582권 (각 벌의 서적 수는 동일하지 않음)에 이르렀으며, 경(經)·사(史)·자(子)·집(集)의 4부로 분류 편집되었다. 오늘날까지 현존하고 있다: 두산백과, www.naver.com에 서 '사고전서' 검색(2015. 7. 25.).
8) 김문길, 전게논문, pp.255-256.

2) 대마도 지도문화의 특성분석(特性分析)

지도를 제작하여 다른 나라의 영역을 표시·관리했다는 것은 그 나라의 고유 통치행위와는 별개로 당대에 이웃하는 국가 사이의 영토에 관한 정치·사회·문화를 포괄하는 규범문화의 연속으로 이해된다.

우리나라에서 1861년에 제작된 대동여지도는 물론 그 이전에 제작된 조선전도 등의 근대식 지도에서는 물론 일본인들이 제작한 일본군 작전지도와 1756년에 막부의 공인까지 받은 근대 지도에도 대마도는 조선의 땅으로 표기되어 있다.

뿐만 아니라 1448년 당시에는 제작국인 중국은 물론 1697년에 우리나라와 1717년에 일본까지 필사본을 만들어서 교재로 사용했던 동월의 '조선팔도총도'에도 대마도는 조선 땅으로 표기가 되어있다. 대마도 영토 문제에 관해서는 제3국이라 할 수 있는 중국에서도 '조선팔도총도'를 통해서 대마도를 우리의 영토로 표기하고 있다는 것은 대마도의 지리적 위치와 그 문화가 우리 고토였다는 명백한 근거가 된다.

3) 대마도 지도문화에 대한 평가(評價)

우리나라나 일본처럼 대마도 영토권에 관한 당사자가 아니라 제3국인 중국이 제작한 지도에서조차 대마도가 우리 영토로 표기되었다는 것은 대마도의 영토권이 우리에게 있음을 증명하는 것이다.

대마도의 위치나 모양 등을 지도에 담고 있는 지도는 그 시대적 상황을 그대로 반영해 주고 있는 것이며, 역사적 기록 그 자체이면서 당대의 시대상에 관한 근거가 된다. 분명한 것은 일본에서 작성한 지도에는 우리나라와 함께 표시된 대마도가 있으나, 우리나라에서 작성한 일본 지도에는 대마도를 표기하고 있는 것을 찾아보기 어렵다. 이것이 단순한 거리상의 문제에서 기인한 것은 분명 아닐 것이다.

2. 종교(宗敎) 및 잔존(殘存)하는 문화로 본 대마도의 영토권

1) 종교 및 잔존하는 문화의 사례(事例)

(1) 종교문화(宗敎文化)

① 고대부터 전래된 토속종교 문화

신숙주는 『해동제국기』에서 "대마도의 남북에는 높은 산이 있는데 모두 천신의 명칭이 붙어 있고, 남쪽에 있는 것을 자신(子神), 북쪽에 있는 것을 모신(母神)이라 부른다. 풍속에 신을 숭상해서 집집마다 소찬(素饌)으로 제사를 지내며 산에 있는 초목이나 금수도 감히 해치는 자가 없다. 죄인이 달아나 신당으로 들어가면 감히 쫓아가서 잡지를 못한다."[9]라고 기술하였다.

그 산에서 신을 모셨다는 기록이다. 이 기록을 기반으로 천신산과 죄인들이 달아나 피했던 신당에 대해서 알아보면 다음과 같다.

먼저, 대마도 사람들이 중요한 성산으로 여겼던 천신산(天神山)은 도요타마마치(豊玉町: とよたままち)에 위치하고 있다. 천신산의 존재는 한반도에 거주하던 사람들에게도 잘 알려진 것으로 인위(仁位: にい: 니이)의 서북쪽에 있다. 대마도에 3개의 가라(加羅)가 있었는데 그 중 하나가 인위천(仁位川) 주변에 터를 잡았던 인위

---

9) 신숙주, 전제서, p.130.

가라(仁位加羅)이며, 과거에 고구려에 속하였다는 기록이 전해진
다.10)

고구려는 백두산(白頭山)이 자신들의 영토 안에 있었으므로 백
두산을 영산(靈山)으로 여기고 그곳에서 제사를 지내던 나라다.
서로 같은 문화를 누리던 고조선과 진국의 전통을 이어받은 고구
려가 자국 영토 안에 있던 백두산을 신성하게 여긴 것과 마찬가
지로, 자신들이 대마도에서 통치하고 있던 인위가라에 속해 있는
천신산을 영산이라 부르며 그 안에서 제사를 지낸 것은 당연한
일이다.

그 다음, 죄인이 달아나 신당으로 들어가면 잡지 못했다고 한
것은 바로 소도를 일컫는다. 대마도에는 20여 개의 천도단을 모
신 소도(卒土: そっと)가 있다. 그리고 이 공간은 신성한 곳이기에
함부로 들어가지 못하게 했다.11) 소도는 두 가지 형태가 있다.
하나는 긴 장대위에 세 마리의 새를 조각하여 올려놓는 목제소도
(木製蘇塗)이고 다른 하나는 돌을 피라미드처럼 쌓아 올린 적석소
도(積石蘇塗)를 말한다.12)

이에 대하여 정호완과 김일림은 우리나라의 솟대와 같은 기능
으로 보았다. 또한, 최근까지 흔히 민간에서 세우던 솟대의 기원
은『삼국지』마한전(馬韓傳)에 나오는 소도(蘇塗)에서 비롯된 것이
라는 의견이 지배적이다.13) 진국의 소국들에는 천신에게 제사를
지내는 '소도'라는 곳이 있었다. 대체로 국읍(國邑)에 가까운 곳에

---

10) 한문희·손승호, 전게서, pp.119-121.
11) 정호완, 전게논문, p.115.
12) 김일림, "대마도의 문화와 문화경관", 「한국사진지리학회지」, 제13호, 2003, p.95.
13) 한국민족문화대백과사전, '솟대' 검색, www.daum.net(2015. 7. 20.).

있었다. 죄를 지은 자들이 소도 가운데 이르면 모두 돌려보내지 않았다[14]는 기록 등을 보면 대마도의 소도는 진국의 그것과 기능이나 여러 가지 면에서 큰 차이가 없다. 마한 역시 진국을 구성하는 국가 중 하나였으므로 대마도의 소도는『삼국지 마한전』에 나오는 소도에서 유래된 것이라고 보아도 무리가 없다.

성역을 상징하는 '솟대'와 그 영역을 일컫는 진국의 '소도'와 발음까지 비슷한 것으로 보아 소도는, 대마도에 정착하여 영토문화의 뿌리를 내린 진국 사람들이 자신들이 누리던 종교문화를 그대로 옮겨와서 자연스럽게 신을 숭상하고 억울한 사람이나 죄인들의 인권을 보호해 주는 역할을 하던 곳이라는 해석이 타당하다.

② 불교문화

일본의 불교는 538년 백제 성왕(聖王) 때 도장(道藏)이 불상과 경전을 가지고 일본에 건너가 성실종(成實宗)의 개조가 된 때부터 시작되었다.[15] 그것도 대마도 매림사에서 승려와 불상이 하룻밤을 자고 가서 전한 것이다.[16] 이것은 종교의 전래 차원에서 이루어진 것이라고 할 수 있다.

그러나 대마도의 불교문화는 이것과는 다르다.

대마도에는 불교가 전래가 된 것이 아니라, 이미 앞에서 다른 문화들에 관해 설명했듯이, 우리와 같은 생활권이기에 자연스럽게 공유한 것이다. 즉, 우리 선조들의 문화를 대마도에 거주하는

---

14) 북한사회과학원역사연구소 편, 전게서, p.194; p.239.
15) 두산백과, '일본의 불교' 검색, www.naver.com(2015. 11. 15.).
16) 황백현,『대마도에 남아 있는 한국 문화재』(부산: 도서출판 발해투어, 2010), pp.53-54.

주민들과 함께 공유한 것이다. 따라서 대마도에 있는 국보급에 해당하는 우리나라 불상들은 왜구가 강탈해 간 것이라기보다는, 우리나라와 동일한 생활권이고 같은 문화생활을 했기 때문에 자연스럽게 대마도에 남아 있게 된 것[17]이라는 주장에 무게를 두고 싶다. 일본열도에 있는 불상들처럼 왜구는 물론 한일강제병합 시절에 약탈당한 것이 아닐 수도 있다. 다만 우리가 임진왜란을 시작으로 하는 일제 침략의 근·현대 시기를 보내면서 일제강점기를 비롯한 일제의 약탈시대를 겪다보니, 과거에도 일본은 우리를 약탈했을 것이라는 선입견으로, 심지어는 대마도에 있는 우리의 문화재까지 일본이 약탈해 간 것으로 치부하기 일쑤다. 물론 대마도에 남아 있는 문화재 중 일부는 우리나라에 있을 때 그 소재가 확실한 것으로, 약탈당한 것도 있다. 하지만 같은 문화권의 같은 나라라는 개념에서, 대마도로 이주할 때 소지하고 갔거나 교역하기 위해서 부산 등지에 왔던 백성들이 구매하거나 포교 차원에서 준 것을 가지고 간 것도 많다는 시각이 옳다고 본다.

대마도에 남아 있는 불교문화의 유적으로 중요한 것은 비단 불상뿐만이 아니다. 불교에서는 불상 이상으로 중요시하는 것이 경전인데, 고려시대의 초조대장경[18] 중에서 흔히 '대반야경'이라 부르는 '대반야바라밀다경'이 대마도 역사민속자료관에 보관되어 있다. 이것은 일본 교토 남선사가 보관하고 있는 인쇄본 1천 8백 권에는 빠져 있는 것이다. '대반야경'이 어떤 경로로 대마도

---

17) 상게서, p.9.
18) 초조대장경은 1011년에 발원하여 76년에 걸쳐 완성된 대장경으로 팔공산 부인사에 소장되어 있다가 몽고군의 침입 때 불타 소실된 것으로 전해지며 그 인쇄본만이 존재하고 있다.

와 일본에 전래되었는지는 확실하지 않지만 권말에 적힌 기록으로 우리나라에서 건너간 것임을 알 수 있다.[19]

그런데 대마도에는 중생의 구제와 호국을 위해 독송되는, 대장경의 맨 처음에 배열되어 있는 '대반야경' 600권이 남아 있다. 그것은 호국불교의 역할을 담당하던 우리의 불교문화가 대마도로 이주하던 백성들과 함께 옮겨간 것으로[20], 불경 역시 대마도로 이주한 백성들이 함께 가지고 갔던 것으로 볼 수 있다.

(2) 성(姓)씨와 문자, 언어 및 기타 잔존하고 있는 문화

① 아히루(阿比留: 아비류)씨 등의 성(姓)씨 문화

아비류(阿比留: 아히루)씨에 대해 알아보기 위해서는 먼저 고구려 주몽의 세 아들 중 비류에 대해 알아야 한다. 고주몽의 세 아들 중 유리는 고구려 2대 왕이 되었고 온조는 백제를 세웠다. 그리고 비류는 미추홀에 자리 잡았지만 국가로 성공하지는 못하였다고 한다. 그들 중 일부가 바다를 건너 대마도에 정착해 하나의 부족으로 대마도를 통치하였다.

아비류씨는 1246년 종중상에 의해 가미자카전투에서 패권을 잃었다고 한다. 그 결과, 일부는 나가사키현의 5도로 나뉘어 갔지

---

19) 대구MBC 고려 초조대장경 제작팀, 『고려 초조대장경 세상을 움직이는 다섯 가지 힘』(서울: 마더북스, 2012), pp.128-143.
20) 대마도 연구가인 황백현 박사의 전언에 의하면 대마도에서 출토되는 유물 중 우리나라를 향하는 동쪽에는 주로 고분이 나오고 일본 쪽 바닷가에서는 불경이 나온다고 한다. 이것은 대마도 역시 불력(佛力)에 의해 일본의 침입을 막아보고자 하는 의지의 표현이라고 볼 수도 있다는 것이다.

만, 일부는 대마도에 그대로 남아 지금도 대마도 인구의 30~40%
는 아비류씨라고 한다.21)

이것은 제6장에서 논한 다물계 지명분포22)와 상통하는 주장이
기도 하다.

대마도에는 지명에서 유래한 성씨가 대부분으로 대마도의 82
포(浦)에 살던 사람들이 포(浦)를 성씨로 삼았다. 히타카츠(比田勝)
에는 히타카츠 성씨가 살고, 우찌야마(內山)에는 우찌야마 성씨
가, 오오야마(大山)에는 오오야마 성씨가, 아지로(網代)에는 아지
로 성씨가 살고 있는데 아비류(阿比留)씨는 대마도에는 아비류(阿
比留)라는 지명이 없다. 또한, 이 성씨는 동경 지바현의 아비류(畔
蒜: 반산)씨와는 근본적으로 다른 성씨다. 이들은 지바현 주변 아
비류(畔蒜)에 살던 지명을 본 딴 아비류씨(畔蒜)고 아비류(阿比留)
씨는 한자 아비류(阿比留)의 아비류(阿比留)씨다. 따라서 아비류씨
가 우리나라에서 건너간 성씨라는 것에 더욱 무게가 실린다.23)

또한 이즈하라 미와타니(官谷)에는 부산에서 건너간 사람들이
부산(釜山)과 부옥(釜屋)을 성(姓)으로 집성촌을 이루며 살고 있
다.24)

---

21) 황백현, 『대마도통치사』(부산: 도서출판 발해, 2012), pp.64-65.
22) 김성호는 비류가 나라에 실패한 것이 아니라 오히려 융성한 나라를 세웠으며
    이를 '비류백제'라 칭하고 왜에 문물을 전하고 왜를 지배했던 것이 비류백제라
    고 했다. 그러나 김성호 역시 비류백제가 왜로 진출할 때 대마도를 경유한 것으
    로 보았으니 대마도에 잔존하는 세력이 있었다고 볼 수 있다.
23) 황백현, 전게서, pp.65-67.
24) 상게서, p.155.

② 아히루(阿比留: 아비류) 문자

　대마도의 우라베아히루(卜部阿比留)씨족, 즉 아비류씨족들이 우리 한글을 사용하면서 아비류 문자를 전했다고 한다. 아비류 문자를 처음 연구한 국학자는 히라다 아쓰다네이다. 히라다 국학사상이 명치유신으로 계승해 갔지만 아비류 문자는 조선의 한글이고 조선의 부속섬인 대마도 도민들이 사용한 글이다. 우리 글인 아비류 문자를 사용한 씨족을 섬기는 우지가미 신사(氏神土) 중 하나가 오카야마(岡山県) 구라시키(倉敷)에 있는 나가오 신사(長尾神土)다. 이 신사는 원래 도래인(渡來人)의 신사로 아마도 우리나라에서 들어간 대마도 사람이라고 생각된다. 이 신사 신문(神門)에 한글인 아비류 문자가 있는데 뜻은 일본어이고 표기는 한글이다. '가무나가라(신이 걸어온 길)'라고 기록되어 있다.25)

[그림 8-7] 나가오 신사 신문의 아히루(아비류) 문자
자료: 김문길, "동북아에 있어서 대마도 영토 연구", 「일본문화학보」, 제45집, p.259.

25) 김문길, 전게논문, pp.262-264.

김문길은 그 외에도 '일문전', 아비류 문자로 된 '고사기' 등의 문헌을 소개하면서 결론을 통해서 아히루족은 한자의 이두음으로 우리글을 사용했고 세종대왕이 한글을 창제한 후에는 대마도 주인 종씨들이 우리글을 사용한 것으로 짐작된다. 다만 한 가지 문제는 단군 때 사용했던 글로 세종 때 훈민정음을 만들었다는 설이 있다. 단군 때 글이 있었다면 당연히 대마도에 단군의 글, 가림토 문자를 썼다고 볼 수 있다[26]고 했다.

가림토 문자는 우리나라에서 역사서로 인정하지 않고 있는 『환단고기』의 「단군세기」에 나오는 문자다. 『환단고기』의 「단군세기」 3세 단군 가륵편에 의하면 '경자 2년(B.C. 2181년), 아직 풍속이 하나같지 않았다. 지방마다 말이 서로 다르고 형상으로 나타내는 참글(眞書)이 있다 해도 열 집 사는 마을에도 말이 통하지 않는 경우가 많고 백리 되는 땅의 나라에서도 글을 서로 이해키 어려웠다. 이에 삼랑 을보륵에게 명하여 정음 38자를 만들어 이를 가림토(加臨土)라 하니 그 글은 다음과 같았다.'[27]고 기록되어 있다.

[그림 8-8] 가림토 문자

---

26) 상게논문, p.265.
27) 계연수, 임승국 역, 『한단고기』(서울: 정신세계사, 2009), p.67.

대마도의 역사에서 언급한 바와 같이 1246년 대마도 초대도주 종중상은 우리나라의 송씨로서 아비류족을 물리치고 초대도주의 자리를 차지했다. 다시 말하자면 아비류씨가 그때까지 대마도를 지배하고 있던 것이다. 그리고 아비류씨는 바로 고주몽의 둘째 아들인 비류의 후손으로 대마도를 거쳐 규슈를 통해서 일본열도로 건너간 것이니, 그들 중 일부가 대마도에 정착할 당시 가림토 문자를 가지고 가서 그곳에 거주하던 진국의 후손들과 함께 사용했던 것이라고 유추할 수 있다. 아니면 고조선과 진국은 같은 문화를 누리고 있었으므로, 이미 진국의 후손들이 사용하고 있었던 아비류 문자를 함께 사용했다고 볼 수도 있다. 지금도 대마도 인구의 30~40%를 차지하고 있는 아비류씨와 연계하여 그 상관관계를 따진다면 충분히 가능한 일이다.

물론 이런 유추는 『환단고기』라는 책 자체가 대한민국에서 역사서로 인정을 받아 가림토 문자의 존재를 인정한 연후에 더 많은 연구를 통해서 가능한 일이기는 하다. 이미 '임나'라는 지명에 관해서 논할 때도 언급했듯이 『환단고기』가 역사서로 인정받지 못한다는 것이 안타까운 일이다.

③ 잔존하는 언어문화와 기타문화

대마도 민속자료관에는 일본 본토에서 볼 수 없고 우리나라와 대마도에서만 볼 수 있는 지게가 전시되어 있으며, 그 이름을 '지게이'라고 부르고 있다. 우리말 '바가지', '고구마'도 대마도에서는 그대로 쓰고 있다.[28] '쓰총', '삿총' 식으로 '쓰시마 총각', '삿뿌로 총각'을 줄여 부르기도 할 정도로 '총각'이라는 말도 남아 있다.[29]

뿐만 아니라, 대마도에서 아기가 태어나면 7일간 악귀가 들어오지 못하도록 금줄을 치는 풍속이라든가, 100일이 되면 잔치를 하는 등의 일본에서는 행하지 않고 우리 문화에서 찾아볼 수 있는 의식과 단군종교에서 나온 토착신앙이 많이 있다.[30]

2) 종교 및 잔존하는 문화의 특성분석(特性分析)

소도는 진국의 소도가 대마도의 소도와 그 기능과 발음 면에서 일치하는 문화라고 보는 것이 타당하다. 진국의 문화가 자리 잡은 곳인 대마도에 자연신에게 제사를 지내는 고대국가의 종교문화 중에서 가장 큰 문화중의 하나인, 천신에게 제사를 지내는 소도가 대마도로 이주한 진국 사람들에 의해 그곳에서도 같은 종교문화를 누렸다는 것은 당연한 일이라고 볼 수 있다.

또한, 대마도의 불교문화는 전래된 것이라기보다는 동질의 같은 문화를 누린 것으로 볼 수 있다. 진국이래로 우리와 같은 문화를 누렸던 대마도이기에, 우리나라가 삼국시대에 불교를 받아들인 이후에는 자연스럽게 같은 종교를 숭상하게 된 것으로 판단할 수 있다.

그밖에도 대마도에 존재하는 성씨 등 잔존하는 문화를 살펴보더라도 대마도의 영토문화는 일본열도보다는 대한민국의 것과 거의 동일한 문화로 전해지고 있음을 확인할 수 있다.

---

28) 김일림, 전게논문, p.95.
29) 동아일보 창간 84주년 기념 특집 기획, '우리땅 우리혼 영토분쟁의 현장을 가다', 2004. 7.
30) 김문길, 전게논문, p.265.

3) 종교 및 잔존하는 문화의 특성비교(特性比較)

고대민속 신앙은 물론 불교와 성씨, 언어 등 대마도에 잔존하고 있는 문화에는 우리 선조들에 의해서 심겨진 진국의 문화들이 다량으로 존재하고 있다. 그러나 이미 전술한 바와 같이 일본의 학자들은 이런 사실들을 애써 부정하며 대마도의 문화를 규슈 문화권에 편입시키려는 의지를 굽히지 않고 있다.

나까도메 히사에는 '진도'라는 제목을 달아서 규슈와 대마도의 문화를 같은 문화권으로 엮기 위해서 아래와 같이 서술하고 있다.[31]

"진도(津の島), 아시아 대륙의 동쪽 바다에, 활과 같이 굽은 형상으로 줄지은 일본열도와, 육교처럼 돌출한 조선반도 사이에, 도약한 돌이 드러내놓고 떠있는 두 개의 섬, 대마와 이끼(壱岐: いき)가 있다.

위섬(上県: かみあがた)의 해안에서는 바다 방향 맞은편에 한국의 산들이 잘 보인다. 또 아래섬(下県: しもあかた)의 높은 산에 올라가면 이끼섬이 물결사이로 길게 누워서 멀리 찌꾸젠(筑前)과 마쓰우라(松浦)의 산이 보인다. 파도가 잠잠하고 맑은 날에는, 이 산의 경치를 보며 항해할 수 있다.

먼 옛날, 일본열도에 자리 잡고 사는 사람들은 쪽배(丸木船: まるきぶね)를 타고 바다를 건너는 항해에 능란한 민족이었다. 내가 어렸을 적에, 류우큐우(琉球)의 사람들이 쪽배를 타고 고기잡이를 왔다. 그것

---

31) 나까도메 히사에, 전게서, p.6.

은 쿠로시오 해류(黑潮)에서 갈라져서 대마도 해류를 따라서 어군을 따라온 것이다. 규슈와 조선간의 해협은 예부터 특별히 중요한 항로로서, 아시아 대륙의 선진문화가 이곳을 통해서 일본의 섬들에 전달되었다. 일본인이 자진하여 조선이나 중국에 건너가 새로운 상품을 사지 않고, 대륙으로부터 많은 사람들이 찾아 왔다.

『위지』(왜인전)에 조선반도의 남해안 '구야한국(狗邪韓國)'에서 '대마'를 건너 '이끼'를 경유해 '마쓰우라'에 상륙했다고 기록되어 있다. 3세기경의 이 기사가 문헌으로서는 가장 오래된 자료인데, 이것은 북규슈, 이끼, 대마, 조선남부를 이은 선상에서, 야요이 시대 계통을 같이 하는 유물이 분포되어 있는 사항이 잘 대응되어 있다."

이 기록은 서정적인 표현까지 끌어들이면서 대마도의 역사나 문화 등에 대하여 논리에 입각한 사고방식을 배제하고, 단순히 이끼도와 같은 일본영토 중 하나의 섬으로 치부하면서, 대마도·북규슈·이끼도를 같은 야요이 시대의 문물이 출토되는 곳으로 묶어서 동일한 문화권으로 동질화시키고자 했다. 같은 야요이 시대의 유물이지만 대마도에서 출토되는 유물은 진국의 유물과 동일한 특징을 가지고 있다는 것을 배제했다.

물론, 조선남부를 넣음으로써 고조선과 진국의 문화를 전달받은 것을 일절 거부하지는 못했지만, 쿠로시오 해류를 언급하여 일본열도에서 대마도로 해류를 타고 고기를 잡으러 왔다고 함으로써 대마도가 일본 북규슈로부터 문화를 전달받은 곳이라는 점을 부각시키고자 하였다.

그러나 그의 말은 너무나도 큰 자기모순에 빠져 있다. 그것은 그가 언급한 쿠로시오 해류(黑潮)에 대해 살펴보면 쉽게 확인할 수 있다.

쿠로시오 해류는 북태평양 서부와 일본열도 남쪽을 따라 북쪽과 동쪽으로 흐르는 해류로 일본해류(日本海流)라고도 한다.[32] 이 해류의 흐름은 [그림 8-9]와 같은 흐름으로 일본열도에서 대마도로 고기잡이를 오는데 커다란 영향을 주지 않는 해류다. 따라서 일본열도에서 쪽배를 타고 대마도에 고기잡이를 왔다는 것은 믿을 수 없는 말이다.

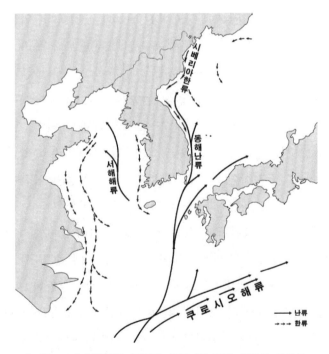

[그림 8-9] 쿠로시오 해류와 우리나라 주변 해류의 흐름도

---

32) 두산백과, "쿠로시오 해류" 검색, www.naver.com(2012. 7. 25.).

다만 그가 대마도로 고기잡이를 왔다고 예로 든 것 중에 일본 열도에 자리 잡고 살았던 사람들이 아니라, 류큐국(琉球國)의 류큐족에 대해서만큼은 가능성을 염두에 둘 수도 있는 말이다. 지금은 오끼나와와 이마미제도라고 불리는 류큐제도에서는 해류의 흐름상만으로 판단 한다면 가능한 일이기도 하다. 그러나 류큐제도에서 쪽배를 타고 대마도까지 와서 고기잡이를 한다는 것은 거리상으로 본다면 거의 없던 일이라고 보는 편이 옳을 것이다. 나까도메 히사에가 일본열도와 대마도를 엮어보기 위한 술수에 지나지 않는 것이다.

더더욱 류큐국이 일본에 강제병합 된 것은 1879년의 일로 우리나라가 판적봉환에 의해 일본에 복속된 1869년보다 무려 10년이나 지난 후의 일이다. 따라서 류큐국이 대마도 판적봉환 이전에는 일본과는 아무런 관련도 없는 엄연한 독립 국가이므로, 나까도메 히사에의 주장처럼 남의나라 해역인 대마도 해역으로 고기잡이를 왔다는 것은 상상도 할 수 없는 일이다. 그리고 설령 그들이 대마도로 고기잡이를 왔다고 할지라도 판적봉환 이전에는 류큐국 자체가 일본과는 별개의 국가이므로 대마도의 영토권에 관한 것과는 전혀 상관도 없다는 사실을 인식하지 못한 것이다.

나까도메 히사에가 1920년생이므로 어린 시절을 1930년 전후로 본다면 류큐국과 대마도가 둘 다 일본에 강제병합된 이후이고 고기잡이배도 그 전의 시대에 비하면 대형화되었을 뿐만 아니라 항해 기술도 발달한 이후이므로 그때는 고기잡이를 왔다고 가정할 수도 있다. 그러나 그것이 설령 실제로 이루어진 일이라고 할지라도 나까도메 히사에는 대마도와 일본은 물론 류큐와의 역사적인 사실을 인지하지 못하고 자신의 주장을 펼치기 위해서 억지를 부리는 것에 불과한 것이다.

다시 한 번 강조하면, 일본인들이 항해에 능하다는 것은 섬으로 이루어진 나라들이 고기잡이를 주업으로 한다는 것에서 기인한 억지인지는 모르지만, 고대 진국 사람들도 항해에 능했다는 것은 이미 전술한 바와 같으므로, 쿠로시오 해류를 이용해 일본열도에서 대마도에 고기잡이를 왔다는 설은 나까도메 히사에의 일방적인 주장임과 동시에 대마도를 북규슈 문화권에 묶으려는 억지일 뿐이다.

[그림 8-9]의 해류 흐름에서 보듯이 쿠로시오 해류를 따라서 일본열도에서 대마도로 오는 것보다는 부산에서는 물론, 차라리 우리나라 동해에서 가는 것이 훨씬 수월하다. 일본은 지금이라도 조선남부를 출발하여 우리 영토인 대마도를 거쳐서 북규슈로 문화가 이전되었다는 사실을 인정하는 것이 옳은 태도다.

4) 종교 및 잔존하는 문화에 대한 평가(評價)

고대부터 대마도에 전해져 내려온 토속신앙 중의 하나인 소도는 물론 우리나라의 불상이나 불경 등이 다량으로 전해진 것은 진국으로부터 삼국시대에 이어지는 긴 시간 동안 대한민국의 선조들에 의해 문화가 전래되고 공유된 것임을 증명하는 것이다. 또한, 성씨와 잔존하는 문화들을 지칭하는 언어 등을 살펴볼 때 대마도에 우리 문화가 많이 잔존하고 있다는 것을 알 수 있다.

일부 학자들의 주장처럼 임진왜란 이후, 혹은 막부 시절에 대

마도가 스스로 살 길을 택해 일본과 조선을 오가는 양속관계를
유지했다고 하더라도 그것은 정치를 하는 지도자들의 선택이었
다. 백성들은 우리 문화와 우리 언어를 쓰며, 우리의 문화영토 안
에서 생활하고 있었던 것이다.

판적봉환 이후 대마도를 조선과 대륙침략을 위한 기지로 사용
하기 위해서 대마도에 살고 있는 조선민족이 본토로 이주하면 혜
택을 주는 정책까지 쓰면서 조선민족을 열도로 이주시키고 왜인
들을 대마도로 이주케 하였지만,33) 일제강점기에도 총 90,000여
명의 대마도 인구 중 우리 민족이 무려 20,000여 명이나 살고 있
었다는34) 것은 우리 민족이 얼마나 깊은 뿌리를 내리고 있었는지
를 증명해 주는 것이다.

매장문화와 지명문화, 지적문화 그리고 지도문화와 종교문화
및 잔존하는 문화에서 살펴본 바와 같이 대마도의 문화는 고조선
과 진국 이래 그곳을 개척하면서 스스로 누리고 살았던 대한민국
의 선조들이 이룩하였던 대한민국의 고대 문화가 그 원천으로,
대마도 영토문화의 문화주권은 그 문화와 역사를 통해서 국통을
계승한 대한민국에 있음으로, 영토문화론에 의한 대마도의 영토
권은 대한민국에 귀속되어야 한다. 아울러 대마도의 영토권이 대
한민국에 귀속됨으로 영토문화를 기반으로 문화에 의해 영토를
정의하는 문화영토론에 의하면 대마도는 대한민국의 영토인 것
이다.

---

33) 신용우·김태식, "문화적 접근에 의한 대마도의 영토 근거 연구", 「대한부동산학
   회지」, 제31권 제1호, 사단법인 대한부동산학회, 2013, p.108
34) 동아일보 창간 84주년 기념 특집 기획, '우리땅 우리혼 영토분쟁의 현장을 가다'
   2004. 7.

9장 대마도의 영토권에 대한 글을 마치며

지금까지 대마도의 영토권에 대해서 서술한 바에 의하면 영토문화론과 문화영토론에 의해 대마도가 대한민국의 영토라는 것은 숨길 수 없는 진실이다. 그럼에도 불구하고 우리는 대마도가 우리 영토라는 사실을 까맣게 망각하고 있는 것이 엄연한 현실이다. 그러나 아직도 늦지 않았다. 대마도가 우리 영토라는 사실을 인지하고, 잃어버린 영토를 수복하기 위해서 무언가를 할 수 있다면 하겠다는 의지가 있다면 대마도는 반드시 수복할 수 있고, 또 수복해야만 한다.

본 장에서는 잃어버린 우리의 영토 대마도를 수복하는 의지를 다지기 위해서 지금까지 살펴본 대마도의 영토권에 대해서 요약과 결론을 도출하고, 필자가 이 책을 집필하기 위해서 연구하는 동안 느낀 한계점을 밝힌 후 대마도 수복을 위해서 우리가 해야할 일을 제시하고자 한다.

1. 요약(要約) 및 결론(結論)

이 책을 집필한 목적은 대마도가 현재는 일본의 실효지배를 받고 있지만, 영토문화론을 기반으로 하는 문화영토론과 영토문화의 주권자가 영토권자라는 영토문화론에 의해 대마도의 영토권을 규명할 때 과연 어느 민족, 어느 나라에 그 영토권이 귀속되어야 하는가를 규명하기 위한 것이었다. 즉, 대마도를 개척하고 그 안에서 문화를 누리며 살았던 사람들이 남겨 놓은 고분(古墳)을 통한 문화유적(文化遺蹟)과 지명(地名), 지적(地籍), 종교, 문자, 언어 등 영토문화(領土文化)에 대한 실태를 조사·분석하여 영토문화의 문화주권자(文化主權者)가 우리 선조임을 밝히고, 그것을 근거로 영토문화론적(領土文化論的)측면에서 볼 때, 대마도(對馬島)의 영토권(領土權)이 대한민국(大韓民國)에 있다는 것을 밝히고자 하는 것이었다.

이상과 같은 목적을 효율적으로 달성하기 위하여 연구의 범위는 시간적으로는 기원전 4세기경에서부터 2015년까지로 하고, 공간적으로는 대마도로 한정하며, 내용적 범위는 문화영토론과 영토문화론의 기초이론을 토대로 대마도의 영토문화에 대한 실태를 조사·분석하여 대마도(對馬島)의 영토권(領土權)이 대한민국(大韓民國)에 있다는 것을 규명하는 것으로 한정하였다.

이상과 같은 목적과 방법 및 범위를 토대로 하여 본 필자는 아래와 같은 순서에 의해 연구를 진행하고 그 결과를 서술하였다.

제1장 '왜 영토문화론에 의해 영토권을 규명해야 하나?'에서는

먼저 대마도에 대한 일본의 역사 왜곡을 위한 분서사건을 기술함으로써 대마도에 대한 영토권을 문화, 그것도 영토문화에 의해 규명해야하는 필요성에 대해 서술하였다.

다음으로는 대마도의 영토권을 규명하기 위해서 광복 이후 2015년까지 대한민국이 대응했던 방법을 언급하였다. 그리고 학계에서의 대마도에 대한 연구를 분석하고 이 책과 기존 서적이나 논문들과의 차별성을 제시하였다.

제2장 '문화영토론'에서는 문화영토론에 의한 대마도의 영토권을 규명하기 위해서 문화영토론에 대한 이론을 재정립(再定立)하였다.

먼저 문화영토론에 의한 영토의 개념을 정의하고, 문화영토론의 탄생배경과 내용을 살펴보았다. 그 다음에 문화영토론의 활용을 위해 확대·재정립함으로써, 우리의 고대문화영토에 대한 재인식을 통하여 문화주권이 미치고 있는 우리 영토를 수복하기 위한 이론적 토대를 마련하였다.

제3장 '영토문화론'에서는 영토문화에 의해 문화주권자를 판명하는 이유를 밝힘으로써 문화주권자가 영토권자가 되어야 하는 것에 대한 이론적 초석을 마련하였다.

먼저 영토문화론은 고대부터 그 영토에 정착한 사람들이 농경생활을 통해 영토를 개척하던 시기부터 긴 시간에 걸쳐서 형성된 고유하고 항구적인 문화 산물로 그 영토의 보편적인 문화이므로, 당장 눈에 보이는 문화가 아니라 영토문화에 의해 문화주권자를 규명하여 영토권자를 정의해야 한다는 이론을 수립하였다.

다음으로 영토문화론의 특성을 서술하여 영토문화론이 그 영토에 대한 실질적인 문화주권자를 규명하는 데 있어서 명백한 근거가 되는 이유와 잃어버린 영토를 수복할 수 있는 근거를 제시함으로써, 영토분쟁이 일어날 경우에는 영토문화론에 의해 분쟁을 조정하여야 하는 이유를 밝혔다. 그리고 대마도 영토문화의 특성에 의해 대마도의 영토문화를 분류한 후 분류된 각각의 문화에 대한 특성을 기술하였다.

제4장에서는 '대마도의 일반적 현황과 역사적 고찰 및 대마도에 대한 한·일 간의 영토권 주장'에 대해서 살펴보았다.

일반적인 현황으로는 자연환경 및 인구 등의 상황을 알아보았다.

대마도의 역사에서는 한·일 간의 시대적 변천에 따른 양국과의 관계와 양국의 인식을 토대로 서술했다. 대마도의 역사는 자체의 역사보다는 대한민국과 일본 사이에서의 역사이기 때문에 대마도의 대외적인 관계를 중심으로 살펴본 것이다.

마지막으로 대한민국과 일본의 대마도 영토권 주장에 대한 근거를 알아보았다.

제5장 '매장문화로 본 대마도의 영토권'에서는 매장문화를 중심으로 대마도의 영토권을 규명하였다.

먼저 대마도 고분의 현황과 유물이 발굴된 사례를 제시함과 동시에, 그 고분들에서 발굴된 유물의 현황을 도표로 제시하였다.

다음으로 대마도에서 발굴된 고분의 특성은 고조선과 진국의 전통양식인 상식석관묘가 주를 이루며, 함께 발굴된 유물의 특성은 진국의 유물과 양식이 동일한 것으로, 진국의 역사와 문화에 대해 상세하게 알아봄으로써 대마도의 매장문화가 진국의 문화와 동일하다는 것을 밝혔다.

분석된 특성을 중심으로 한·일 간의 이견에 대해서 살펴본 결과, 일본이 대마도의 매장문화를 규슈의 문화권에 편입하려는 모순을 지적했다. 그리고 진국의 유물과 대마도의 유물을 비교분석함으로써 대마도의 매장문화는 진국의 매장문화와 동일하므로 대마도의 매장문화에 대한 문화주권은 고조선과 동일한 문화를 누리며 살던 진국의 문화권에 속하는 것으로, 고조선과 진국의 문화와 국통을 계승한 대한민국에 귀속된다는 것을 규명하였다.

제6장에서는 '지명문화로 본 대마도의 영토권'에 관하여 서술하였다.

먼저 대마도의 지명으로 '대마'라는 지명이 명명된 이유와 일본이 '대마'라고 쓰고 '쓰시마'라고 읽는 근거에 대한 한·일 간의 주장에 대해 알아보았다. 그리고 양측 주장에 대해서 역사와 중국어를 근거로 타당성 여부를 분석하였다. 분석결과를 토대로 한·일 양측의 이견에 대해서 검토한 결과, 대마도의 지명인 '대마'는 마한을 대한다는 뜻으로, 그 섬을 개척한 우리 선조들에 의해 명명된 우리의 지명문화이며 왜인들은 자신들의 영토가 아닌 까닭에 관심 가질 이유가 없어서, 그저 배가 잠시 정박했다가 간다는 의미로 '쓰시마(津島)'라고 불렀던 것임을 밝혔다.

다음으로 임나 지명에 관해서 고찰해 보았다. 일본은 '임나일본부'라는 것을 우리나라 남부지방에 두었다고 하고, 대한민국의 학계에서는 '임나'가 대마도에 있는 지명이라는 이견에 대해 규명하고자 한 것이다. 역사서에 기록된 임나에 대한 사례를 들어서 분석하고 그에 대한 한·일 양측의 주장에 대해서 비교함으로써 일본의 주장에 대한 모순점을 밝혀서, 결국 '임나'에 나타나는 지명은 우리 고구려를 비롯한 신라와 백제 그리고 가야 제국들이 대마도에 진출하면서 각자 자신들의 나라 이름을 대마도에 옮긴 것이라는 결론에 도달했다.

마지막으로 신라 지명을 비롯한 기타 지명에 대해서도 그 사례를 예시하고 특성을 분석함으로써 지명문화에 의한 대마도 영토문화의 문화주권자 역시 대한민국의 선조들이므로 영토문화론에 의한 영토권자는 그 문화와 국통을 계승한 대한민국임을 규명하였다.

제7장 '지적문화로 본 대마도의 영토권'에서는 대마도의 지적변천 중 가장 중요한 것은 대마도의 국적을 바꾼 판적봉환이므로 판적봉환에 관해서 집중적으로 연구하였다.

판적봉환이 이루어진 일본의 시대적 배경과 진행과정을 알아보고 그 특성을 분석하였다.

특히 대마도와 판적봉환의 상관관계에 대한 특성을 분석한 결과 대마도의 판적봉환에는 상당한 강제성은 물론 모순이 있다는 것을 밝혀낼 수 있었다. 대마도의 지배계층에 해당하는 조선의 일개 관리인 도주의 결정에 의한 판적봉환을 통해서 대마도의 국적을 바꾸었다고 하지만, 그것은 근대국가에서 국경이 변경될 때 반드시 행해져야 할 국가대 국가의 조약에 의해 이루어진 것이 아니라 일개 관리의 매국적인 행위임을 밝혔다. 또한 그런 사실들을 조선 조정이 인지했음에도 불구하고 일본의 조선 침탈에 의해서 수복하지 못했을 뿐만 아니라, 실질적으로 대마도의 영토문화의 주인인 백성들은 판적봉환 이후에도 스스로 조선인임을 자처했다는 사실을 문헌을 통해서 밝혔다.

또한 일제강점기에 일어난 사건들은 강점기 이전으로 돌아가서 판단해야 한다는 원칙에 의해 일제 강점기에 대마도 주민들이 일본 시민이기를 자처했던 사건도 무효임으로 대마도의 지적은 조선이 국호를 대한제국으로 개명하였고, 그 대한제국이 광복과 함께 선택한 국호인 대한민국에 귀환되어야 한다는 것을 규명하였다.

제8장 '지도문화와 잔존하는 문화로 본 대마도의 영토권'에서는 지도문화와 종교, 성씨, 문자, 언어 및 기타 대마도에 잔존하고 있는 영토문화에 대해 분석하고 그 문화주권자를 규명해 보았다.

먼저 지도문화는 한·중·일 3국에서 제작한 지도를 제시하여 3국 모두 대마도를 조선의 영토로 인정했던 사실을 밝혔다.

그 다음에 종교문화로는 대마도에 있는 소도와 불교문화에 대하여 알아본 결과 대마도의 종교문화는 단순하게 전래된 것이 아니라 진국 사람들이 대마도로 이주하면서 종교 역시 그대로 옮겨가고 지속적으로 누린 문화라는 것을 알 수 있었다.

마지막으로 성씨와 문자 및 언어 등을 비롯한 기타 잔존하는 문화에서도 대마도의 영토문화는 진국으로부터 이어진 우리 민족의 문화와 그 특성을 같이 한다는 것을 밝혔다.

그러나 일본은 지금도 대마도가 규슈문화권이라는 억지를 쓰기 위해서 여러 가지 사실들을 왜곡하고 있다는 점을 지적하면서, 대마도의 영토문화의 문화주권자가 대한민국의 선조들이라는 것이 밝혀졌으니, 문화주권자가 영토주권자라는 영토문화론에 의해, 대마도의 영토권은 그 문화와 역사를 통하여 국권을 계승한 대한민국에 귀속되어야 하는 타당성을 제시하였다.

문화에 의해 영토를 정의하기 위해서 벌어진 무력행위로 가장 최근에 일어난 사건이 있다. 티베트의 독립운동가들이 2015년 7월 22일 호주의 중국영사관을 무력으로 공격했다. 중국 교도소에 수감 중이던 티베트의 저명한 활동가이자 라마승인 텐진 데렉 린포체(65)가 옥중 사망하면서 티베트인들의 항의 시위가 자국을 떠나 해외로까지 확산되고 있는 것이다.[1] 이런 시위가 지속적으로 확산된다면 세계평화를 위협하는 또 하나의 사건이 될 수도 있다.

서로 완전하게 문화가 다른 티베트인들과 중국인들이 어울릴 수 없다는 사실은 전 제계 누구라도 알고 있던 일이다. 서로 다른 문화끼리 융합하기가 얼마나 어려운 것인지를 보여준 사건임에 틀림이 없다.

문화영토이라는 이론은 문화에 의해 영토가 귀결된다는 것이다. 그러나 중국이 티베트에 저지른 것처럼, 지금 새로운 문화를

---

1) 문화닷컴, '티베트人 50여명, 시드니 中영사관 습격', 2015. 07. 23.

옮겨 심어도 그 문화가 그 지역의 문화로 자리 잡을 수 있다는 발상은 경제나 군사적으로 약한 나라들을 지배하기 위한 강대국들의 서세동점적인 이론일 뿐이다. 문화는 경제적 산물처럼 인위적인 행위로 만들어 내거나 동화시킬 수 있는 것이 아니다. 오랜 세월을 두고 이어져오는 역사의 종축과 그 영토에서 벌어지고 있는 문화의 횡축이 교차되는 지점에서 그 영토의 문화는 결정되고, 그에 따라서 문화주권자가 결정된다. 그리고 영토에 정착하고 있는 문화인 영토문화의 주권자가 영토권자가 되어야 문화의 분쟁을 막음으로써 인류의 평화는 정착할 수 있다.

대마도는 처음에 우리 민족이 영토를 개척하고 우리 문화를 누리며 살던 곳이라는 것이 이 책을 통해서 확연하게 드러났다. 일본은 대마도라는 섬의 존재도 모를 때, 대한민국의 선조들이 그 땅에 문화를 심고 꽃을 피웠다는 것이 고분은 물론 유물과 지명 등 잔존하는 여러 가지 문화유산에서 증명되었다. 영토문화의 주권은 대한민국에 있는 것이다. 문화주권이 대한민국에 있으니 영토권 역시 대한민국의 몫이다.

그런데 대한민국은 영토를 잃어버리고도 이렇다 할 반응이 없다.

우리 몸에 상처가 나서 치료를 하고 난 후 흉터가 남아 그곳이 내 피부와 달라 보인다고 다른 사람 몸의 일부분이 되는 것이 아니다. 대마도가 아무리 지금은 일본의 지배를 받음으로써 우리가 잠시 영토권을 잃었다지만 대마도에 있는 우리 문화와 자연은 우리 것 그대로다. 일본이 판적봉환 이후 자국에서 나무까지 옮겨 심으며 자연까지 바꾸려고 했지만, 비단 식물뿐만이 아니라 솔개나 고려꿩, 산고양이 등 일본열도에는 살지 않고 우리나라에는 살고 있는 동물까지, 대마도의 자연은 우리의 자연과 너무나도 똑같다. 그런 대마도를 일본이 불법적이고 무효인 판적봉환에 의해서 자신의 영토로 편입했다고 주장하는 것에 대응하지 않고, 손 놓고 있을 일이 아니다.

어차피 대한민국의 영토로 우리 수중에 있는 독도에는 지대한 관심을 가지면서, 면적으로 보나 대일 국방적인 측면에서 보나 결코 독도에 뒤지지 않는 경제적·군사적 가치를 가지고 있고, 독도에 있는 그 어떤 것보다 우리 땅이라는 확신을 줄 수 있는 문화유산을 간직하고 있는 대마도에는 왜 소홀한 것인지 아쉽기만 하다.

특히 대일 국방적인 측면에서 본다면, 대마도를 수복할 경우 일본과의 국경은 대마도에서 69km 거리에 있는 곳으로 부산과는 93.75km 떨어진 지점이다. 하지만 지금은 부산에서 24.75km 떨어진 지점에서 일본과 국경으로 마주하고 있다는 끔찍한 현실을 잊고 있다. 여차하는 순간에 일본이 선제공격을 해 오면 함포의 사거리에 들어가는 것은 물론 그 이상의 군사적 위협도 피할 수 없는 것이 현실이다. 일본이 헌법을 고쳐가면서 군사력을 증대하고 있다는 사실을 간과해서는 안 된다. 역사적으로 수차례나 우리나라에 대한 흑심을 드러냈던 일본이다. 일본이 언제다시 허무맹랑한 야욕을 품을지 모른다는 사실을 잊어서는 안 된다.

내 나라 영토는 내 소유로 등기가 되어있지 않더라도 남의 것이 아니라 바로 내 것이며, 내 몸의 일부라는 생각이 조금이라도 있다면 지금처럼 대마도에 무심할 수 있을지가 궁금하다. 내 몸에 난

상처를 치유한다는 생각으로 대마도 수복에 관심을 가져야 된다.

영토를 잃어버린 것은 그 영토를 물려주신 선조에게는 당연히 죄를 짓는 일이지만, 그보다 더 큰 죄는 아직 태어나지도 않은 후손들에게 선조가 물려준 영토를 제대로 물려주지 못한다는 것이다.

백암(白巖) 박은식(朴殷植)은 민족을 세우는 두 기둥으로 혼(魂)과 백(魄)을 들었다. 혼은 민족의 얼이요, 백은 혼을 담아주는 몸체요, 물질이다. 백암은 백은 시들어도 혼만 있으면 나라가 일어날 수 있다고 했다.[2] 하지만, 백이 없는 혼이라면 끈질기게 백을 찾아 나설 것이고 결국에는 백을 찾아야 멈추게 된다. 마찬가지로 자신들의 문화가 살아있는 영토를 남에게 빼앗긴 민족이라면 그 영토를 수복하기 위해서 끊임없이 노력하고, 종국에는 그 영토수복을 위해서 전쟁도 마다하지 않을 것은 자명한 일이다.

문화에 의해서 영토가 정리되지 않으면 인류의 평화는 절대로 보장할 수 없다.

영토 없는 민족은 많아도 민족 없는 영토는 없다.[3]

그중 대표적이었던 것이 바로 이스라엘이다. 이스라엘은 무려 1,800년 만에 자신들의 영토를 되찾았다. 이스라엘 민족이 1,800년 만에 영토라고는 한쪽도 없이 이름만 존재하던 나라에서 오늘날의 나라를 만들 수 있었던 것은 민족의 혼이 살아 있던 까닭이다. 이스라엘 민족의 혼을 고스란히 담아 두고 그들의 역사와 문

---

2) 최규장, 전게논문, p.249.
3) 상게논문, p.250.

화를 기록해 둔 구약성경이라는 지침서가 있었기에 그들은 자신들만의 시오니즘을 대를 이어 간직할 수 있었고, 그 혼에 의해 잃어버린 영토를 수복할 수 있었다.

성경은 기독교 신앙에는 믿음의 단초를 제공하는 것으로, 구약에서 행해진 계약과 약속이 그리스도 예수의 강림에서 비롯된 죽음과 부활에 의한 구원을 실행하는 신약에서 완성된다. 그러나 이스라엘 민족에게는 예수 그리스도는 믿음의 대상이 아니다. 예수 그리스도는 단순한 예언자 중 하나일 뿐이다. 그들에게는 신약성경은 아무런 의미가 없다. 구약성경이라는 민족의 창조와(창세기) 구원과(출애굽기) 문화(민수기) 등을 통 털어서 문화와 역사를 기록한 민족 단합을 위한 지침서가 필요했을 뿐이다.

그런 이스라엘에 비하면 우리는, 대마도에서 북방영토까지, 비록 잃어버리고도 수복하지 못하는 광활한 영토가 있지만 그것을 잃어버린 시간도 얼마 지나지 않았고 그 영토들을 수복하기 위한 기반으로 삼을 수 있는 발 디딜 영토가 아직은 남아 있다.

우리민족 역시 아직 문화의 혼이 살아 있는 민족이다. 우리 한민족의 특수성이다. 세계 어느 나라에 거주하여도 우리 한민족은 전통문화를 계속 유지하고 있다는 것이 다른 민족에 비교하여 다른 점이다. 연변조선족자치주의 한민족은 꾸준히 전통문화를 유지하고 있었다.4) 청나라의 끈질긴 회유와 억압에도 굴하지 않고, 중국공산당의 문화혁명이라는 회오리바람 속에서도 우리의 전통문화를 지켜온 민족이다. 그러기에 우리는 우리의 문화영토를 반

---

4) 김일평, 전게논문, p.172; 김일평은 1983년 연변조선족 자치구를 한국인으로는 처음 방문했다고 밝히면서 서술했다.

드시 수복할 힘이 내재하고 있다고 자부할 수 있는 민족이다.

지금도 늦지 않았다.

우리도 우리의 영토문화에 대해 확실하게 정리된 지침서를 만들어야 한다.

예를 들자면, 북방영토와 대마도가 영토문화론에 의한 우리 영토라는 이론만 내세울 것이 아니라, 우리 문화에 의한 영토가 어디까지인지를 정확하게 명기해서 남기기 위해 예산과 인력을 투입하여 연구하고 발전시켜서 그 영역을 현대 과학에 의한 좌표로 명시해야 한다.

그렇게 만들어진 영토에 대한 민족 지침서를 토대로, 당장 우리 대에서 수복하지 못한다면, 우리 국력이 융성해 질 때에 후손들이라도 잃어버린 영토를 되찾을 수 있도록 근거라도 남겨 놓는 것이 선조된 의무다.

2. 연구의 한계(限界)와 우리가 해야 할 일

1) 연구의 한계

이 책을 집필하기 위한 연구를 수행하면서 가장 어려웠던 점은 자료의 부족이었다. 국내 자료도 대마도의 고대문화에 대한 것은 극히 제한적이라는 것이 문제였지만, 더 큰 문제는 일본인들이 대마도의 문화에 관해서 연구해 놓은 것이 국내에 번역 출간되지 않았다는 것이다. 결국에는 일본어 책을 일본에서 구매해서 번역해 가면서 연구를 할 수 밖에 없었다. 그러나 한편으로는 이해도 되었다. 일본에서는 대마도에 대해서 아주 민감하게 반응한다는 것을 발견할 수 있었기 때문이다.

연구를 수행하는 도중에, 일본에서 지적 쪽의 업무에 종사하는 일본 지인에게 자료를 부탁하면 너무 민감하게 반응하면서, 일본 정부에서도 민감해 하는 사항이라는 이유를 반드시 붙였다. 그러한 이유 때문에 국내 자료도 부족할 수밖에 없다는 생각이 들었다. 그렇게 열악한 환경들을 딛고 연구해 주신 선학들 덕분에 연구를 무사히 마칠 수는 있었지만, 여전히 아쉬움이 남는다.

군이 민감한 사항이 아니더라도, 일반적으로 일본인들이 연구한 자료를 쉽게 접할 수 있어야, 일본인들은 대마도에 대해 어떻게 생각하고 어떻게 판단하고 있는지를 알 수 있고 그에 따라서 대비책을 세울 수 있다는 아쉬움은 지울 수 없다.

아울러 국내 학계의 단행본과 논문 역시 일부를 제외하고는, 대마도에 있는 우리 문화의 기원을 밝히기 위한 것 보다는 현재 대마도의 관광지로 유명한 곳에 남아 있는 우리 문화와 관련된 관광자원들을 설명하는 수준에 그치는 것들이 많았다는 아쉬움이 있다.

　아쉽게도 이 책에서는 문화영토론과 영토문화론에 의하면 대마도의 영토권이 대한민국에 귀속된다는 것을 규명하여 제시하고, 판적봉환이 원천적으로 무효이므로 대마도의 영토권은 조선이 국호를 개명한 대한제국의 국통을 계승한 대한민국에 귀환되어야 한다는 것으로 끝을 맺었을 뿐, 대마도를 수복할 수 있는 방법을 제시하지는 못했다. 하지만 그것은 이 책을 토대로 필자는 물론 더 많은 분들이 더 심도 깊은 연구를 통해서 반드시 강구해 낼 것이라고 믿는다.

2) 우리가 해야 할 일

　대한민국이 영토문화의 문화주권을 가졌기에, 영토문화론에 의한 대마도의 영토권은 대한민국에 귀속된다. 비록, 지금은 일본에 의해 강점된 채 일본의 통치를 받고 있지만, 대한민국의 선조들에 의해 개척되고 대한민국의 영토문화가 숨 쉬고 있는 그 땅은 언젠가는 반드시 수복해야 할 영토다.
　대한민국과 대한민국의 백성들이 그 영토를 수복하기 위해서 반드시 해야 할 일들을 다음과 같이 제언한다.

(1) 대마도가 영토분쟁지역임을 선포해야 한다.

영토문화론을 기반으로, 문화영토론에 의한 대마도의 영토권
이 대한민국에 귀속된다는 것이 밝혀진 이상 이승만 대통령시절
에 주창했던 것처럼 대마도의 반환을 촉구해야 한다. 그러기 위
해서는 대마도가 지금은 일본의 강점 하에 있지만 그 영토권의
주체는 대한민국이라는 것을 선포함으로써, 대마도가 국제법상
으로 엄연한 영토분쟁 지역이라는 것을 선포해야 한다. 대마도를
영토분쟁지역으로 선포함으로써 국제사회의 이목을 집중하게 함
은 물론, 훗날 수복할 수 있는 대책이 마련될 때 대한민국의 영토
로 만들 수 있는 국제법적 근거를 남겨 놓아야 한다.
  다시 한 번 강조하지만, 지금 일본이 독도에 대해 아무런 근거
도 없이 영유권을 주장하는 것은, 대한민국이 대마도에 관한 영
유권을 주장할 경우 그에 대항할 논리가 없음으로 미리 독도를
가지고 선수를 치고 있다는 사실을 잊어서는 안 된다.

  지금 대한민국을 둘러싸고 있는 일본과 중국은 영토전쟁에 온
힘을 기울이면서 총성 없는 전쟁을 지속할 뿐만 아니라, 총성 있
는 전쟁이라도 불사하겠다는 자세다. 그러나 대한민국은 일본에
게 대마도를 강점당하고, 중국에게는 고조선이 지배하던 영토를
강탈당하고도 말 한마디 못하고 있다. 일본은 대마도를 강탈한
것도 모자라서 독도를 핥아대고, 중국은 고조선 영토를 무력으로
강점한 것도 부족해서 이어도를 들먹이는 데도 대한민국은 이렇
다 할 대안을 내세우지 못하고 있다. 다만 외교적인 배려와 고려

라는 평계를 대며, 외교적으로 조용한 절충을 통해서 해결할 것이라고 앵무새처럼 반복하고 있을 뿐이다.

주지할 점은, 영토를 잃고 나면 국가의 존망이 위태롭고, 그런 상황이 되면 그 외교라는 것은 아무짝에도 쓸 데 없는 무용지물일 뿐이다. 적어도 영토문제에 관한한, 조용한 외교는 비겁한 외교라는 것을 잊어서는 안 된다.

(2) 대마도 영토 수복을 위한 연구의 토대를 마련해야 한다.

일본은 대한제국을 강제병합하기 위해서 많은 연구를 했을 뿐만 아니라, 강제병합 한 후에도 역사와 문화를 연구하기에 게으르지 않았다. 1910년 강제병합 절차를 마친 후 그해 10월부터 이듬해 말까지 무려 51종 20여만 권에 달하는 우리의 문화와 역사에 관한 서적들을 압수해 갔다.[5] 그들은 그 책들을 일본왕실 지하서고인 '쇼로부'에 두고[6] 끊임없이 연구했다. 상대방의 역사와 문화를 알아야 왜곡도 할 수 있고, 지배하는 방법도 연구할 수 있기 때문이다.

우리가 대마도에 대해서 알지 못한다면 대마도에 대한 영토주권을 주장할 수 없는 것은 당연한 일이다. 정부와 학계는 이런 점을 감안해서 정부의 지원 아래, 일본인들이 연구한 대마도에 관한 저서를 번역하고 출간해서 뜻있는 후학들의 연구를 지원해야 한다. 일본어를 할 줄 알아야 일본을 연구하고 대마도를 연구

---

5) 김진학·한철영, 『제헌국회사』(서울: 신호출판사, 단기4287), p.22.
6) 중앙일보, '단군관련 사서(史書) 일(日) 왕실도서관에 가득', 1999. 12. 6.

할 수 있다면, 그것은 연구를 포기한다는 말이나 다를 바가 없다는 것을 명심해야 한다.

또한, 대한민국에서 대마도에 관해 연구하려는 사람들에게는 아낌없는 물적·제도적 지원을 해 주어야 한다. 대마도의 문화와 역사는 물론 지리·언어·문자 등 모든 것에 대해서 많은 것을 알면 알수록 대마도를 수복할 수 있는 방법을 강구할 수 있기 때문이다.

(3) 대마도에 관한 영토교육을 해야 한다.

학교 및 공공기관을 비롯한 기업 연수원, 기타 교육기관의 철저한 교육을 통해서 대마도가 언젠가는 수복해야 할 우리 영토라는 것을 교육해야 한다. 대마도의 고대부터 근세까지의 문화가 우리 문화라는 것을 인식시키고 또 판적봉환에 의해 부당하게 일본에 귀속되었다는 것을 교육해야 한다.

비록 적은 인원으로부터 산출된 통계지만 앞서 제시한 바와 같이 일본은 일본어에 '대마(對馬)'라고 써 놓고 '쓰시마'라고 읽을 근거가 없음에도 불구하고, 끊임없는 교육을 통해서 '대마'라는 두 글자를 '쓰시마'라고 읽게 만들고 있다. 교육을 통해서 역사와 영토문화를 왜곡할 수 있다는 것을 보여준 사례다.

일본은 왜곡을 해 가면서도 교육을 시키는데 우리는 진실을 교육하는데도 머뭇거리는 한심한 작태를 보이고 있다는 것을 하루 빨리 깨닫고, 더 늦기 전에 올바른 영토교육을 위해서 대마도의 영토권은 대한민국에 귀속된다는 것을 교육해야 한다.

(4) 대마도가 우리 문화, 우리 영토라는 의식을 고취해야 한다.

　대마도에 있는 고대 이래 근세까지의 문화가 우리 문화라는 인식을 갖도록 더 많은 연구를 통해서 국민 모두가 알 수 있도록 해야 한다. 그래야 우리 선조들이 개척해서 우리 문화가 심겨있는, 우리 영토라는 의식이 고취될 수 있다. 또한 대마도에 대한 것을 기술하거나 표현할 때에는 원래는 우리 영토였지만 지금은 일본이 강점하고 있다는 것을 반드시 명기해야 한다.

　또한, 일기예보를 할 때 대마도에 대한 일기예보를 해 줄 필요가 있다. TV방송국에 따라 북한은 물론 독도와 울릉도에 대한 일기예보를 하는 방송은 보았지만 무슨 이유에서인지 대마도에 관한 일기예보를 하는 방송은 보지를 못했다. 우리나라처럼 주변 국가와 영토에 관한 문제는 많으면서도 당장 국력이 약해서 이렇다 할 조처를 취하지 못하는 나라에서는 우회적으로라도 우리 영토임을 주장할 필요가 있다. 우리나라에 대한 일기예보를 하면서, 비록 지금은 빼앗긴 땅이지만 언젠가는 반드시 수복해야 할 우리 영토에 관해서 일기예보를 해 주는 것은 우리 영토의 실체를 표현할 수 있는 좋은 방법이라고 생각한다. 방송국에 따라서 선택해서 할 사항이 아니라 대한민국의 이름으로 방송되는 모든 방송에서, 북한과 울릉도 독도는 물론 대마도 일기예보도 반드시 해야 한다. 백성들 개개인의 머릿속에 대마도가 우리 영토라는 의식을 심어야 한다.

(5) 현대의 우리 문화 교류를 늘려야 한다.

현재의 문화가 시간이 지나면 과거의 문화가 되어 문화의 뿌리를 찾는 근거가 되는 것이다. 대마도와의 교류가 단순한 관광이 아니라, 정부와 기업이 적극적으로 개입해서, 현대의 우리 문화가 다시 한 번 대마도에 뿌리 깊게 정착할 수 있는 방법을 연구하고 실천해야 한다.

자칫 잘못하다가는 '주변'이 오히려 '중심'을 변화시키는 것이 문화[7]라는 것을 잊어서는 안 된다.

만일 우리가 영토문화를 기반으로 한 우리의 문화영토를 확실하게 정리하고 끊임없이 우리의 문화를 뿌리내리게 함으로써 지속적으로 영토문화를 확립하지 않는다면, 우리가 중심이었던 우리의 문화영토에서 우리가 주변으로 밀려나는 것은 물론 우리 후손들은 주변의 그 어느 곳에도 설 수 없게 되어 혼만 있고 백이 없는 민족으로 전락할 지도 모른다는 사실을 명심해야 된다.

---

7) 최규장, "문화의 정치화, 정치의 문화화 ",『21세기와 한국문화』(서울: 나남출판, 1996), p.247.

참고문헌

1. 국내

1) 단행본

가석홍일식선생 회갑기념논문집 편집위원회, 『21세기와 한국문화』(서
　　　울: 나남출판사, 1996).

계연수, 임승국, 『한단고기』(서울: 정신세계사, 2009).

공의식, 『새로운 일본의 이해』(서울: 다락원, 2002).

김성호, 『비류백제와 일본의 국가기원』(서울: 지문사, 1982).

김인배·김문배, 『임나신론』(서울: 고려원, 1995).

김진학·한철영 『제헌국회사』(서울: 신호출판사, 단기4287).

김화홍, 『대마도는 한국땅』(서울: 지와사랑, 2005).

대구MBC 고려 초조대장경 제작팀, 『고려 초조대장경 세상을 움직이는
　　　다섯 가지 힘』(서울: 마더북스, 2012).

문정창, 『군국일본 조선점령36년사』(서울: 서울대학교출판부, 1965).

박석순 외, 『일본사』(서울: 대한교과서, 2005).

신숙주, 신용호(외) 주해, 『해동제국기』(서울: 범우사, 2014).

안천, 『만주는 우리 땅이다』(서울: 도서출판 인간사랑, 1994).

유정갑, 『북방영토론』(서울 :법경출판사, 1991).

이범관, 『지적학원론』(대구: 삼지출판사, 2010).

이병선, 『대마도는 한국의 속도였다』(서울: 이회문화사, 2005).

_____, 『일본고대지명연구』(서울: 아세아문화사, 1996).

이현준, 『필지론』(대구: 삼지출판사, 2010).

조병현, 『북방영토연구』(서울: 백산자료원, 2012).

풍계 현정, 김상현 옮김, 『일본표해록』(서울: 동국대학교출판부, 2010).

한문희·손승호, 『대마도의 진실』(서울: (주)푸른길, 2015).

한일관계사연구회, 『독도와 대마도』(서울: 지성의 샘, 2005).

한태문, 『조선통신사의 길에서 오늘을 묻다』(서울: 글로벌콘텐츠, 2012).

홍일식, 『문화영토시대의 민족문화』(서울: 육문사, 1987).

황백현, 『대마도 통치사』(부산: 도서출판 발해, 2012).

_____, 『대마도에 남아있는 한국문화재』(부산: 도서출판 발해투어, 2010).

2) 논문

姜錫珉, "18世紀 朝鮮의 領土論 硏究", 박사학위논문, 동국대학교대학원, 2006.

강석화, "조선 후기 백두산에 대한 인식의 변화", 「朝鮮時代史學報」, 제56권, 조선시대사학회, 2011.

강창화, "濟州初期 新石器文化와 對馬島·西北九州", 「탐라문화」, 제21권, 제주대학교 탐라문화연구소, 2000.

구사회, "'공무도하가'의 가요적 성격과 디아스포라", 「한민족문화연구」, 제31권, 한민족문화학회, 2009.

권도경, "한국 대마도 전설에 나타난 대마도 지역성과 활용방안", 「로컬리티 인문학」, 제4권, 부산대학교 민족문화 연구소, 2010.

권태원, "古朝鮮의 文化疆域문제", 「百濟硏究」, 제20권, 충남대학교 백제연구소, 1989.

김계원, "대마도(Tsushima)의 본이름 살피기", 「한글」, 제139권, 한글학회, 1967.

김기선, "『몽골비사』의 알타이적 지명요소와 관련된 한국 및 대마도 지명연구", 「몽골학」, 제14권, 몽골학회, 2003.

김문길, "동북아에 있어서 대마도 영토 연구", 「일본문화 학보」, 제45집, 한국일본문화학회, 2010.

김상보, "조선통신사 및 일본사신을 통해서 본 한 일 간의 음식문화의 비교와, 대마도에서의 연회를 통해서 본 조선왕조의 수배상과 반 아가상고", 「韓國食生活文化學會誌」, 제14권 제2호, 한국식생활문화학회, 1999.

김상훈, "국제사회가 공인한 대마도 영유권과 반환요구의 타당성 연구 -일본 및 국제사회의 공식문헌을 중심으로-", 「한일군사문화연구」, 제11권, 한일군사문화학회(N/A), 2011.

김용훈, "국제재판사례 분석을 통한 대마도 영토권 회복방안 연구", 「白山學報」, 제93권, 백산학회, 2012.

_____, "근대 격변기의 대마도 영토권", 「白山學報」, 제89권, 백산학회, 2011.

_____, "근대 한일교류 분석을 통한 대마도 영토권원", 「白山學報」, 제87권, 백산학회, 2010.

김일림, "대마도의 문화와 문화경관", 「한국사진지리학회지」, 제13권,

한국사진지리학회, 2003.

김제경, "일본의 정치적 근대화와「명치유신」",「동아대학교 동아논총」
　　　제16집, 동아대학교, 1979.

김종서, "古朝鮮과 漢四郡의 位置 比定 研究", 박사학위논문, 중앙대학교
　　　대학원, 2006.

김채수, "요하문명과 황하문명과의 관련양상: '고조선'의 성립과 전개
　　　양상을 주축으로",「일본문화연구」, 제44권, 동아시아일본학회,
　　　2012.

김헌선, "한국 민요와 대마도 민요의 비교 연구",「한국민요학」, 제8권,
　　　한국민요학회, 2000.

김홍수, "한일관계의 근대적 개편과 대마도", 박사학위논문, 서울대학
　　　교 대학원, 2007.

나종우, "일본속의 한국문화",「최고여성지도자과정 강의 논집」, 제1권,
　　　원광대학교 행정대학원, 1995.

노성환, "대마도의 영토의식을 통하여 본 한일관계",「일본학보」, 제8권,
　　　경상대학교 일본문화연구소, 2001.

_____, "조선통신사와 고구마 전래",「동북아 문화연구」, 제23권, 동북
　　　아시아문화학회, 2010.

등본행부(藤本幸夫; ふじもとゆきお; 후지모또 유끼오) , "대마도종씨문
　　　고소장 한국본과 임씨에 대하여",「民族文化論叢」, 제4권 제1호,
　　　영남대학교 민족문화연구소, 1983.

류종목·정규식·박기현, "부산과 대마도 설화의 전승양상과 유형별 비
　　　교",「한국민속학」, 제41집 제1호, 한국민속학회, 2005.

민덕기, "임진왜란기 대마도의 조선교섭",「東北亞歷史論叢」, 제41권, 동

북아역사재단, 2013.

_____, "壬辰倭亂 以後의 朝·日講和交涉과 對馬島 2: 交隣·羈미秩序의 再編을 中心으로", 「史學硏究」, 한국사학회, 제40권, 1989.

_____, "壬辰倭亂 以後의 朝·日講和交涉과 對馬島 1: 交隣·기미秩序의 再編을 中心으로", 「史學硏究」, 한국사학회, 제39권, 1987.

박광춘, "오키노시마(沖ノ島) 출토 신라유물의 연구" 「文物硏究」, 제16권, 동아시아문물연구학술재단, 2009.

박경희, "「海東諸國紀」에 나타난 申叔舟의 對日 認識", 석사학위논문, 梨花女子大學校大學院, 1983.

박선희, "홍산문화 유물에 보이는 인장의 기원과 고조선문화", 「비교민속학」, 제49권, 비교민속학회, 2012.

박찬순, "북방의 경험과 온돌문화의 의미: 북방문학을 중심으로", 「인문논총」, 제20권, 서울여자대학교, 2010.

송호정, "遼東地域 靑銅器文化와 美松里型 土器에 관한 考察: 고조선의 위치 및 종족문제와 관련하여", 「韓國史論」, 제24권, 서울대학교 인문대학 국사학과, 1991.

서인원, "朝鮮初期 歷史認識과 領域認識: 『東國輿地勝覽』을 중심으로", 「역사와실학」, 제35권, 역사실학회, 2008.

신용우·김태식, "문화적 접근에 의한 대마도의 영토 근거 연구", 「대한부동산학회지」, 제31권 제1호, 대한부동산학회, 2013.

신용우·오원규, "중국영토공정에 관한 대응방안 연구", 「지적」, 제44권 제1호, 대한지적공사, 2014.

_____, "간도의 우리문화와 중국의 왜곡에 관한 대응방안 연구", 「지적」, 제44권 제2호, 대한지적공사, 2014.

신용우·이범관, "왜곡된 일본 역사 교과서의 임나에 관한 고찰", 「대한 부동산학회지」, 제31권 제2호, 사단법인 대한부동산학회, 2013.

신혜란, "탈 냉전기 일본의 국제적 역할의 정원에 대한 일고찰 -정한론을 중심으로-", 석사논문, 가톨릭대학교 국제대학원, 2000.

암방구언(岩方久彦; いわかたくげん; 이와 가다구겐), "1811年 對馬島 易地通信 研究" 석사학위논문, 高麗大學校 大學院, 2004.

_____, "朝鮮後期의 韓日 關係와 對馬藩: 雨森方州의 '誠信外交'論을 中心으로", 석사학위논문, 延世大學校 敎育大學院, 1998.

梁泰鎭, "南方海洋境界와 對馬島: 특히 대한해협, 대마도문제를 중심으로", 「통일한국」, 제17권, 평화문제연구소, 1985.

오상학, "조선시대지도에 표현된 대마도 인식의 변천", 「국토지리학회지」, 제43권 제2호, 국토지리학회, 2009.

유재구, "朝鮮初期 對馬島征伐에 관한 研究", 석사학위논문, 朝鮮大學校 敎育大學院, 1985.

尹錫曉, "伽倻의 倭地進出에 대한 一研究", 「한성사학」, 제2권, 한성사학회, 1984.

율전영이(栗田英二; くりたえいじ; 구리다 에이지), "對馬島 通事가 본 18世紀 韓半島文化(2) = 對馬島通事が見た 18世紀の韓半島文化(2)" 「人文科學研究」, 제25권. 대구대학교 인문과학 예술문화연구소, 2003.

_____, "對馬島 通事가 본 18世紀 韓半島文化", 「人文科學研究」, 제20권, 대구대학교 인문과학 예술문화연구소, 1999.

이근우, "백촌강전투와 대마도", 「동북아 문화연구」, 제34권, 동북아시아 문화학회, 2013.

이명종, "근대 한국인의 만주인식 연구", 박사학위논문, 한양대학교 대학원, 2014.

이명종, "대한제국기 간도영토론의 등장과 종식", 「동아시아 문화연구」, 제54호, 한양대학교 동아시아문화연구소, 2013.

이병선, "고대지명의 연구와 한일 관계사의 재구", 「어문연구」, 제29권 제2호, 한국어문교육연구회, 2001.

_____, "대마도에 있었던 백제세력에 대하여 -백제군과 임나 건국을 중심으로-", 「韓國學報」, 제26권 제4호, 일지사, 2000.

_____, "對馬島의 新羅邑落國", 「日本學誌」, 제10권, 계명대학교 국제학연구소, 1989.

이인철, "일제의 한국사 왜곡이 국사교과서에 미친 영향에 관한 연구: 『조선사(1938)』의 역사지리 비정에 대한 몇 가지 사례를 중심으로", 박사학위논문, 국제뇌교육종합대학원대학교, 2012.

이재훈, "대마도종가문서(對馬島宗家文書) 일기도(壹岐島)에서의 기록: 기해사행(己亥使行)의 기록을 『海游錄(해유록)』과 비교하며", 「日語日文學研究」, 한국일어일문학회, 제68권 제2호, 2009.

이종수, "해항도시의 음식문화 비교 분석: 마산(창원)·제주와 대마도를 중심으로", 「해항도시문화교섭학」, 제6권, 한국해양대학교 국제 해양문제연구소, 2012.

이준설, "발해불상에 관한 일고찰", 석사학위논문, 경성대학교 대학원, 2010.

이훈, "전근대 한일교류사 자료로서의 대마도종가문서(對馬島宗家文書)", 「역사와 현실」, 제28권, 한국역사연구회, 1998.

장승순, "조선시대 대마도 연구의 현황과 과제", 「東北亞歷史論叢」, 제41

권, 동북아역사재단, 2013.

장준혁, "麗末鮮初 동아시아 국제정세 속의 對馬島征伐", 석사학위논문, 경상대학교대학원, 2013.

전규태, "高麗俗謠의 硏究", 박사학위논문, 건국대학교 대학원, 1974.

정문기, "대마도의 조선환속과 동양평화의 영속성", 『동아』, 제18집, 동아대학교, 1978.

정병준, "1945~1951년 미소·한일의 대마도 인식과 정책", 「한국 근현대사 연구」, 제59권, 한국근현대사학회, 2011.

정성일, "대마도역지빙례에 참가한 통신사 일행에 대하여", 「호남문화연구」, 제20권, 全南大學校 湖南文化硏究所, 1991.

정승혜, "對馬島 宗家文庫所藏 朝鮮通事의 諺簡에 대하여", 「구결학회 학술대회 발표논문집」, 제2권, 구결학회, 2012.

정호완, "대마도 지명의 문화론적 모색", 「지명학」, 제11권, 한국지명학회, 2005.

鄭孝雲, "고지도에 보이는 한국과 일본의 대마도 영토 인식", 「일어일문학」, 제57권, 대한일어일문학회, 2013.

_____, "한국 고대 문화의 일본전파와 대마도", 「韓國古代史硏究」, 제48권, 한국고대사학회, 2007.

조윤경, "德川幕府期 조선인식의 변화연구: 對馬島를 통한 通信使 외교의 실체를 중심으로", 석사학위논문, 이화여자대학교 교육대학원, 2007.

조춘호, "대마도의 한국관련 유적", 「경산문화연구」, 제6집, 경산대학교 경산문화연구소, 2002.

조태성, "감성 메커니즘으로서의 '哀而不悲': 서정시의 계보학적 고찰을

중심으로", 「한국문학이론과 비평」, 제55권, 한국문학이론과
비평학회, 2012.

진종근, "조선조초기(朝鮮朝初期)의 대일관계(對日關係) -대마도정벌
(對馬島征伐)을 중심(中心)으로-", 「石堂論叢」, 제15권, 東亞大學
校 附設 石堂傳統文化研究院, 1989.

千憲鳳, "對馬島主宗家文庫藏 韓國典籍", 「佛敎美術」, 제8권, 동국대학교
박물관, 1985.

최진희, "대마도와 소 요시토시(宗義智) 연구", 석사학위논문, 부경대학
교 국제대학원, 2013.

하우봉, "전근대시기 한국과 일본의 대마도 인식", 「東北亞歷史論叢」, 제
41권, 동북아역사재단, 2013.

_____, "조선 전기 부산과 대마도의 관계", 「역사와 경계」, 제74권, 부
산경남사학회, 2010.

한문종, "조선전기 한일관계와 대마", 「東北亞歷史論叢」, 제41권, 동북아
역사재단, 2013.

한승옥, "21세기 사회와 전통문화", 「人文科學」, 제28호, 崇實大學校 人文
科學研究所, 1998.

한태문, "부산과 대마도의 혼례속 비교 연구", 「韓國文學論叢」, 제52권,
한국문학회, 2009.

현명철, "대마번 소멸과정과 한일 관계사", 「東北亞歷史論叢」, 제41권,
동북아역사재단, 2013.

홍성덕, "조선후기 한일외교체제와 대마도의 역할", 「東北亞歷史論叢」,
제41권, 동북아역사재단, 2013.

홍일식, "문화영토론과 효사상", 「어문연구」, 통권 제95호, 한국어문교

육 연구회, 1997.

_____, "문화영토의 개념과 해외동포의 역할", 「영토문제연구」, 제2권,
고려대학교 민족문화 연구소, 1985.

_____, "새로운 문화영토의 개념과 그 전망", 「영토문제연구」, 제1권,
고려대학교 민족문화 연구소, 1983.

3) 기타자료

편집부, "2001년도 정기 해외학술답사 - 대마도의 자연환경과 한반도
관련 문화경관의 특성", 「문화 역사 지리」, 제13권 제2호, 한국
문화 역사지리학회, 2001.

세미나, "대마도 어떻게 찾을 것인가?", 「대마도영유권회복 학술회의」,
(사)한국독도연구원, 2012.

장순순, "독도와 대마도 서평", 『독도와 대마도』, 한일관계사연구회, 서
울: 지성의 샘, 1996.

2. 국외

나까도메 히사에(永留久惠),『古代史の鍵·對馬』(동경도: 대화서방, 1994).

박진석, 『호태왕비와 고대 조일관계 연구』(연길: 연변대학출판사, 1993).

박진욱,『조선고고학전서(고대편)』(평양: 과학백과사전종합출판사, 1988).

북한사회과학원역사연구소 편, 『조선고대사』(서울: 도서출판 한마당, 1989).

_____, 『조선문화사』(서울: 도서출판 오월, 1988).

조희승,『일본에서 조선소국의 형성과 발전』(평양: 백과사전출판사, 1990).